D1704578

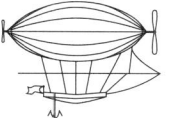

Herz des Kurorts, Stadtsaal, Spielcasino

Ruth Wiederkehr
Carol Nater Cartier
(Hg.)

HIER UND
JETZT

150 JAHRE KURSAAL BADEN

Vorwort 15
Vom Kursaal zum Stadtcasino 17

1
Der Kursaal – das Herz einstiger Kurorte S. 19

Kind des Tourismus 21
Auf den Spuren ehemaliger Kurorte 25

2
Das Haus und sein Park S. 39

Beinahe ein Semper-Palast 41
Das Kurhaus als Bauaufgabe 46
Das angemessene Projekt wird gefunden 47
Robert Moser – Gründervater einer
Architektendynastie 58
Weiterbauen am Gebäude und im Park 60
Umgestaltung für das 21. Jahrhundert 71
Der gläserne Kubus 75
Der Kurpark und seine Entwicklung
bis heute 76

Bildstrecke:
Die Erneuerung des Kurparks S. 83

3
Der Raum für Kultur und Gesellschaft S. 95

Kur mit Kultur vor 1875 97
Das Museum auf römischem Grund 100
Der Sommer im neuen Kursaal 104
Vom «Verzeichnis der fremden Reisenden» zu
«Baden aktuell» 114
Die Badener Kapellmeister und
ihr Repertoire 116
Unterhaltung in Krisenzeiten 122
Stadtsaal mit breitem Angebot 132
Entertainment im Zeitalter der Events 139

Illustrationen:
Belebter Kursaal mit Park S. 145

4
Der Kursaal als Betrieb S. 155

Ein Kulturhaus für Kurgäste 157
Arbeiten im und für den Kursaal 162
Der Stadtammann stolpert über den Kursaal
und wird abgewählt 170
Ein Stadtsaal für Einheimische 172
Das Casino für Spielwillige 185

Bildstrecke:
Arbeiten im Kursaal S. 197

Bleibt Baden eine Kurstadt? 207

Chronik 209
Regulierung des Geldspiels 212
Anhang 215

Vorwort

Mit Stolz und Freude präsentiert der Bäderverein Baden dieses Buch zur 150-jährigen Geschichte des Kursaals in Baden. Es zeichnet seinen Wandel nach und beleuchtet die gesellschaftlichen Veränderungen, die Teil dieses Wandels sind. Die Geschichte des Kursaals ist geprägt von architektonischen Entwicklungen, Erfolgen, aber auch Turbulenzen. Heute wird er durch die Stadtcasino Baden AG als modernes «House of Entertainment» betrieben, mit einem breit gefächerten Angebot, das weit über die Grenzen der Region hinaus bekannt ist. 2023 konnte die Konzession für das A-Casino erfolgreich um weitere zwanzig Jahre erneuert werden.

Der Wandel des Tourismus und der Gesundheitskuren hat auch in Baden seine Spuren hinterlassen. Wo einst die heilenden Kräfte des Thermalwassers im Vordergrund standen, bietet heute ein vielfältiges Angebot Erholung, Kultur und Unterhaltung. Früher war Baden mit seinen Bädern und dem Kursaal ein zentraler Ort für Menschen, die Erholung und Heilung suchten. Mit dem Fortschritt in der Medizin und der Verfügbarkeit moderner Behandlungsmethoden haben klassische Kuren an Bedeutung verloren. Viele gesundheitliche Probleme, die früher durch lange Aufenthalte behandelt wurden, können inzwischen effizienter und schneller therapiert werden. Viele Menschen bevorzugen heute kürzere, intensivere Wellness- und Spa-Erlebnisse. Traditionelle Kurhäuser entwickelten sich in der Folge zu modernen Wellness- und Freizeitzentren, die den aktuellen Bedürfnissen und Erwartungen besser entsprechen.

Für uns Menschen in der Region Baden ist der Kursaal heute nicht mehr präsent – oder nur noch als Erinnerung. Das Casino besitzt sein eigenes Innenleben. Sichtbar geblieben sind der Kurpark und das Kurtheater. In den letzten gut zehn Jahren ist der Musikclub Joy, heute «Coco», mit dem Afterwork-Musikprogramm für viele zu einem festen Termin in der Agenda geworden. Der Kurpark ist ein bedeutender Freiraum der Stadt Baden. Mehrere Erneuerungen haben diesen Raum stetig aufgewertet, zuletzt im Anschluss an die Badenfahrt 2023. Während der Park vor hundert Jahren den Kurgästen Ruhe und Erholung bot, ist er heute ein lebendiger Ort für Freizeitaktivitäten. Die Besuchenden nutzen ihn für Spaziergänge, Picknicks und sportliche Aktivitäten. Teil des Parks ist auch das Kurtheater Baden, das im Sommer das Aussentheater für Veranstaltungen nutzt. So wird der Park zur Bühne.

Der Bäderverein hat sich dem Erhalt und der Förderung der Thermalquellenkultur in Baden verschrieben. Seine Hauptziele sind die Bewahrung und Förderung der historischen Bäderkultur einschliesslich der Pflege und Vermittlung des kulturellen Erbes der Bäder. Der Verein treibt verschiedene Projekte voran. Dazu gehören das Projekt Quellwelten, das historische Elemente der Bädergeschichte für die Öffentlichkeit zugänglich macht, sowie das Projekt Bäderkultur, das die Bädertradition auf zeitgemässe Weise vermittelt. Zudem organisiert der Verein Veranstaltungen und Ausstellungen, um das Bewusstsein für die Bedeutung der Bäderkultur zu stärken – so die Würdigung des 150-jährigen Bestehens des Kursaals Baden im Jahr 2025. Ich lade Sie ein, mit uns auf eine Reise durch die bewegte Geschichte des Kursaals zu gehen und die vielen Facetten dieses für Baden und die Region bedeutenden Ortes zu entdecken!

Pius Graf, Präsident Bäderverein Baden

Als «fast kreisrunder Theaterraum» ist Baden in einem Werbeprospekt aus den Jahren um 1900 beschrieben, hier in den 1870er-Jahren mit Blick auf das «Belvédère» und das Martinsberg-Känzeli (ganz rechts).

Der Kursaal ist um 1900 von einem bewaldeten Park umgeben.

Vom Kursaal zum Stadtcasino
Einleitung der Herausgeberinnen

Generalversammlung, Konzert, Bankett und Ball – mit diesem Programm weihte Baden am Donnerstag, 13. Mai 1875, den neuen Kursaal ein.[1] Das ist nun 150 Jahre her. Könnten Haus und Park sprechen, sie würden Abenteuerliches erzählen: von übersteigerten Visionen eines Architekten, heftigen Konflikten zwischen städtischen Behörden und der Betreibergesellschaft, von Beinahe-Konkursen des Betriebs, persönlichen Schicksalen nach Spielräuschen, aber auch von hochtrabenden Diskussionen in den Konferenzsälen, von modernsten Jazz-Konzerten, sommerlichen Tanznächten – und von den Anfängen zahlloser romantischer Liaisons und vom Spielglück.

150 Jahre Kursaal Baden: Was genau wird hier gefeiert? Ein Gebäude? Ein Spielcasino? Auch, aber nicht nur. Das heutige Grand Casino Baden ist neben der Waldwirtschaft und dem Rebgut der älteste gemeindeeigene Betrieb. Das Jubiläum bietet die Gelegenheit, auf die Kultur- und Bäderstadt Baden mit ihrer langen Tradition als Thermalkurort zu blicken. Dank der Wärme und der Heilkraft des 47 Grad heissen Quellwassers reisen die Menschen seit Jahrhunderten nach Baden auf der Suche nach einer Gegenwelt zum Alltag. Diese «Badenfahrten» nennt man ab Mitte des 19. Jahrhunderts «Kurtourismus», die verheissungsvolle Destination «Kurstadt». Zum Standardangebot eines solchen modernen Kurorts gehört bald ein «Kursaal», alternativ und gleichbedeutend auch Casino, Konversations- oder Kurhaus genannt.

Im «Handbuch der Architektur» von 1894 heisst es: «Das Cur- und Conversationshaus [ist] als für jeden Curort unbedingt nöthig zu bezeichnen; es soll den Leidenden die zum erfolgreichen Gebrauch der Heilquellen und Bäder gehörige Zerstreuung gewähren; es soll den Besuchern Ersatz für die Annehmlichkeiten und Anregungen bieten, die sie in grossen Städten zu finden gewohnt und deren sie bedürftig sind [...]. Dieses Haus bildet dementsprechend den Herd des geselligen Lebens für den Cur- und Badeort, dessen Schwerpunkt naturgemäss dahin verlegt ist.»[2]

Auch Baden erhielt 1875 nach langen Vorbereitungen einen solchen Bau. Die steinerne Inschrift «Kurhaus» prangte stolz am Sockelband der mittleren Kuppel. Im Volksmund bürgerte sich für das Haus mit grossem Park bald der Name «Kursaal» ein. Dass dieser sich einst zum «Herd des geselligen Lebens» von Baden entwickeln sollte, ist heute in Vergessenheit geraten. Überlebt haben das Gebäude und das Bedürfnis der Menschen nach Unterhaltung – früher Zerstreuung, heute Entertainment. Im Casino wird in abgedunkelten Räumen Glücksspiel betrieben, im Südflügel gibt es ein gepflegtes Restaurant, im Nordflügel werden Konzerte, Partys und weitere Events veranstaltet. Doch «Herd des geselligen Lebens» einer «Kurstadt» ist dieser Ort längst nicht mehr. Die Hüllen haben sich mehrfach verändert: die Architektur, die Haustechnik, das Marketing. Konstant geblieben in der 150-jährigen Geschichte des Kursaals sind die Vergnügungsformate zur Befriedigung der kulturellen und gesellschaftlichen Bedürfnisse: Konzert, Theater und (Glücks-)Spiel prägen die lange Geschichte bis heute. Und noch heute gilt wie bei der Eröffnungsfeier 1875: Solange Organisation und Finanzen (an der GV) nicht geregelt sind, muss das Vergnügen mit Konzert und Bankett warten.

Die Veränderungen, aber auch die Kontinuitäten sind Gründe für eine Jubiläumsfeier. Diese bietet die Gelegenheit zur Rückschau. Die Erforschung der Entwicklung des Kursaals war denn auch Treiber für das Projekt 150 Jahre Kursaal Baden: Historikerinnen und Historiker aus Baden ergriffen die Initiative für die vorliegende Publikation, da es ihnen ein Anliegen war, bisher unbekanntes Archiv- und Fotomaterial aufzuarbeiten und die Geschichte aus verschiedenen Perspektiven neu aufzurollen.

Carol Nater Cartier ordnet die Geschichte des Badener Kursaals in den touristischen Kontext des 19. Jahrhunderts ein und macht sich auf Spurensuche in einstigen Kurstädten: Wo finden sich ähnliche Entwicklungen wie in Baden? Was ist heute davon erhalten? Fabian Furter und Patrick Schoeck widmen sich der Gebäude- und der Parkarchitektur. Sie skizzieren die realisierten und die nicht realisierten Bau- und Umbaupläne zahlreicher Architekten und gewähren Einblick in wenig bis nicht bekanntes Planmaterial von Gottfried Semper, Caspar Joseph Jeuch, Robert Moser, Lebrecht Völki und Hans Hofmann. Ruth Wiederkehr beschäftigt sich dann mit dem Unterhaltungsprogramm des Kurortes und der kulturellen Nutzung des Kursaals von den Anfängen bis in die Gegenwart. Hierzu wertet sie die *Fremdenblätter* ab den 1860er-Jahren systematisch aus und gewährt Einblick in den 150-jährigen lebendigen Kurstadt-Alltag. Ihr Beitrag wird ergänzt durch einen Text von Jonas Ehrler zum musikalischen Programm der Kurkapelle. Andrea Ventura zeichnet die wechselvolle Investitions- und Betriebsgeschichte des Kursaals nach. Sie sichtete Verwaltungsquellen und zeigt, dass der Kursaal bis auf die Anfangsjahre (1875–1893) und die Krisenzeit von 1970 bis 1995, als die Stadt für die Defizite aufkommen musste, die finanziellen Erwartungen erfüllt hatte. Bruno Meier schliesst mit einem

Blick auf die sich wandelnde Identität der Kurstadt, ihre Kleinräumigkeit und Badens Zukunft. Ergänzt wird die Publikation durch aktuelle Fotografien der Stadtfotografin Claude Bühler, die mit der Fällung der Blutbuche den Jahrhunderteingriff im Kurpark dokumentierte. Zudem begleitete sie Mitarbeitende der heutigen Grand Casino Baden AG bei ihrer Arbeit. Die Illustrationen von Julien Gründisch inspirieren dazu, sich in lebensnahe Situationen der letzten 150 Jahre hineinzuversetzen, die so in keiner historischen Quelle zu finden sind.

Ein Jubiläum sagt oft mehr aus über die Gegenwart als über die Geschichte: Dass sich die Suche nach Projektgeldern für die Initiantinnen nicht einfach gestaltet hat, lässt auf das ambivalente Verhältnis der Stadt zu «ihrem» Kursaal schliessen. Die historischen Quellen hingegen zeigen, wie sehr alle Beteiligten immer wieder an eine Zukunft des Kursaals glaubten und finanziell, ideell und kulturell in ihn investierten. Kläger und Schuldige gibt es höchstens temporär, langfristig haben alle Bemühungen zu einem stabilen Betrieb des Kursaals respektive zu den für die jeweilige Zeit gebotenen Veränderungen geführt. Zu den 150 Jahren gehören drei tiefgreifende Umbauten der Gebäudehülle und seines Parks, drei wesentliche Besitzer (Kurhaus-Gesellschaft AG, Ortsbürgergemeinde, Stadtcasino Baden AG), drei Standbeine (Kulturhaus, Casino, Stadtsaal), ein Konkurs zu Beginn (1877) und ein Beinahe-Konkurs zwischen 1991 und 1994. Im gegenwärtigen Zeitalter der Ökonomisierung ist der einstige Kursaal Hauptsitz eines weitverzweigten, finanzkräftigen Unternehmens, das zum Steuersubstrat der Stadt Baden und zur Äufnung nationaler Fonds beiträgt. Ohne Stadt und ohne den Glauben an seinen gesellschaftlichen und kulturellen Nutzen würde der Kursaal 2025 kein Jubiläum feiern.

Am 13. Mai 2025, auf den Tag genau 150 Jahre nach seiner Eröffnung 1875, feiern wir im Kurtheater das Jubiläum des Kursaals mit der Vernissage dieses Buchs. Im August folgen eine Ausstellung im Historischen Museum Baden sowie ein Veranstaltungsprogramm mit Badener Kulturinstitutionen, Musik, Theater und Führungen. Der Bäderverein Baden trägt das Projekt «150 Jahre Kursaal Baden» und unterstützt es in allen Belangen ideell. Den Mitgliedern, dem Vorstand und insbesondere dem Ausschuss, bestehend aus Pius Graf, Diego Egloff, Bruno Meier, Jürg Erdin und Patrick Nöthiger, danken wir als Herausgeberinnen herzlich. Er hat unser Vorhaben begrüsst und tatkräftig begleitet.

Ebenfalls danken wir dem Swisslos-Fonds Kanton Aargau, der Stadt Baden, der Ortsbürgergemeinde Baden, der Gemeinde Ennetbaden, der Josef und Margrit Killer-Schmidli Stiftung, der Stiftung Lebensraum Aargau, der Marlis und Hans Peter Wüthrich-Mäder-Stiftung, der Kulturstiftung der Credit Suisse Aargau, der Stadtcasino Baden AG sowie einer grossen Anzahl von Gönnerinnen, Gönnern, Donatorinnen und Donatoren für ihre Unterstützung.

Danke auch an unsere Partner: das Historische Museum Baden, die Neue Kurkapelle Baden, das Grand Casino Baden, das Kurtheater Baden, das ThiK Theater im Kornhaus, Baden, das Bad zum Raben, die Agentur Seestoff, die TourismusRegion Baden AG und *Baden aktuell*. Vielen Dank an Erich Obrist für die Ausdauer bei der Geldsuche. Vielen Dank an alle, die uns in Interviews und durch ihre Recherchen wichtige Auskünfte gaben und uns den Zugang zu ihren Archiven ermöglichten. Viele der Bilder stammen aus dem Stadtarchiv Baden – Dominik Dürst und das Team von docuteam haben mit grosser Umsicht Digitalisate hergestellt. Dem Verlag Hier und Jetzt, der Lektorin Rachel Camina, der Gestalterin Naima Schalcher sowie Verleger Bruno Meier sei ein herzlicher Dank dafür ausgesprochen, dass aus blossen Text- und Bilddateien ein schönes Buch geworden ist.

Einen grossen Dank sprechen wir unseren Kolleginnen und Kollegen aus, die das Projekt inhaltlich ausgestaltet haben: Ohne Andrea Venturas Grundlagenarbeit wäre aus der historischen Aufarbeitung nichts geworden, Fabian Furter und Patrick Schoeck leisteten als ausgewiesene Kenner der Badener Architektur einen zentralen Beitrag. Jonas Ehrler blickte als künstlerischer Leiter der Neuen Kurkapelle Baden auf seine Vorgänger. Claude Bühler und Julien Gründisch sorgten dafür, dass aus Buchstaben auch visuelles Leben wurde. Merci!

Ruth Wiederkehr, Carol Nater Cartier

Der Kursaal – das Herz einstiger Kurorte

Carol Nater Cartier

1

Die Titelseite eines Werbeprospekts aus den 1920er-Jahren zeigt den Kurpark und das Kurhaus.

Baden ist überall – oder anders formuliert: Viele Kurorte haben eine ähnliche Geschichte. Der Kursaal bildete einst das Herz der damaligen «Feriendestinationen». Hier traf man sich zum Netzwerken, Spielen und Sich-Vergnügen. Die Konkurrenz unter den Orten war gross, und die Trends waren vielerorts vergleichbar. So lockte das kurörtliche Marketing überall mit der Anbindung an die Eisenbahn, mit der elektrischen Beleuchtung, dem römischen Erbe oder französischem Chic. Und heute? Viele Kursäle stehen noch. Sie wurden zwischenzeitlich umgebaut, umgenutzt und neu erfunden. Ob Casino, Theater oder Eventlocation – der Umgang mit dem kulturhistorischen Erbe bleibt für alle eine Herausforderung. Dieser einführende Beitrag ordnet die Entstehung des Kursaals in die Tourismusgeschichte ein und zeigt historische Parallelen und Unterschiede der Kurorte im Vergleich zu Baden auf.

Kind des Tourismus

Ich spaziere durch den lauschigen Kurpark in Baden und werfe einen Blick auf das monumentale Kursaalgebäude. 1875 wurde es feierlich eröffnet – vor 150 Jahren. Vor meinem inneren Auge tauchen Bilder auf von nobel gekleideten Menschen, Frauen in langen Röcken und Federhüten, Männern im Frack, mit Melone und Stock, wie sie unter den Bäumen lustwandeln und hier und dort einen Schwatz halten. Aus der Ferne klingt Musik – die Kurkapelle übt für das bevorstehende Konzert.

Das idyllische Bild aus der Belle Époque hält nur für einen kurzen Augenblick, bevor mich die Realität wieder einholt. Eine Gruppe von Menschen in Sportkleidern stellt sich im Kreis um eine Fitnesstrainerin auf. Aus der Boombox erklingt Musik, und die Sportlerinnen und Sportler hüpfen im Takt dazu. Mein Blick schweift über den Kurpark zum einstigen Kursaal, der heute Grand Casino, Restaurant und Dancing beherbergt. Auf der Terrasse sitzen vereinzelt Personen, die an einem Glas nippen.

Von der einstigen Bedeutung des Badener Kursaalgebäudes ist nicht mehr viel zu spüren. Gebaut als kulturelles und gesellschaftliches Zentrum während der Zeit des aufkommenden Tourismus, war der Kursaal Ausdruck für das Bedürfnis nach Vergnügen und Unterhaltung. Ablenkung fern des Alltags haben die Menschen allerdings auch schon vor der Entstehung des Tourismus gesucht, wie der Blick auf frühe Badenfahrten oder höfische Reisegesellschaften zeigt. Neu aber war, dass man im Zuge der Industrialisierung im 19. Jahrhundert einen architektonischen Gebäudetyp schuf, der den Bedürfnissen einen spezifischen Raum gab.

Bäderreisen und Adel als Vorbild

Den Nährboden für die Entstehung des Tourismus in der Schweiz bildeten die technischen Errungenschaften wie Eisenbahn und Strom sowie die Entdeckung der Alpen als Erholungsraum.[3] Voraussetzung für diese neue «Industrie des Fremdenverkehrs» war das duale System «(Erwerbs-)Arbeit» versus «Freizeit»: Erst wer einen Arbeitgeber und geregelte Arbeitszeiten hat, besitzt auch definierte Nichtarbeitszeit. Das war für die Mehrheit der Bevölkerung, die von Heimarbeit oder der Landwirtschaft lebte, lange nicht der Fall.[4] Diese Entwicklungen begünstigten die Erfindung von Kursälen.

Die moderne Technik gehört zum kurörtlichen Marketing: Im Reiseführer von Bad Ragaz von 1900 wird das neue Elektrizitätswerk mit einer Aussen- und einer Innenaufnahme prominent abgebildet. In der Bildunterschrift ist zu lesen: «[...] mit grossen Turbinen und Motoren aus der berühmten Maschinenfabrik J.J. Rieter in Winterthur und der Maschinenfabrik Oerlikon».

Das Wort «Tourist» kommt aus dem Englischen beziehungsweise Französischen und geht zurück auf die Kavalierstour oder die «Grand Tour» junger adliger Herren, die im 17. und 18. Jahrhundert zu Bildungszwecken fremde Länder und Sitten studierten. Der Begriff fand im 19. Jahrhundert Eingang in den deutschen Wortschatz.

Leisten konnte sich dieser frühe Tourismus zu Beginn einzig das finanzkräftige Bildungsbürgertum. Vorbilder waren die höfischen Gesellschaften der Frühen Neuzeit, welche die «Vergnügungs- und Erholungsreise» seit Langem pflegten: Sie wohnten im Winter in den Städten und verbrachten den Sommer in ihren Jagdschlössern oder Villen auf dem Land und trafen sich zum Netzwerken in den europäischen Modebädern.[5] Im Zuge der Nationalstaatenbildung entdeckte die vermögende Oberschicht die Vergnügungsreise, Vorbild war der Adel mit seinen prächtigen und repräsentativen Palais und Schlösser. Was sich vor der Französischen Revolution nur der Adel leisten konnte, war jetzt für das finanzkräftige Bürgertum erschwinglich.[6] Die Architektursprache des aufkommenden Fremdenverkehrs zitiert die Sehnsucht nach Reichtum und ist heute bei den noch existierenden Kursälen, Kurhäusern und Grand Hotels sichtbar. Kurorte waren aber auch immer schon ein wichtiger Wirtschaftsfaktor. Bis heute müssen sie sich den gesellschaftlichen, kulturellen und sozialen Bedürfnissen anpassen, sich ein Stück weit neu erfinden, um konkurrenzfähig zu bleiben.[7]

Historisch betrachtet waren Orte, wo natürliche Thermalquellen sprudelten, über Jahrhunderte äusserst beliebte Reiseziele. Schon zu Römerzeit war man überzeugt: Wo warmes Wasser aus dem Boden kam, mussten Götter im Spiel sein. Entsprechend wurden Thermalquellen als Heiligtum verehrt. Die Gründe, warum die Menschen die Reisestrapazen auf sich nahmen und Thermalquellen aufsuchten, waren unterschiedlicher Natur. Man war unterwegs zu Wirtschaftszwecken und um Handel zu treiben, erhoffte sich Heilung oder sah sich aus persönlichen Nöten wie Hunger oder Naturkatastrophen gezwungen, den Ort zu wechseln.[8]

Gezielte Bäderreisen der höheren Gesellschaftsschichten zum Vergnügen, zur Erholung oder für gesellschaftliches Netzwerken lassen sich seit dem Mittelalter beobachten: Heiratsgeschäfte oder «Heilung» der Unfruchtbarkeit[9] waren oft Ziele der aristokratischen Oberschicht. Gebadet wurde in Gemeinschaftsbädern, man ass und trank im Wasser, amüsierte sich und gab sich Vergnügun-

Für die elektrische Beleuchtung im Restaurant verwendete man um 1900 unterschiedliche Lampen. Die mit Strom betriebenen Lampen verursachten ein Klopfen, das die Konzerte störte.

gen hin, die im Alltag nicht möglich waren. Die überlieferten Badeordnungen verweisen darauf, dass Vergnügen und Ablenkung zentrale Faktoren des Bäderbesuchs waren. Man darf davon ausgehen, dass Verbote von Schlägereien im Bad, lautem Singen, unsittlichem Betasten weiblicher Gäste, unnötigem Entblössen und offenbarer Trunkenheit darauf hinweisen, dass durchaus immer wieder Grenzen überschritten wurden. Badgerichtsakten dokumentieren, dass Badeaufenthalte den Gästen als Ventil für Emotionen dienten, die zu Hause durch obrigkeitliche Massnahmen zurückgedrängt wurden. So gelten einstige Bäderreisen ebenso wie der Tourismus des 19. Jahrhunderts oder auch unsere heutige Reisetätigkeit als kulturelles Setting, das es erlaubt, soziale Rollen vorübergehend abzulegen und den Alltag zu vergessen.[10] Kursäle leisteten hierzu ein Stück weit ihren Beitrag, befriedigten die Bedürfnisse nach gesellschaftlichem Austausch und schufen Raum für Zerstreuung und Unterhaltung.

Luxus und Technik im Experimentierlabor Kurort

Die Technisierung, Mechanisierung und Beschleunigung des Alltags trugen massgeblich zur Entstehung des Fremdenverkehrs bei. Umgekehrt beeinflussten und beschleunigten aber auch die neuen Bedürfnisse der Reisenden die technischen Entwicklungen. So lässt sich beobachten, wie in den Kurorten des 19. Jahrhunderts Technik bewusst als kurörtliches Marketing eingesetzt wurde. An erster Stelle stand die Anbindung an die Eisenbahnlinie; der nahe gelegene Bahnhof fand stets Erwähnung in allen Werbeprospekten der Kurorte.[11] Im Weiteren machten die Hotels mit elektrischem Licht, Zentralheizung, automatischem Geschirrspüler oder Personenaufzug auf sich aufmerksam.[12]

Der Tourismus avancierte damit ein Stück weit zum Experimentierfeld für moderne Technik. Das «Kulm» in St. Moritz installierte als erstes Hotel der Schweiz 1879 dauerhaft eine elektrische Beleuchtung. Kurz darauf leuchteten auch im Badener Grand Hotel die ersten elektrischen Glühlampen. Die Kurhauskommission Baden startete 1886 einen Versuchsbetrieb mit elektrischer Beleuchtung im Kursaal und im Kurpark. Andere Tourismusorte wie

Der Eingang in den Badener Kursaal wird von einem vierarmigen Kandelaber elektrisch beleuchtet. Die Elektrizitätsgesellschaft Baden hat das Bild 1912 in Auftrag gegeben.

Luzern, Interlaken, Davos oder Leukerbad stiegen in den 1880er-Jahren auf elektrische Beleuchtung ihrer Flaniermeilen um.[13] Die Strassenbeleuchtung von Baden war seit den 1870er-Jahren mit Gaslaternen sichergestellt worden, auf Strom stellte die Stadt 1891 um, kurz nachdem sich die Elektrizitätsgesellschaft Baden konstituiert hatte. Zeitgleich gründeten die beiden Strompioniere Charles E. L. Brown (1863–1924) und Walter Boveri (1865–1924) hinter dem Bahnhof die Firma Brown Boveri & Cie. (BBC), die bald schon die beiden ersten Wechselstromgeneratoren für das neue Kraftwerk Kappelerhof lieferte. BBC entwickelte sich in kurzer Zeit zu einem Elektrokonzern von Weltruhm und machte damit Baden zum Zentrum der Schweizer Stromwirtschaft. In Rheinfelden – dank der Entdeckung des Salzes (Solbäder) im Jahr 1843 ein aufstrebender Badekurort – lassen sich ähnliche Entwicklungen, ja auch Überschneidungen, beobachten: Brown, der erwähnte Mitbegründer der BBC, und Agostino Nizzola (1869–1961), Direktor der Motor Columbus AG (der Finanzierungsgesellschaft für das Anlagengeschäft der BBC), gelang es 1902 weltweit erstmals, zwei Drehstromkraftwerke miteinander zu verbinden, nämlich jenes von Beznau und jenes von Rheinfelden. So wurde der Strom alltagstauglich.

Die Versorgung der Kurorte mit Strom war ein wichtiges Marketinginstrument. Der kleine Reiseführer von Bad Ragaz um 1900 verweist stolz auf das neue Elektrizitätswerk – sogar mit einer Innen- und einer Aussenaufnahme.[14] In St. Moritz errichtete man 1896 zur Beförderung der Kurgäste eine elektrische Tramlinie und bewarb die Bäder, die im Geist der Zeit natürlich elektrisch waren: «44 geräumige Badewannen [...], elektrische Lichtbäder, elektrische Bäder, ein Dampfbad [...].»[15]

Für den Kurort Baden war die erfolgreiche, rasant wachsende Elektroindustrie Fluch und Segen zugleich: Die technischen Fortschritte begünstigten den Kurbetrieb, doch gleichzeitig verlor der Kurort dadurch auch an Attraktivität. Die Gästezahlen sanken, und das Personal aus dem kurörtlichen Dienstleistungssektor wechselte mehr und mehr in die Industrie.[16] Eine ähnliche Entwicklung lässt sich zum Beispiel auch in Yverdon beobachten, wo der Kurbetrieb nach dem Ersten Weltkrieg von neuen Unternehmen wie dem Batteriehersteller Leclanché oder dem Schreibmaschinenbauer Paillard verdrängt wurde und in einem schleichenden Niedergang mündete.[17]

Am Bahnhof Baden auf Gleis 1 erinnert ein Ortsschild mit der Aufschrift «Thermalkurort Baden-les-Bains» daran, dass sich auch Baden gern mit französischem Chic schmückte. Das Foto erschien im März 1904 im *Fremdenblatt*.

Auf den Spuren ehemaliger Kurorte

Wie gehen Kurorte rund 150 Jahre nach Entstehung des Tourismus mit ihrer Vergangenheit um? Mit dieser Frage und dem Wissen um Badens Kurvergangenheit machte ich mich auf Spurensuche. Ich verglich einstige Schweizer Kurorte miteinander, die im Zuge des frühen Fremdenverkehrs einen Kursaal – also ein repräsentatives Zentrum für das gesellschaftliche und kulturelle Leben seiner Gäste – erbaut hatten. In die Betrachtungen zog ich das deutsche Baden-Baden mit ein, denn dieser bekannte europäische Kurort darf als Trendsetter für die kurörtliche Infrastruktur des 19. Jahrhunderts bezeichnet werden.[18] Für die Auswahl der Schweizer Destinationen diente mir in erster Linie die Kurorte-Sammlung der Universitätsbibliothek Zürich, Medizin Careum,[19] wo ich nach Hinweisen auf Erwähnung und Bewerbung eines kurörtlichen Vergnügungsangebots suchte. Darauf basierend wählte ich exemplarisch sechs einstige Kurorte aus – neben Bäderorten im Flachland auch Alpen- und Luftkurorte. Das entscheidende Kriterium für die Wahl war eine kursaalähnliche Gästeinfrastruktur, deren Spuren heute noch sichtbar sind.

Zwei Kategorien standen sodann im Zentrum der Untersuchung: Für die erste Kategorie «Kurorte mit Heilbädern» wählte ich exemplarisch Bad Ragaz als Beispiel für einen mondänen Thermalkurort bis in die Gegenwart, Yverdon-les-Bains als Westschweizer Beispiel mit römischen Wurzeln und Rheinfelden als Beispiel für einen mondänen Sole-Kurort im Aargau. Für die zweite Kategorie «Einstige Kurorte und beliebte Berg-Tourismusdestinationen der Gegenwart» waren es St. Moritz, das im Bereich der kurörtlichen Technik eine Vorreiterrolle innehatte und zugleich eine mittelalterliche Bädervergangenheit besitzt, sowie Engelberg, das für seinen 2021 renovierten Belle-Époque-Kursaal wirbt und keine Bädervergangenheit hat. Für die Spurensuche in der Gegenwart stieg ich in den Zug und reiste zu den Kurorten, besuchte Kursäle – oder was davon übrig war – und studierte deren aktuelle Funktion sowie Bedeutung für den jeweiligen Ort.

«Römisch» und «chic» – Baden im Vergleich mit Yverdon-les-Bains

«Tauche ein in 2000 Jahre Bäderkultur!»,[20] lockt die TourismusRegion Baden in die Bäderstadt. Und Schweiz Tourismus bewirbt Yverdon-les-Bains als

Titelseite eines Werbeprospekts von «Ragaz-les-Bains», 1930er-Jahre.

Das Tourismusplakat von Yverdon-les-Bains verweist auf die schwefelhaltigen Mineralquellen der Stadt, gestaltet von François Gos, 1930.

Ausschnitt eines *Fremdenblatts* von «Rheinfelden-les-Bains» von 1955.

«wichtigsten Badekurort der Westschweiz mit einer langen Tradition als Zentrum der Heilkunst, wie [römische Zeugnisse] belegen».[21] Orte, die von sich sagen können «Hier waren schon die Römer!» besitzen ein natürliches Qualitätssiegel, denn römisches Erbe verleiht Glaubwürdigkeit.[22] Mehrere europäische Kurstädte im nördlichen Mitteleuropa, die im 19. und im 20. Jahrhundert ihre Blütezeit erlebten und zu beliebten Tourismusdestinationen wurden, haben ihre Wurzeln als römische Heilbäder.[23]

In der Schweiz gilt Baden, das einstige *Aquae Helveticae*, als das römische Thermalbad schlechthin. Weniger bekannt ist, dass auch in *Eburodunum*, dem heutigen Yverdon-les-Bains, in römischer Zeit (1. Jh. n. Chr.) eine Thermalquelle genutzt wurde. Archäologische Funde deuten darauf hin, dass diese Quelle ebenso wie diejenige von *Aquae Helveticae* als Heiligtum verehrt wurde.[24] Als älteste Schweizer Quellwasser-Kultstätte gilt allerdings St. Moritz-Bad: Hier fand man 1853 in Holzröhren einer bronzezeitlichen Quellwasserfassung diverse Gaben an Quellgötter aus der Mittel- und der Spätbronzezeit (ca. 15.–12. Jh. v. Chr.). Diese Funde werden in den Werbeprospekten von St. Moritz um 1900 stolz erwähnt; altes Herkommen stand damals schon für Qualität.[25]

Neben den römischen Wurzeln besitzen Baden und Yverdon-les-Bains eine vergleichbare Qualität des Thermalwassers. Im Führer «Schweizer Bade-Kurorte und ihre Heilquellen», herausgegeben vom Verband der Schweizer Badekurorte, werden die Bäder in der Statistik zur Wasserqualität in derselben Spalte unter «Schwefelwasser» als «warme Quellen» aufgeführt.[26] Weiter existierte in beiden Orten bereits im 18. Jahrhundert, vor der Entstehung des Fremdenverkehrs, ein früher «Bädertourismus».[27] Und zu guter Letzt sind auch die «Casinos» vergleichbar: Das neobarocke Casino in Yverdon (1898 erbaut) ist 23 Jahre jünger als der Kursaal von Baden, diente aber demselben Zweck: «Ein grosses modernes Kasino mit Theater- und Konzertveranstaltungen bietet den Kurgästen angenehme Zerstreuung und Unterhaltung»,[28] liest man in der deutschsprachigen Werbebroschüre für Yverdon-les-Bains aus den 1920er-Jahren. Während heute «Casino» primär als Begriff für einen Ort mit Glücksspiel steht, war das Wort Ende des 19. Jahrhunderts eine «Bezeichnung geschlossener Gesellschaften und deren Veranstaltungsräume».[29] Den Badener Kursaalbau nannte man anfänglich vor allem «Kurhaus», bald aber auch «Kasino» oder «Casino».

Das Casinogebäude in Yverdon-les-Bains beherbergt heute das Théâtre Benno Besson. Nachdem

Aussenansicht Kursaal Baden, gebaut 1875, Foto aus dem Fotostudio Zipser, um 1880.

«Yverdon. Le Casino», Postkarte des Casino-Théâtre von Yverdon-les-Bains, um 1900.

Die beiden «Casinos» von Baden und Yverdon-les Bains im Vergleich: Die architektonischen Parallelen sind typisch für die Kursäle jener Zeit. Das Casino von Yverdon-les-Bains wurde 1898 von den Architekten Louis Bezencenet (1843–1922) und Alexandre Girardet (1856–1904) aus Lausanne in Anlehnung an das Casino von Monte-Carlo in neobarockem Stil erbaut.

es neben dem Tourismus auch lokalen Vereinen als Ball- und Festlokal gedient hatte, entwickelte es sich ab den 1980er-Jahren zum regionalen Theater. 2023 feierte man das 125-jährige Bestehen des Gebäudes mit einer Ausstellung.[30] Die Stadt Yverdon heisst eigentlich erst seit 1982 offiziell «Yverdon-les-Bains». In der Werbung positionierte sich der Bäderkurort allerdings schon immer mit der Ergänzung «les-Bains». Diesen französischen Trend haben auch andere Schweizer Kurorte übernommen, wie Plakate und Broschüren von Rheinfelden, Baden und Bad Ragaz zeigen. Dass die französische Sprache damals als chic galt, kann als weiterer Hinweis auf das Vorbild des Adels, insbesondere des französischen Königshofs, gedeutet werden. Dies lässt sich konkret am Beispiel von Baden-Baden aufzeigen.

Kurstadt Baden-Baden als Vorbild und Trendsetterin

Paris und das königliche Versailles waren Vorbilder für die Entwicklung des deutschen Kurorts Baden-Baden auf dem Weg zum europäischen Modebad. Für die Ausstattung der Räume des 1824 nach den Plänen von Friedrich Weinbrenner (1766–1826) gebauten «Konversationshauses» liess sich Jacques Bénazet (1778–1848) vom französischen Königshof inspirieren. Bénazet war Pächter des Pariser Casinos gewesen, bis König Louis Philippe 1837 das Glücksspiel in Frankreich verbot. Daraufhin übernahm Bénazet 1838 das «Konversationshaus» von Baden-Baden und schickte einen Bühnenbildner nach Paris zur Inspiration. Es konnte Bénazet nicht goldig und prächtig genug sein. Das opulent eingerichtete Konversationshaus enthielt schliesslich alles zur Unterhaltung der Kurgäste, auch eine Spielbank.

Wenige Jahrzehnte nach der Französischen Revolution und dem Sturz des Ancien Régime diente Versailles auch den aufstrebenden Schweizer Kurorten als Vorbild: So schwebte dem Architekt Bernhard Simon (1816–1900) ein «Versailles» für die Kurgäste vor, als er in den 1860er-Jahren im Auftrag des Kantons St. Gallen den Hof Ragaz und den Quellenhof plante. Die gesamte Anlage (1868/69) inklusive Kursaal und Park fiel am Ende allerdings nicht ganz so pompös aus wie vorgesehen, besass für Schweizer Verhältnisse aber dennoch eine ansehnliche Grösse.[31]

Das Kurhaus Baden-Baden von 1824 beherbergt heute in seinen repräsentativen historischen Räumen das Spielcasino, 2024.

Auch im Jahr 2024 wird im prunkvoll ausgestatteten Roten Saal im Casino Baden-Baden noch Roulette gespielt.

Bis heute ist das einstige Konversationshaus in Baden-Baden, heute «Kurhaus» genannt, ebenso wie der Kursaal in Baden im Aargau Sitz eines Spielcasinos. Im Unterschied zu Baden existieren in Baden-Baden die historischen Räume mit den Kronleuchtern aus Paris und der prunkvollen Ausstattung noch immer. Die herrschaftliche Geschichte ist Teil ihrer Vermarktung – und so spielt man nach wie vor elegant gekleidet Roulette in den königlichen Sälen. Die wiederkehrenden moralischen Bedenken in Bezug auf das Glücksspiel und die Diskussionen darüber, was Spielbank und was zur Unterhaltung der Gäste sei, prägen die Geschichte der Kurstadt Baden-Baden bereits im 19. Jahrhundert.

Die kurörtlichen Spuren, die man in Baden im Aargau und in Baden-Baden findet, sind sehr ähnlich – von den Römern über den mittelalterlichen Badebetrieb bis zu den infrastrukturellen Angeboten des Tourismuszeitalters. In Baden ist alles im Vergleich viel kleiner, und die Realisierung erfolgte später. Dass die Trends aus Deutschland das kleine Baden und die übrigen Schweizer Kurorte aber beeinflussten, lässt sich exemplarisch an den Fremdenlisten aufzeigen: Baden-Baden brachte das erste *Badeblatt* mit der Auflistung der anwesenden Gäste bereits um 1800 heraus. Ähnliche Publikationen tauchen in der Folge an verschiedenen Kurorten auf. Sie geben nicht nur ein Bild davon ab, wer sich zu welcher Zeit an welchem Ort aufhielt, sondern sie vermitteln auch ein lebendiges Bild der Kurorte im Wandel der Zeit (siehe S. 114f.).

Ungeachtet der zahlreichen Parallelen zwischen dem deutschen und dem schweizerischen Baden gilt es festzuhalten, dass Baden-Baden als deutsche Stadt stets stark in macht- und religionspolitische Wirren involviert war. Es war im Besitz der wechselnden Herrscherfamilien und litt immer wieder direkt unter den kriegerischen Auseinandersetzungen, so auch im Zweiten Weltkrieg.[32]

Rheinfeldens Aufbruch in die Moderne

2023 lancierte Aargau Tourismus die Kampagne «Bäderkanton Aargau – Wo Wasser Wunder wirkt»[33] und verwies auf die vier Aargauer Thermal- und Wellnessbäder in Baden, Schinznach-Bad, Bad Zurzach und Rheinfelden. Die Geschichte der Thermalquelle von Bad Zurzach ist noch jung, die Quelle wurde erst 1914, auf der Suche nach Salzvor-

Hotelportiers und Bahnhofspersonal posieren um 1906 an der Station Rheinfelden. Die Solbäder waren Rheinfeldens wichtigster Standortvorteil. Die Kutschen sind mit den Namen der Bäder beschriftet.

kommen, entdeckt. Anders die Kurorte Schinznach-Bad und Rheinfelden, deren Quellen bereits im 17. Jahrhundert bekannt waren und seither genutzt werden.[34] Rheinfelden entwickelte sich aber erst im 19. Jahrhundert mit der Entdeckung der Heilwirkung von Salz, der Sole, zu einem mondänen Bäderkurort. Es erlebte zudem seine zweite Blütezeit in der Zwischenkriegszeit, in der an allen anderen Orten die Gästezahlen zurückgingen.[35]

Die Spuren dieser glanzvollen Zeit sind heute weitgehend verblasst, und die Geschichte von «Rheinfelden-les-Bains» ist beim Spaziergang durch das Städtchen nicht auf Anhieb sichtbar. Wer aber in die historischen Bild- und Textquellen eintaucht, findet zahlreiche Elemente, die der kurörtlichen Infrastruktur von Baden ähneln. Dies lässt vermuten, dass die Zähringerstadt im Fricktal da und dort kopierte, was in Baden zu Erfolg geführt hatte. Diese These stützt nicht zuletzt die Präsenz des Architekten des Badener Kursaals Robert Moser (1833–1901), der in Rheinfelden in den späten 1880er-Jahren das Grand Hôtel des Salines für die Besitzerfamilie Dietschy erweiterte. Dietschys waren massgeblich für den Aufschwung des Kurorts Rheinfelden verantwortlich, indem sie intensiv in Park und Badehotel investierten. Zudem erbaute Moser 1896 das Sanatorium Rheinfelden, welches das ehemalige Armenbad im Gasthaus Engel ersetzte. Auch der Sohn von Robert Moser, Karl Moser (1860–1936), und dessen Architekturbüro Curjel & Moser kamen in Rheinfelden zum Einsatz. Unter anderem wurde nach den Plänen von Curjel & Moser ein Gang zwischen den Hotelgebäuden erstellt, der Gesellschaftsräume, Billardzimmer, Lesezimmer, Musiksaal und Kinderspielzimmer verband. Und 1907 liess Josef Viktor Dietschy senior (1847–1922) auf dem Areal des Salinenhotels durch Curjel & Moser einen Erweiterungsbau östlich an die bestehende Villa Concordia von Robert Moser anbauen.[36]

In anderen Bereichen unterscheidet sich Rheinfelden aber deutlich von Baden. Es realisierte im 19. Jahrhundert keinen Kursaal, setzte auf die Solbäder als Ressource und pflegte dank seinen zwei erdigen Quellen die Trinkkur.[37] Es baute den Trinkbrunnen 1922/23 zu einem neoklassizistischen Trinkpavillon aus und erweiterte diesen rund zehn Jahre später nach den Plänen von Heinrich A. Liebetrau (1858–1930) zur modernen «Kurbrunnenanlage».[38] Diese 1933/34 erstellte Anlage vereinte zwei kurörtliche Bedürfnisse auf einen Schlag, indem sie eine grosszügige Trinkhalle

Das *Badeblatt* aus Baden-Baden vom 1. August 1860 enthält eine Fremdenliste der Gäste im Weltbad. Die erste Ausgabe dieser Publikation erschien bereits 1800 und damit drei Jahrzehnte früher als in Baden in der Schweiz.

Die Titelseite des *Bade-Blatts* von Baden aus dem Jahr 1869 erinnert an dasjenige der «grossen Schwester» von Baden-Baden.

Die *Fremden-Liste* von Ragaz-Pfäfers vom 20. Juli 1894 mutet ähnlich an wie das *Badeblatt* aus Baden-Baden.

Auch die *Fremdenliste*, die der Kur- und Verschönerungsverein Rheinfelden am 15. September 1889 herausgab, erinnert an die Fremden- und Badeblätter der anderen Kurorte. Sie enthält die Gästelisten der Hôtels Dietschy am Rhein, «des Salines», «Schützen», «Engel», «Schiff» und des Armenbads von Rheinfelden.

Josef Viktor Dietschy senior liess diesen Hotelprospekt 1922 für sein Solbad und Salinenhotel Rheinfelden erstellen.

Der Prospekt wirbt in den 1920er-Jahren für die Trinkkur in Rheinfelden. Rheinfelden kombiniert in der Werbung moderne Grafik mit nostalgischen Elementen und präsentiert sich in den 1920er-Jahren als mondänen Bäderkurort.

mit Wandelhalle und Sole-Gradierwand sowie einen Konzertsaal für kulturelle Veranstaltungen umfasste. Die Kurbrunnenanlage Rheinfelden im Stil des Neuen Bauens gilt als das grösste Schweizer Bäderobjekt der Zwischenkriegszeit. Sie war das neue gesellschaftliche und kulturelle Zentrum der Kurstadt: Hier traf sich die gute Gesellschaft, schlenderte durch die Wandelhallen, genoss ein Glas Wasser (jeder Kurgast besass sein eigenes, beschriftetes Glas) und lauschte den Konzerten.[39] Inwiefern in der Kurbrunnenanlage schon in den Anfangsjahren um Geld gespielt wurde, ist nicht bekannt. Ab 1979 ist der Spielbetrieb jedoch auch hier gesichert: Die Kurbrunnenanlage wurde zum Casino umgebaut und bis 2005 als solches genutzt.[40]

Spielhöhle oder Eventlocation? Aktuelle Nutzungen einstiger Kursäle

Alle Kurorte, die Kursäle bauten, verfolgten dasselbe Ziel: Sie wollten die Aufenthaltsqualität der Gäste steigern und ihnen ein breites kulturelles Angebot zur Zerstreuung bieten. In einem Führer von Bad Ragaz um 1900 steht: «[...] Der Lieblingsaufenthalt der Gäste ist der prächtige Kursaal, der mitten im reichsten Grün mit seinem antiken Portikus wie ein Tempel der Schönheit dasteht. Während sich die Kurgäste wandelnd ergehen, spielt hier ein vorzügliches Streichorchester, das zusammengesetzt ist aus den Künstlern des Wintertheaters von St. Gallen.[41] Häufig geben auch Musikgesellschaften, Sänger und Sängerinnen, Specialitätentruppen usw. ihre Vorstellungen im Kursaal, so dass es [...] an reicher Abwechslung nicht mangelt. Zugleich bietet der Kursaal Gelegenheit zu den verschiedensten Gesellschafts- und Unterhaltungsspielen, Billard etc. Er ist das Ball-Lokal der Gäste der Bade- und Kuranstalten und enthält ebenfalls ein grosses Lesezimmer mit Bibliothek und Zeitungen.»[42]

Das Zitat könnte ebenso gut in einem Werbeprospekt eines anderen Fremdenverkehrsorts mit Kursaal stehen. Sich vergnügen, gut unterhalten werden und spielen – diese Bedürfnisse sollten die Kursäle in der Zeit ihrer Entstehung befriedigen. Heute wird in Interlaken, Baden-Baden und Baden noch in den einstigen Kursälen um Geld gespielt, in Bad Ragaz befindet sich das Casino in unmittelbarer Nähe des historischen Kursaals. Das Spielcasino hat sich als eigene, wirtschaftlich rentable

Der einstige Kursaal von Bad Ragaz war mit einer Säulenvorhalle versehen. Sie wurde später durch einen gläsernen Vorbau ersetzt. Das umgebaute Gebäude dient heute als «Business & Events Center», Foto aus einem Werbeprospekt, um 1900.

Welt zum Ein- und Abtauchen etabliert und sich damit von der kurörtlichen Identität weitgehend abgespalten (siehe S. 185ff.). Die Nutzung der geschichtsträchtigen Gebäude – dem Herz einstiger Kurorte – erweist sich für alle zunehmend als Herausforderung. Yverdon nutzt sein «Casino» als Theater. Bad Ragaz und Engelberg betreiben ihre Kursäle als «Eventlocations». Der im Jahr 1902 erbaute Kursaal von Engelberg galt als einer der prächtigsten Belle-Époque-Säle der Schweiz. In den 1950er-Jahren wurde er erneuert und erst kürzlich umfassend renoviert. Dabei rekonstruierte man weitgehend den Zustand von ungefähr 1912.[43]

In Baden-Baden sind Nostalgie und vergangener Glanz Teil der modernen Werbestrategie, insbesondere auch für das Casino. Vielerorts ist das Bewusstsein für die Geschichte der historischen Gebäude aus der Zeit der einstigen Kurorte allerdings marginal. In Bad Ragaz steht das «Dorfbad» mit der klassizistischen Wandelhalle zwar mitten im Ortskern, doch bunte Werbebanner verdecken den Blick auf das historische Ensemble. Im Innern befindet sich das Tourismusbüro. Prospekte zur Geschichte von Bad Ragaz findet man hier keine. Dafür zahlreiche Hinweise auf die Bad RagARTz, die 9. Triennale für Skulptur und «eines der weltweit grössten Kunstspektakel unter freiem Himmel». Über achtzig Künstlerinnen und Künstler verwandeln die soziale Umgebung des Kurorts und insbesondere des Kurparks alle drei Jahre in den Sommermonaten in einen erlebnisreichen Skulpturenpark, in dem sich «Jung und Alt schwellenfrei bewegen und inspirieren lassen» können.[44] Und tatsächlich: Einige Menschengruppen stehen verteilt auf der Wiese des Kurparks um lebensgrosse Skulpturen herum, posieren neben den Kunstwerken, befühlen das Material oder scannen den QR-Code. Eine Wandergruppe stellt sich zwischen die aufgestellten Boule spielenden Holzskulpturen, man weiss kaum mehr, was Mensch ist, was Kunst. Es wird herzhaft gelacht. Junge Menschen setzen sich im Lotussitz hintereinander in eine Reihe – nach dem Vorbild der meditierenden Skulptur in ihrem Rücken.

Im Kurpark Baden bewegen sich die Sportlerinnen und Sportler noch immer im Takt zur Musik aus der Boombox. Man darf gespannt sein, wohin sich der Badener Kursaal mit dem Kurpark in den nächsten 150 Jahren entwickeln wird.

Bei der Aufführung des Brahms-Requiems durch den Männerchor Baden 1956 ist der Kursaal bis auf den letzten Platz besetzt.

Musikpavillons in Muschel-
form gehörten zur kurörtlichen
Standard-Infrastruktur.

Musikpavillon im Kurpark Baden,
um 1900.

Das Kurorchester spielt im
Stadtpark Rheinfelden im
«Kiosque de musique» (Karte
mit Poststempel 1907).

Die Konzertmuschel Baden-
Baden wird auch heute noch
bespielt, Bild von 2024.

Konzertmuschel St. Moritz,
1930er-Jahre.

Die Wandelhalle im Kurbrunnen Rheinfelden mit der Sole-Gradierwand links, 1935. Das konzentrierte Solewasser floss über die Glaslamellen und versprühte eine angenehme «Meeresbrise».

Ostseitiger Abschluss der Kurbrunnenanlage von Rheinfelden, die nach 1979 als Casino, Dancing und Tourismusbüro genutzt wurde.

Vor der Kur und nach der Kur: Eine Werbekarte des Hotels Freihof aus dem beginnenden 20. Jahrhundert verspricht den Jungbrunnen. Im Hintergrund das Kurhaus.

Das Haus und sein Park

Fabian Furter
Patrick Schoeck

2

Auf dem Vorplatz des Badener Kursaals gab es ab 1903 eine «Fontaine Lumineuse», einen Brunnen mit Beleuchtung, exotisch bepflanzt, hier 1931.

Die ersten Pläne für den Badener Kursaal gehen auf Gottfried Semper zurück. In der Architekturgeschichte reichte das Interesse am Bau daher stets weit über die Region hinaus. Die heutige Anlage wurde schliesslich nach dem Entwurf des Badener Architekten Robert Moser gebaut. Es folgten Ausbauten und Purifizierungen in den 1930er-Jahren, eine Neugestaltung des Saals in den 1950er-Jahren und die Gesamtsanierung mit den heutigen Anbauten Ende der 1980er-Jahre. Mit dem inneren Umbau in die 2002 eröffnete Spielbank im internationalen Casinostil endete auch der höhere Anspruch an die Architektur. Dass Kursaal und Park ein würdevolles Aussehen bewahrt haben, verdanken sie nicht zuletzt der hohen Qualität von Mosers ursprünglichem Entwurf. Dieser Beitrag erzählt die Bau- und Umnutzungsgeschichte des Ensembles von den Anfängen bis heute.

Beinahe ein Semper-Palast

In mehreren Monografien über den grossen Architekten des 19. Jahrhunderts findet sich Sempers unrealisiertes Projekt für das Kurstädtchen Baden.[45] Es sei der «wohl inspirierendste Entwurf jener Jahre» gewesen, liest man in einer in London erschienenen Schrift.[46] Auch in Baden gab es immer wieder Bedauern darüber, dass das Projekt nicht realisiert worden war. Man hätte mit etwas mehr Mut und Zuversicht auf Augenhöhe stehen können mit Dresden oder Wien: mit einem Semper-Bau.

Der deutsche Architekt und Kunsttheoretiker Gottfried Semper (1803–1879) kam 1855 in die Schweiz, als er vom Bundesrat zum Professor der neu gegründeten Architekturschule am Zürcher Polytechnikum (ETH) ernannt wurde. Zu jener Zeit hatte Semper mit seinen extravaganten und monumentalen Bauten im Stil des Historismus längst grosse Bekanntheit erlangt und galt als der «grösste lebende Architekt im deutschen Sprachraum».[47] Sein Opernhaus in Dresden etwa, wo er seit 1834 an der Königlichen Akademie der bildenden Künste lehrte, sollte später gar nach ihm benannt werden. Die Barockstadt verliess Semper denn auch nicht freiwillig, sondern weil er als überzeugter Republikaner nach der gescheiterten Revolution von 1849 steckbrieflich gesucht wurde.

Die Schweiz als Notlösung

Die kleine Eidgenossenschaft war deshalb eine Notlösung für einen Mann, der sich baukünstlerisch zu ganz Grossem berufen fühlte und dadurch in seinen Schweizer Jahren immer wieder an unterschiedlichen Auffassungen scheitern sollte. Einen Fürsten als Bauherrn gewohnt, überzog er hierzulande notorisch die Raumprogramme und Kostenvorgaben, weshalb nur wenige seiner Schweizer Projekte realisiert wurden. Immerhin: Der Bau des Polytechnikums in Zürich war damals der grösste Bauauftrag, den die Eidgenossenschaft zu vergeben hatte.[48] Semper sass von Amtes wegen im Preisgericht des 1858 ausgeschriebenen Architekturwettbewerbs und setzte sich in durchschaubarer Absicht dafür ein, dass keiner der eingereichten Vorschläge zur Ausführung empfohlen wurde. Dies führte zur bemerkenswerten Randnotiz, dass der Badener Architekt Joseph Caspar Jeuch (1811–1895) mit seinem Entwurf auf Platz zwei verwiesen wurde. Jeuch sollte bei den Kurhausplanungen noch eine Rolle spielen. Semper hingegen erhielt von der Regierung den Direktauftrag zum Bau der Hochschule.[49] Dieses Verhalten sollte sich in Baden in ähnlicher Form wiederholen. Was heute recht un-

Entwurf von Gottfried Semper für ein «Conversationshaus» aus dem Jahr 1866. Ansicht der stirnseitigen Fassade gegen die heutige Haselstrasse.

sympathisch anmutet, scheint dem Ruf des Professors damals kaum geschadet zu haben, was zweifellos auf seine herausragenden Fähigkeiten als Architekt zurückzuführen ist. Hinzu kommt, dass damals noch kaum Erfahrungen mit dem Wettbewerbswesen vorlagen. Erst 1877 erarbeitete der Schweizerische Ingenieur- und Architektenverein (SIA) eine Wettbewerbsordnung.[50]

Gottfried Semper verliess die Schweiz 1871 in Richtung Wien, wo er mit den Bauten für das Kaiserforum entlang der Ringstrasse betraut wurde. Die Hofmuseen, die neue Hofburg und das Hofburgtheater im Auftrag des Kaisers waren eher seine Kragenweite. Trotz der Überschaubarkeit seines Schweizer Œuvres kann sein Einfluss auf das hiesige Architekturschaffen nicht gross genug eingeschätzt werden. Dies aufgrund der Tatsache, dass er die überhaupt erste Generation von akademisch-technisch geschulten Architekten ausbildete. Diese Semper-Schüler bauten die repräsentative Schweiz des ausgehenden 19. Jahrhunderts.[51] In Baden zählen dazu etwa das UBS-Bankgebäude an der Badstrasse von Alexander Koch und Heinrich Ernst oder die Bauten des Büros Dorer & Füchslin, darunter die Synagoge an der Parkstrasse oder das repräsentative Schulhaus Ländli.[52] Mit Semper und der ETH nahm seinen Anfang, was bis heute Geltung hat: dass die Architektur der kleinen Schweiz international hohe Anerkennung geniesst.

Der fragmentarische Ausflug in Sempers Biografie ist an dieser Stelle aber vor allem deshalb von Belang, weil er die damaligen Verantwortlichen des Kurvereins vom Vorwurf entlastet, es sei mutlos gewesen, den Semperschen Plan nicht zu realisieren. Dass die Projekte des grossen Architekten in der Schublade blieben, war der Regelfall und eher seinem gestalterischen Grossmut geschuldet als der Kleinkrämerei seiner Auftraggeber.

Das Projekt ohne Auftrag

Klagen über das Fehlen eines Vergnügungsgebäudes im Kurort Baden reichen weit zurück. Schon der viel zitierte David Hess schrieb in der 1818 veröffentlichten «Badenfahrt», alles gesellige Leben in Baden bleibe «immer nur Stückwerk», weil «ein öffentlicher Spiel-, Tanz- und Kaffeesaal» fehle, wie ihn andere Kurorte wie Spa oder Aachen kennen würden.[53] 1834 machte ein Pariser Ban-

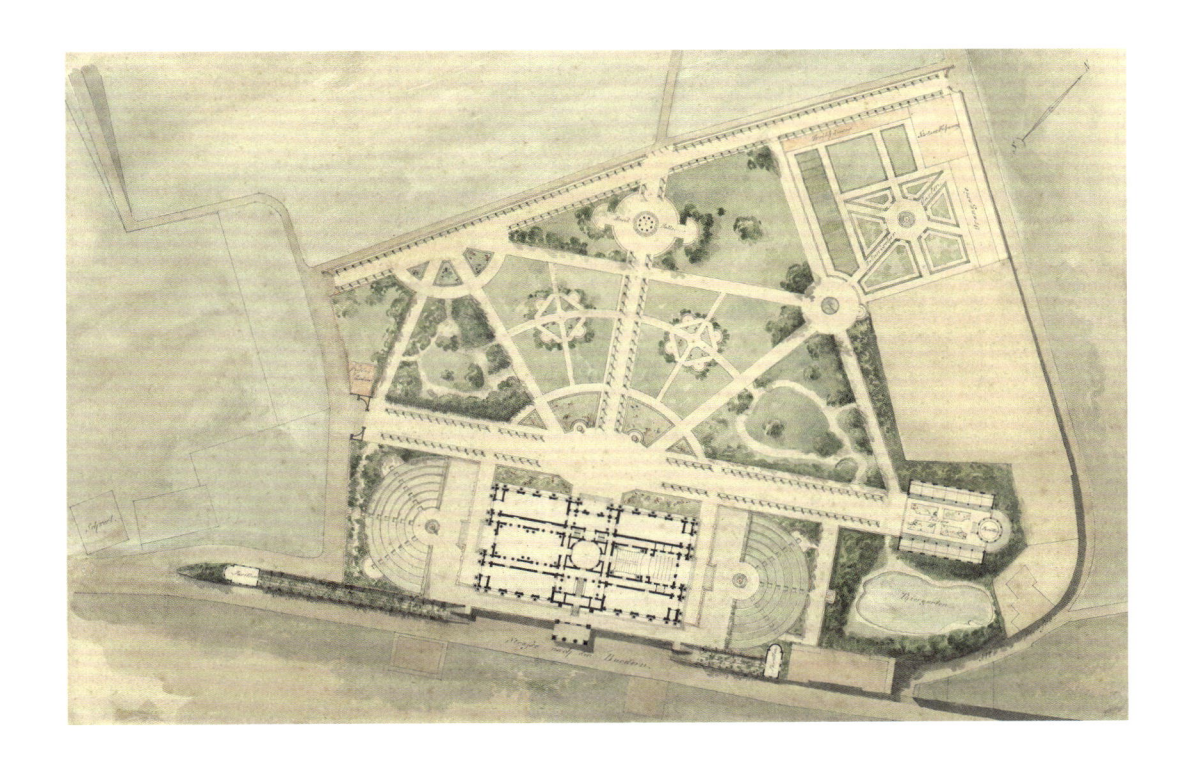

Sempers Entwurf für einen Kurpark mit «Conversationshaus» aus dem Jahr 1866. Der berühmte Baumeister und Professor schuf eine Gesamtanlage aus einem palastartigen Mehrzweckgebäude in einem Park mit Reitbahn und Alleen, Voliere und Tiergartenteich sowie einem botanischen Garten mit Orangerie.

kier dem Stadtrat den Vorschlag, er würde Baden ein Kurhaus schenken, wenn man ihm erlaube, darin eine Spielbank zu betreiben. Der Stadtrat wollte auf das Angebot eingehen, wurde aber von der Regierung des noch jungen Kantons Aargau zurückgepfiffen.[54] Geldspiel war verboten (siehe S. 185ff.).

Erst der 1865 gegründete Kurverein trieb dieses Anliegen ernsthaft und mit Verve voran (siehe S. 98, Anm. 175). Dessen Vorstand nahm das Haselplateau als möglichen Bauplatz in den Fokus und erstellte ein erstes Raumprogramm als Basis für einen Projektwettbewerb. Dieses Areal des heutigen Kurparks war zu jener Zeit landwirtschaftlich genutztes Privatland der alteingesessenen Wirtefamilie Jeuch. Die Böschung zur Badstrasse war mit Reben bepflanzt.[55] Zur Prüfung der Grundlagen wurde im April 1866 Gottfried Semper als Berater beigezogen. Semper war damals der einzige Architekturprofessor der einzigen technischen Hochschule der Schweiz. Fachleute von seinem Schlag waren also rar, weshalb es nur naheliegend war und von einem seriösen Vorgehen zeugt, ihn um sein Urteil zu fragen. Dies umso mehr, da Semper schon 1859 mit der Planung für ein Kurhaus mit Badehotel in Bad Ragaz beauftragt worden war. Dieses Projekt lag 1861 vor, wurde aber nie realisiert. Immerhin wurde es 1863 an der grossen Kunstausstellung in München präsentiert.[56]

Der Professor reiste am 25. April 1866 nach Baden. Von den Vorstandsmitgliedern liess er sich den Bauplatz zeigen und das Unterfangen erläutern. Er wurde um eine umfassende Analyse der Grundlagen gebeten und auch mit der Frage konfrontiert, ob er es sinnvoller finde, eine öffentliche Konkurrenz auszuschreiben oder einen Architekten direkt mit der Aufgabe zu betrauen. Diese Frage musste Semper als Aufforderung verstanden haben. Jedenfalls lieferte er Anfang Oktober des gleichen Jahres nicht einfach ein schriftliches Gutachten ab, sondern darüber hinaus unaufgefordert ein detailliert ausgearbeitetes Bauprojekt für ein «Conversationshaus» mitsamt Parkanlage. Es sei für ihn unabdingbar gewesen, ein in «allen Theilen durchstudirtes Projekt der Gesamtanlage» zu entwerfen, um in den gestellten Sachfragen Klarheit zu erlangen.[57]

Semper schlug vor, einen alle Funktionen umfassenden Bau an die Hangkante entlang der Bäderstrasse zu stellen. Auf Strassenniveau hätten sich der Haupteingang sowie eine Anzahl von Verkaufslokalen befunden. Alle repräsentativen Räume platzierte der Architekt auf das Parkniveau, um eine

Der Entwurf von Semper steht in der Stiltradition des Historismus mit einem ausladenden Portikus als Haupteingang und beidseitig angeordneten Verkaufslokalen im Sockelgeschoss.

zentrale Rotunde mit einer schlanken Kuppel. Dazu zählten neben einem Festsaal und einem Theater auch eine Bibliothek, ein Restaurant, ein Lesesaal sowie ein Ausstellungssaal. Zu beiden Stirnseiten sollten zwei halbrunde Freilichtbühnen entstehen, eine für Theater und eine für Konzerte. Äusserlich bediente sich Semper mit der vorgeschlagenen Dachform und den halbrunden Thermenfenstern gekonnt des Formenkanons der römischen Bäderarchitektur. Die berühmten Caracalla-Thermen in Rom (3. Jh. n. Chr.) dürften ihm Pate gestanden haben. Damit bewies er seine herausragende Kenntnis der Architekturgeschichte und seine Fähigkeit, historische Bauformen nicht servil zu kopieren, sondern zu etwas Neuem weiterzuentwickeln. Für den Kulturbau von *Aquae Helveticae* so dezent die antike Thermenarchitektur zu zitieren, war ein naheliegender Entwurfsansatz.

Semper wollte sich mit diesem Vorpreschen in Position bringen. Er garnierte seine handkolorierten Pläne mit dem Hinweis, dass er von Architekturwettbewerben nichts halte. Ganz allgemein und speziell in diesem Fall scheine es ihm «das Gerathenste», einem Architekten das volle Vertrauen zu schenken und mit ihm zusammen die Aufgabe «bis zur allseitig genügenden Lösung» zu bearbeiten.[58] Auf diesen unmissverständlichen Wink ging der Kurverein indessen nicht ein. Er liess Semper eine rechtmässige Entschädigung für Gutachten und Planwerk in der Höhe von 1500 Franken zukommen, scheint aber eine Weiterbearbeitung des Vorschlags nie in Erwägung gezogen zu haben. Obwohl Semper mit dem finanziellen Spielraum der Bauherrschaft vertraut war, hätte der in Aussicht genommene Maximalkredit nicht einmal für den Landkauf und den Rohbau seines Entwurfs ausgereicht.[59] Semper war wahrscheinlich gekränkt ob der Tatsache, dass man ihm die kalte Schulter zeigte. Ein gutes Jahr später ging er jedenfalls auf die Einladung des Kurvereins nicht mehr ein, mit seinen Studierenden Pläne für eine Trinkhalle zu erstellen.[60] Der Kurverein hatte für das überzogene Projekt also sein erstes Geld ausgegeben und begann für einen nächsten Anlauf mehr oder weniger wieder bei null.

Damit endete die Episode Semper für Baden ergebnislos, ging vergessen und bot erst Generationen später wieder Stoff für Verehrer des Architekten. Dieser sei der «begabteste Künstler, der in Badens Geschichte mitgewirkt hat», schrieb etwa der Kunsthistoriker Peter Hoegger 1976. Auch wenn sein Engagement ein «lokalpolitischer Fehltritt mit

Das Semper-Projekt von 1866 im Grundriss. Neben einer Kuppelhalle, einem Saal und einem Theater sollten auch eine Gemäldegalerie, eine Bibliothek sowie gastronomische Angebote entstehen.

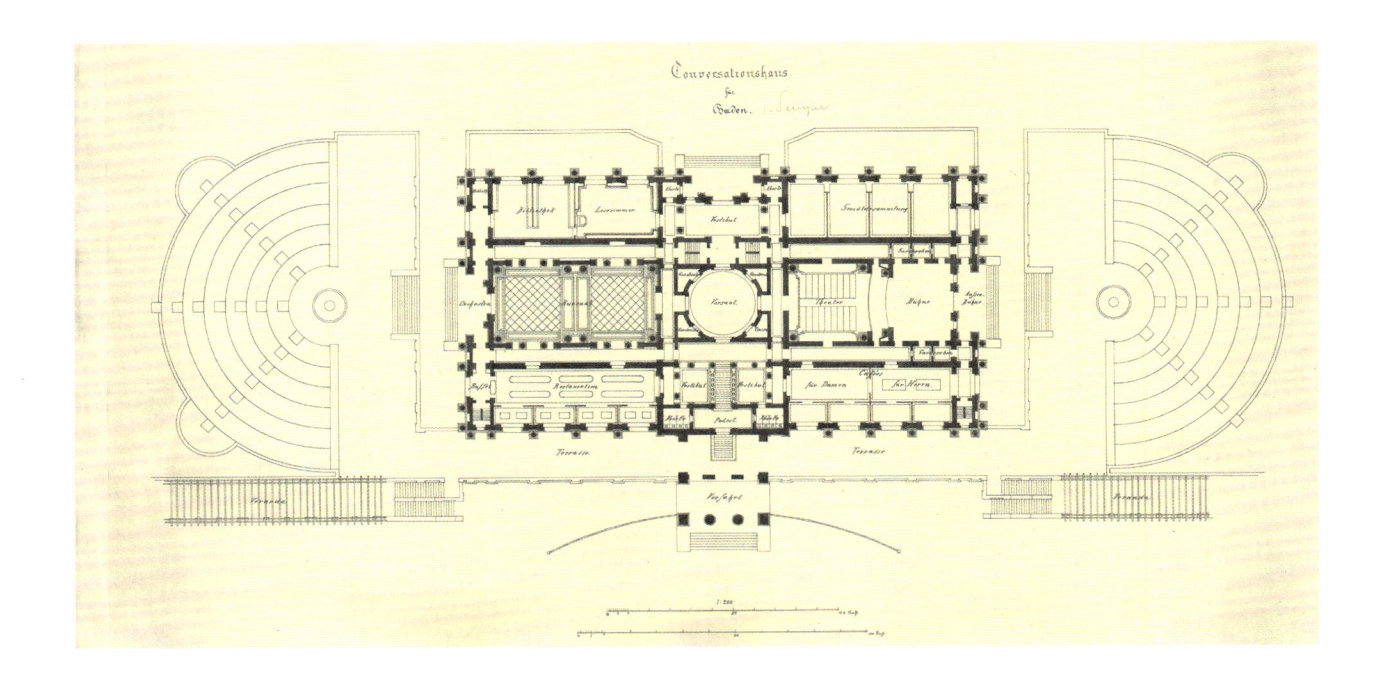

kurzen unangenehmen Folgen» gewesen sei: Das «von überlegener theoretischer Einsicht getragene Planwerk Sempers» wertete Hoegger ehrfürchtig als bedeutenden Beitrag für die schweizerische Kunstgeschichte und verglich es mit Projekten der «berufensten Stilhistoristen Europas».[61]

Das Kurhaus als Bauaufgabe

Das 19. Jahrhundert brachte eine Vielzahl von neuen Bauaufgaben mit sich: Es galt, Industrieanlagen zu planen, Wohnraum für die Arbeiterfamilien zu schaffen, Kraftwerke zu errichten oder Villenanwesen zu erstellen. Gleichermassen forderte und förderte das aufstrebende Bürgertum Bauten und Freiräume für Bildung, Vergnügen und Teilhabe. Die Zahl der Projekte von neuen Quai- und Kuranlagen, Parks oder Alpengärten nahm in der zweiten Jahrhunderthälfte stark zu.[62] Die Planung eines Ensembles aus Kurpark und Konversationshaus in Baden war wohl ein seltenes und sehr frühes Beispiel seiner Art, aber mit Blick auf die junge Eidgenossenschaft kein Sonderfall.

Kursaal, Conversationshaus, Kurhaus, Kursaalgebäude, Casino: Es gibt keine trennscharfe Definition dieser Begriffe, welche indessen alle auf ein öffentliches oder halböffentliches und kurörtliches Mehrzweckgebäude verweisen, worin verschiedene kulturelle und gesellschaftliche Angebote gemacht werden. In Baden wurde der Bau von 1875 unter der Kuppel als «Kurhaus» beschriftet, weshalb der Begriff im Badener Kontext sicher der passende ist.

Der neue Bautyp entstand im deutschsprachigen Raum Anfang des 19. Jahrhunderts. In Wiesbaden wurde 1810 der wohl erste «Cursaal» fertiggestellt. Dem Architekten Christian Zais (1770–1820) dienten die antike griechische Säulenhalle und die Tempelanlagen ebenso als Vorbilder wie Bauten des berühmten Renaissance-Architekten Andrea Palladio (1508–1580). In der griechischen Agora oder in den römischen Thermenanlagen als Architekturen des gesellschaftlichen Zusammenseins lassen sich auch die Ursprünge des Kurhauses verorten. Auf Wiesbaden folgte Baden-Baden, die zweite bedeutende Kurstadt Deutschlands, wo der einflussreiche Klassizist Friedrich Weinbrenner (1766–1826) zwischen 1822 und 1824 ein «Conversationshaus» mit Restaurant, Lese- und Spielkabinetten, Theater und Festsaal baute (siehe S. 27f.)[63]. Diesen beiden Vorbildern folgten bald weitere Kurorte mit repräsentativen Kurhäusern, etwa Bad Brückenau 1833 oder Bad Kissingen 1838.[64] In der Schweiz setzte die Entwicklung etwas später ein. Der hierzulande erste Kursaal wurde 1859 in Interlaken eröffnet, gefolgt von Bad Ragaz 1870. Nach Baden 1875 entstanden weitere, etwa in Montreux 1881 oder in Luzern 1882.

In der Basis der Kuppel des Moser-Baus von 1875 befindet sich die auf die Funktion hinweisende Inschrift «Kurhaus», die in Grossbuchstaben in den Berner Sandstein gemeisselt wurde.

Das 1810 eröffnete Kurhaus Wiesbaden gilt als erster, eigens zu diesem Zweck erstellte Bau dieses Typs im deutschsprachigen Raum. 1905 wurde es abgebrochen und durch einen grösseren, stilistisch ähnlichen Neubau ersetzt.

Das zweite Projekt für ein Kurhaus entstand 1868/69 im Büro des Badener Architekten Caspar Joseph Jeuch. Dieser bezog sich auf Semper, indem er den Haupteingang ebenfalls an der Bäderstrasse platzierte und zwei halbrunde Freilichtbühnen vorsah.

Jeuch plante Haus und Park in wesentlich realistischeren Dimensionen als Semper und schlug eine zentrale Allee zwischen Gärtnerhaus und Kurhaus vor.

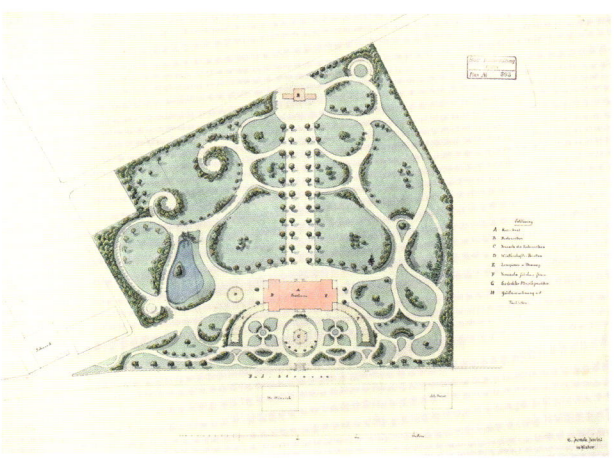

Das angemessene Projekt wird gefunden

Wohl im Verlauf des Jahres 1868 erteilte der Kurverein dem Badener Architekten Caspar Joseph Jeuch (1811–1895) den Auftrag, Sempers Planungen auf einem realistischen Niveau neu zu starten. Jeuch war eine verdiente Persönlichkeit in Baden und der erste akademisch ausgebildete Architekt der Stadt.[65] Als Sohn jenes Badehoteliers, der dem Kurverein später das Haselplateau verkaufen sollte, hatte ihm das Privileg zugestanden, in München ein Studium zu absolvieren und anschliessend auf eine mehrjährige Studienreise durch Italien zu gehen. Seit 1837 war er in Baden als Architekt und viele Jahre auch als Stadtbaumeister tätig. Er war ein vielbeschäftigter Mann im Aargau, baute neben der Infanteriekaserne in Aarau zahlreiche Schulhäuser, Kirchen und Badehotels.[66]

Im Jeuch'schen Nachlass finden sich die Pläne für drei Kurhausprojekte, von denen eines klar als Wettbewerbsbeitrag von 1871 nachgewiesen ist. Die beiden anderen sind undatiert, entstanden aber mit Sicherheit im Rahmen des besagten Auftrags drei Jahre zuvor, für die Jeuch 1869 mit 500 Franken entschädigt wurde.[67] Jeuch reduzierte die Grundfläche gegenüber dem Semper-Projekt massiv und verzichtete auf einen Theatersaal. Er wählte das Vokabular der Neorenaissance und legte damit zumindest stilistisch dem späteren Ausführungsprojekt von Robert Moser vor. Zweifellos bezog er sich bezüglich Platzierung und Erschliessung des Gebäudes konzeptionell auf Sempers Entwurfsgedanken.

Konkurrenz schafft Klarheit

Im Mai 1871 wurde die Kurhausgesellschaft als Aktiengesellschaft gegründet, um den Bau eines Kursaals zu forcieren. Im Protokoll der konstituierenden Sitzung des Verwaltungsrats vom 6. Juni 1871 heisst es, man habe in den Vorschlägen von Semper und Jeuch noch nicht denjenigen gefunden, welcher sich «zu einer unbedingten Ausführung eigne».[68] Aus diesem Grund wurde ein Wettbewerbsprogramm mit klaren Vorgaben verfasst, das sich auf die Erfahrungen mit den vorliegenden Planungen stützte. Dazu zählte auch das Budget, das für Haus und Park auf 210 000 Franken festgesetzt wurde. Zwei mit 1500 beziehungsweise 1000 Franken honorierte Preise wurden in Aussicht gestellt. Die Pläne der beiden Preisträger gingen dabei in

Vermutlich das zweitplatzierte Wettbewerbsprojekt des französischen Architekten Jean Jacques Alexandre Stamm von 1871. In Ergänzung zum Wettbewerbsprogramm schlug Stamm vor, eine Brunnengrotte zu realisieren.

Das nach den Wettbewerbsregeln anonym eingereichte Projekt von Caspar Joseph Jeuch ist aufgrund seiner zwei Jahre zuvor erarbeiteten Studien (siehe S. 47) klar als sein Beitrag erkennbar.

den Besitz der Kurhausgesellschaft über, während die anderen nach der Jurierung retourniert wurden.

Die anonyme Konkurrenz wurde am 10. Juli 1871 eröffnet und dauerte bis am 1. Oktober 1871.[69] Eingereicht wurden 23 Vorschläge, die von einer Jury beurteilt wurden, der die beiden Architekten Johann Jakob Breitinger (1814–1880) aus Zürich und Rudolf Ludwig Maring (1820–1893) aus Basel sowie der Zürcher Stadtgärtner Rudolf Blattner (1821–1898) angehörten. Sie zeichneten das Projekt «Glückliche Badenfahrt» des einheimischen Architekten Robert Moser (1833–1901) mit dem ersten Preis aus. Der zweite Preis ging an den kaum bekannten französischen Architekten Jean Jacques Alexandre Stamm (1835–1906).[70] Stamm hatte vermutlich keinen Bezug zu Baden. Dass er sich am Wettbewerb beteiligte, darf als Hinweis darauf verstanden werden, dass dieser weiterum zur Kenntnis genommen wurde.[71] Im Badener Stadtarchiv ist ein Projektplan für den Kurpark erhalten, der weder datiert noch signiert ist. Wir dürfen nicht zuletzt aufgrund der französischen Beschriftungen mutmassen, dass es sich dabei um das zweitplatzierte Projekt von Stamm handelt.

Caspar Joseph Jeuch, der sich mit seinem dritten Kurhausprojekt ebenfalls am Wettbewerb beteiligte, ging leer aus. Sein Entwurf wurde ihm retourniert, ist heute aber gleichwohl erhalten, da sich sein Nachlass im Stadtarchiv Baden befindet.[72]

Die Juroren stellten in ihrem Bericht fest, dass sie das vorgegebene Budget als viel zu tief einschätzten. Damit sollten sie recht behalten.[73] Am 25. November 1871 genehmigte die Generalversammlung der Kursaalgesellschaft die Pläne Mosers und bevollmächtigte den Verwaltungsrat mit dessen Umsetzung. Der 38-jährige Moser wurde nicht nur mit der Ausführungsprojektierung, sondern auch mit der Bauleitung beauftragt. Er bekam zudem das Vorschlagsrecht bei der Auswahl der mitwirkenden Handwerker und Künstler, das er auch integral in Anspruch nahm.[74]

Realisierung des siegreichen Entwurfs

Von Robert Mosers Projekt haben sich nicht nur die Wettbewerbseingabe, sondern Dutzende von Detailplänen, Fotografien und die umfangreiche Korrespondenz erhalten.[75] Moser hielt sich genau an die Vorgaben des Wettbewerbsprogramms, welches die

Robert Mosers Wettbewerbsplan der Hauptfassade zeigt noch zwei Loggien an den Stirnseiten. Auf diese wurde im Ausführungsprojekt vermutlich aus Kostengründen verzichtet.

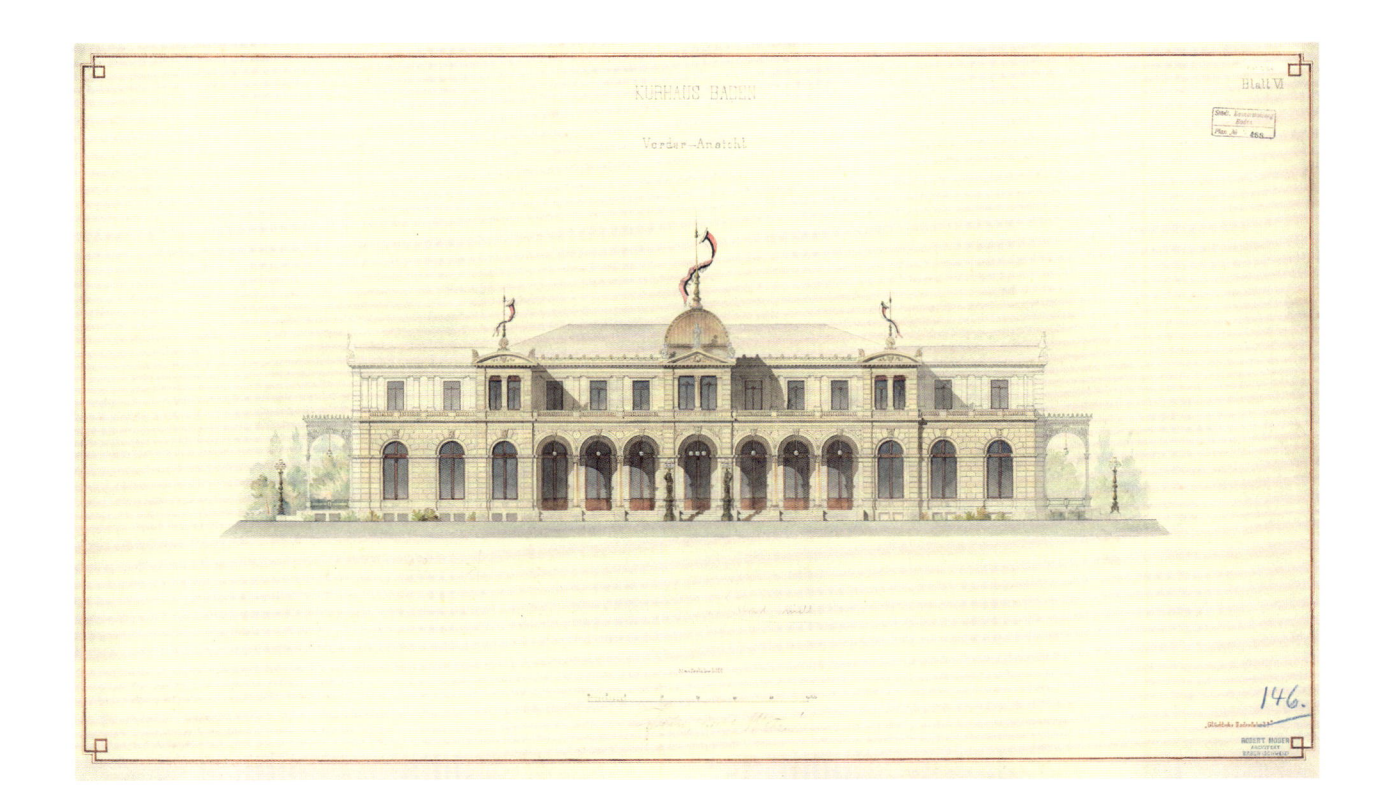

Platzierung des Baus parallel zur Bäderstrasse und mittig innerhalb der Anlage vorschrieb. Das Kernstück des anmutigen Neorenaissance-Gebäudes auf einer längsrechteckigen Grundfläche von knapp 950 Quadratmetern bildete der überhohe Konzert- und Ballsaal. Dieser war rund 400 Quadratmeter gross und mündete ostseitig zur Bäderstrasse über die ganze Länge in eine offene Vorhalle, die wiederum durch eine Arkade zum anschliessenden Vorplatz mit Konzertpavillon überging. Der opulent ausgeschmückte Saal wurde durch zwei Oberlichtgaden mit natürlichem Licht geflutet und hatte zu beiden Stirnseiten eine Galerie (siehe Abb. auf S. 55).

Um diesen Prinzipalraum gruppierten sich verschiedene Salons zum Lesen und Spielen sowie ein Restaurant. Von allen vier Seiten war das Kurhaus über Freitreppen zugänglich, die Haupt- und Schauseite bildete indessen klar die Ostfassade mit einer Kuppel über dem mittig hervortretenden Pavillon. Hier war die grosse Terrasse für 400 Gäste, hier fand das Stelldichein der Hautevolee statt. Im zurückversetzten Obergeschoss befanden sich südseitig ein kleinerer Saal, der später als Antiquitäten-Kabinett ausstaffiert wurde (siehe S. 100f.), und nordseitig eine Wohnung für den Pächter des Restaurants. Die Terrassen dazwischen wurden durch Balustraden abgeschlossen und waren für das Publikum zugänglich.

Äusserlich erhielt das Gebäude eine festliche Note durch eine gekonnte Gliederung der Fassade und eine angemessene Anzahl Schmuckelemente wie Figurengruppen, verschiedene Ziermotive und gusseiserne Kandelaber der ursprünglichen Gasbeleuchtung. Moser stellte hier mit seinen Entwürfen auch sein universelles Können als Formgestalter unter Beweis und liess die Steinmetzarbeiten im Aussenbereich durch den aus dem Tessin stammenden und in Bern wirkenden Bildhauer Anselmo Laurenti (1845–1913) im typischen grünlichen Berner Sandstein ausführen.[76] Im Innern arbeitete er mit dem angesehenen Solothurner Bildhauer und Stuckateur Joseph Pfluger (1819–1894) und dem Zürcher Atelier Ott & Witt für die Dekorationsmalerei zusammen.[77]

Besondere Erwähnung verdient das grosse Figurenpaar, welches das Innere des Saals schmückte. Es handelte sich dabei um die Gipsvorlage des «Monument National» in Genf. Das Werk entstand 1869 als Bronzeguss zum Gedenken an den fünfzigsten Jahrestag des Beitritts von Genf in die Eidgenossenschaft. Es steht bis heute im Englischen Garten von Genf und zählt zu den vielen touristischen Attraktionen der Stadt. Die beiden Frauenfiguren

Der Parkplan von Robert Moser aus dem Wettbewerb von 1871 wurde in vereinfachter Form realisiert. Die halbrunden Spazierwege an den Stirnseiten des Gebäudes können als Referenz an das Semper-Projekt interpretiert werden.

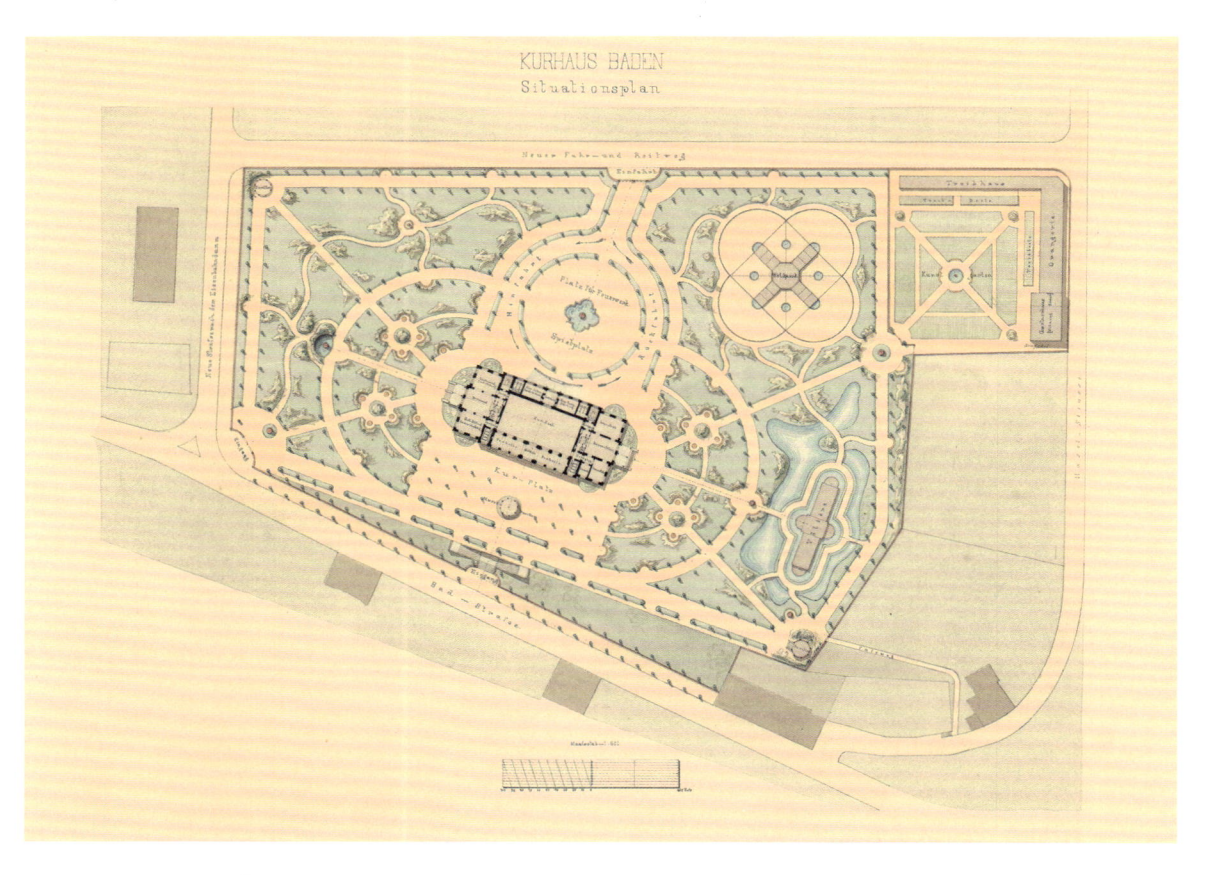

sind Allegorien auf die Eidgenossenschaft und die Stadt Genf. Was also hatten diese in Baden verloren? Der Urheber des Werks war der Badener Bildhauer Robert Dorer (1830–1893). Dorer lernte sein Handwerk in München und arbeitete in Dresden und Rom, bevor er 1870 in seine Heimatstadt zurückkehrte, wo er ein «grossbürgerliches Leben als geachtete Künstlerpersönlichkeit» führte, wie die Kunsthistorikerin Sabine Altorfer (*1956) ins Künstlerlexikon schrieb.[78] Das Nationaldenkmal für Genf ist das wichtigste ausgeführte Werk von Dorer, von dem wir annehmen dürfen, dass er mit dem drei Jahre jüngeren Moser befreundet war. Die Platzierung des Gipsmodells war wohl eine Ehrerbietung an Robert Dorer, der damals einer der bekanntesten Bildhauer der Schweiz war.

Zweifellos stellt der Badener Kursaal das bedeutendste Werk von Robert Moser dar, bei dem ihm die Möglichkeit gegeben war, ein Gesamtkunstwerk zu schaffen. Peter Hoegger bezeichnete den Bau als ein «namhaftes Gebäude schweizerischer Neurenaissance und einen der besten Bauten seiner Zeit im Kanton Aargau».[79] Das Bauwerk erfreute wohl Einheimische wie Kurgäste. Den verantwortlichen Quästoren machte es indessen Bauchschmerzen, denn die Baukosten liefen komplett aus dem Ruder.

Was schon die Experten im Jurybericht prophezeiten, trat mit voller Wucht ein. Das Unterfangen kostete achtzig Prozent mehr als budgetiert und führte die Kurhausgesellschaft auf direktem Weg in den Konkurs (siehe S. 160).

Die Ausführung der Parkanlage

Dem ersten Parkplan von Gottfried Semper gemäss sollte der Kurpark dem vorgeschlagenen Kursaal in seiner Repräsentation und Opulenz nicht nachstehen: Das Parkprojekt sah eine monumentale Süd-Nord-Hauptachse vor, die das Gebäude von der heutigen Haselstrasse her erschliessen sollte (siehe Abb. auf S. 43). Im rechten Winkel dazu wurde eine kleinere, zweite Hauptachse zur Parkstrasse gelegt. Die untergeordneten Spazierwege orientierten sich an einer radialen Struktur. Zu beiden Stirnseiten sah Semper zwei halbkreisförmige Arenen als Spielräume der Unterhaltung vor. Das strenge Konzept mit Anleihen an die barocke Gartenkunst lockerte Semper mit Teilbereichen auf, die einen landschaftlicheren Charakter erhalten sollten.

Diese wohl älteste Fotografie des Moser-Baus entstand während der Bauarbeiten im Winter 1874/75. Noch steht das Baugerüst, und es fehlen Fenster, Kuppel und Bauschmuck.

Rund um den Festsaal gliedern sich verschiedene Räumlichkeiten. Mosers Grundriss besticht durch seine Einfachheit. Das Gebäude war von allen vier Seiten zugänglich, wobei der Hauptzugang über die Vorhalle der Ostfassade verlief.

Das Obergeschoss überzeugt durch seine klare Symmetrie. Die aus der Längsfassade hervortretenden Bauglieder dienen auf der Ostseite als begehbare Pavillons und auf der Westseite als Treppenhäuser.

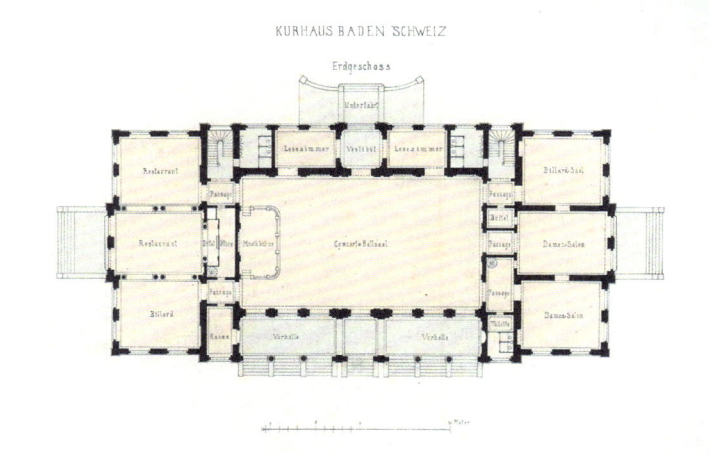

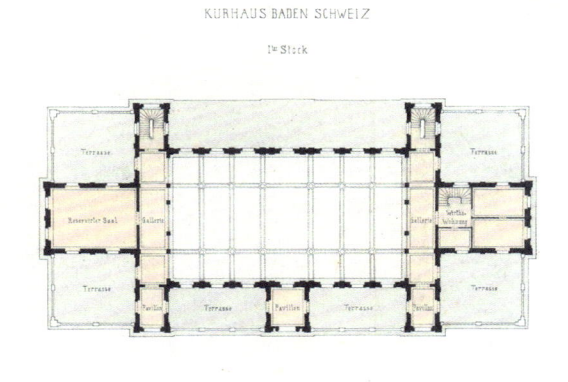

Sempers Überlegungen hatten bei der Parkplanung die Basis für die schliesslich realisierte Anlage gelegt. Die Zugänglichkeit des Gebäudes von mehreren Seiten setzte die Landschaft unterschiedlich in Szene: Vom ostseitigen Haupteingang blickte man auf den Limmatraum in Richtung Zürich, vom westseitigen Eingang gleitete der Blick hingegen über den Park zur Hangkette in Richtung Turgi über das damals unverbaute Haselfeld (siehe Abb. auf S. 52).

Die im Wettbewerb vorgeschriebene Platzierung des Kursaals gegen die Parkmitte (siehe Abb. auf S. 50) schuf Raum für eine grosszügige Terrasse zur Bäderstrasse. Im Gegensatz zu Semper, der stark akzentuierte Eingänge und breite, gerade Strassen plante, verfolgte Moser die Idee eines Parks mit weniger Zugängen. Die Einfahrt führte dabei von der Parkstrasse hin zu einem runden Vorplatz, der nach dem Prinzip des Kreisverkehrs hätte organisiert sein sollen.

Die weitere Projektierung und Ausführung des Parks übertrug Moser Rudolf Blattner, der bereits beim Wettbewerb als Juror mitgewirkt hatte. Blattner, im aargauischen Küttigen aufgewachsen, hatte als Gärtner des Schlosses Biberstein gedient, ehe er 1866 die Stelle als Zürcher Stadtgärtner angetreten hatte. In Zürich warteten grosse Aufgaben auf ihn: Es galt, wichtige Freiräume wie die Stadthausanlage, den Lindenhof oder den Platzspitzpark weiterzuentwickeln. Im Nebenamt hätte er den Auftrag des Badener Kurparks ausführen sollen.[80] Allerdings dauerte es nicht lange, bis Rudolf Blattner und die Kurhausgesellschaft getrennte Wege gingen und der in Zürich wohnhafte Gärtner Wilhelm Steyer mit der Ausführung betraut wurde.[81] Das Parkprojekt wurde schliesslich an die vorhandenen finanziellen Spielräume angepasst, merklich reduziert und eher konventionell umgesetzt: Die barocke städtebauliche Geste wurde abgelöst von einem verschlungenen Wegnetz mit einer Vielzahl einzelner Kompartimente in organischen Formen.

Steyer ging das Vorhaben recht pragmatisch an. Bisher wurde noch kein Plan gefunden, der den Entwurfs- und Umsetzungsprozess dokumentiert hätte. Lediglich ein erster grober Plan des realisierten Parks von 1880 ist im Nachlass von Robert Moser überliefert.[82] Die ältesten in den 1880er-Jahren vom Schartenfels aus gemachten Fotos zeigen recht gut, wie die ursprüngliche Anlage ausgesehen hatte (siehe Abb. auf S. 52). Eine erste präzise Planaufnahme stellt der Geometerplan von 1893 dar.[83]

Die Fotografie der Gesamtanlage entstand um 1885, nach dem Bau der Konzertmuschel auf dem Vorplatz und des Sommertheaters am rechten Rand. Das Bild zeigt die ursprüngliche Parkgestaltung.

Die von Robert Moser in Auftrag gegebene Aufnahme zeigt den fertigen Bau 1875, während letzte Umgebungsarbeiten noch im Gange sind.

Der auf das Jahr 1880 datierte Park- und Leitungsplan zeigt rudimentär die ursprüngliche Anlage noch vor dem Bau des Sommertheaters und der Konzertmuschel.

Der Gesamtplan von 1893 zeigt exakt die ursprüngliche Gestaltung des Kurparks.

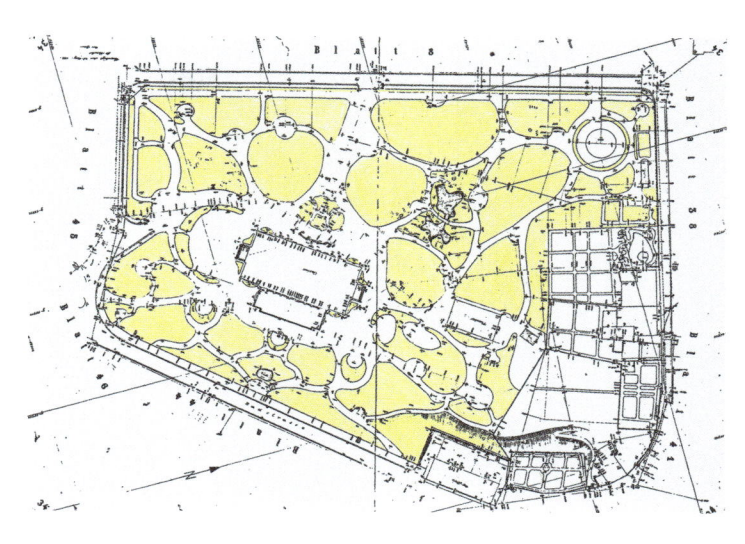

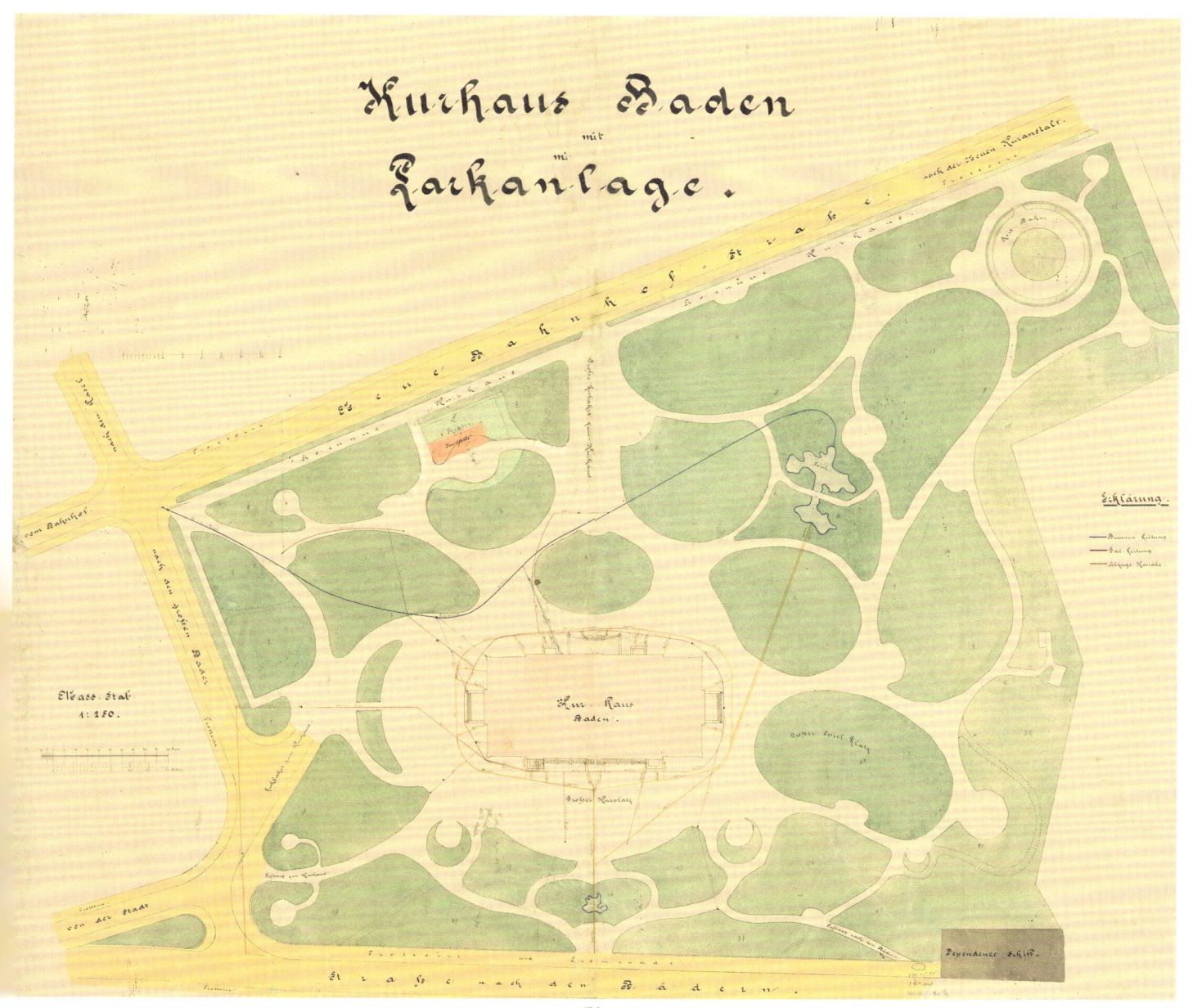

Der Damensalon im Erdgeschoss, hier in einer Aufnahme um 1900 mit ursprünglichem Interieur, war mit Dekorationsmalereien des Zürcher Ateliers Ott & Witt ausstaffiert.

Die Aufnahme aus der Zeit um 1900 zeigt den reich ornamentierten Saal in seiner ursprünglichen Gestaltung mit der Galerie und der mächtigen Kassettendecke. Rechts steht das Modell des «Monument National» von Robert Dorer. Dessen Platzierung im Kursaal wirkt unglücklich und war mit Sicherheit nicht von Anbeginn geplant. Zu mächtig wirken die Figuren, und die Positionierung vor dem Fenster ist überdies sehr ungeschickt. Über den Rundbogenfenstern finden sich Büsten «der bedeutendsten Dichter und Komponisten», wie es in einem Werbeprospekt hiess.

Umgebungsarbeiten beim fertigen Kurhaus 1875. Hinter der Kurhaus-Terrasse links das Haus zum Schwert.

Die Postkarte von 1918 zeigt den Blick von Norden auf die Kurterrasse, die 400 Gästen Platz bot und mit Balustraden eingefriedet war. Die elektrischen Bogenlampen an schlanken, gusseisernen Kandelabern gehörten bereits der zweiten Beleuchtungsgeneration an, nachdem die ersten Gaslaternen 1892 elektrifiziert worden waren.

Der Kurpark war ursprünglich durchsetzt mit chaussierten Spazierwegen, hier in einer Aufnahme von 1924 mit Baumallee entlang der Parkstrasse.

Der «Schwanenteich mit Birkenpartie», hier aus einer Werbebroschüre um 1905, war eine besondere Parkattraktion.

Das Arboretum der ursprünglichen Parkgestaltung, um 1900.

Die «Fontaine Lumineuse» befand sich in der Parkmitte, umgeben von einer grossflächigen Chaussierung. Aufnahme von 1916. Anfang der 1930er-Jahre wurde sie abgebrochen.

Robert Moser – Gründervater einer Architektendynastie

Robert Moser kam 1833 in Baden zur Welt, wo er zeitlebens wirken sollte. Seine berufliche Laufbahn war insofern vorgespurt, als sein Vater Johann Moser (1798–1855) Steinmetz und Baumeister war. Die Familie Moser gehörte der städtischen Oberschicht an, konnte der junge Robert doch die Kantonsschule in Aarau besuchen und anschliessend am Polytechnikum in Karlsruhe studieren. Moser entwickelte hier seine zurückhaltende bis strenge Entwurfshaltung. Von Karlsruhe aus beteiligte sich der Student am Wettbewerb für das Bezirksschulhaus in seiner Heimatstadt, das heutige Bezirksgebäude am Schulhausplatz. Er überzeugte die Jury mit seinem schlichten Entwurf. 1855 wurde mit dem Bau unter der Leitung des erst 22-Jährigen begonnen. Das Gebäude galt lange Zeit als schönstes Schulhaus im Aargau, und noch ein halbes Jahrhundert später hiess es, es diene noch immer «vorzüglich seinem Zwecke».[84]

In den Jahren 1858 und 1859 unternahm Moser ausgedehnte Studienreisen nach Frankreich, Belgien und Italien, wo er sich mit historischen Baudenkmälern, aber auch mit zeitgenössischen Bauaufgaben, unter anderem mit dem Gefängnisbau, auseinandersetzte.[85] Nach seiner Rückkehr heiratete er 1859 Anna Katharina Gubler und nahm seine Tätigkeit als selbstständiger Architekt auf. Mit Erfolg beteiligte er sich an Wettbewerben für verschiedene Bauaufgaben. So realisierte er die kantonalen Strafanstalten in Lenzburg, Neuenburg und Basel. Als Erster in der Schweiz wandte er dabei das Zentralsystem an, was ihm an der Weltausstellung 1876 in Philadelphia eine bronzene Verdienstmedaille einbrachte.[86] Neben dem erwähnten Schulhaus und dem Kursaal, seinen Hauptwerken, entwarf Robert Moser in seiner Heimatstadt die Erweiterung des Hotels Blume, die neugotische Dreikönigskapelle in den Bädern oder die ehemalige Post am Bahnhofplatz (heute «Bal's Café»). Vermutlich war er auch an der Gestaltung der 1874 eröffneten Schiefen Brücke beteiligt.[87] Robert Moser baute ausserdem das erste Kantonsspital in Aarau sowie das Armenbad in Rheinfelden. Darüber hinaus engagierte er sich als früher Denkmalschützer für den Erhalt von historischen Bauten und renovierte unter anderem das Verenamünster Zurzach oder die Klosterkirche Königsfelden, wofür er von Professor Johann Rudolf Rahn (1841–1912) höchstes Lob erhielt. Rahn gilt als Begründer der Denkmalpflege in der Schweiz.[88] In Mosers Nachruf in der *Schweizerischen Bauzeitung* steht, er habe durch sein «gediegenes und kerniges Wesen» in seinem Büro viele junge Architekten geformt und mit seinem künstlerischen Verständnis hervorragend ins praktische Leben eingeführt.[89]

Neben seiner beruflichen Tätigkeit war Moser Hauptmann in der Armee und leistete unter anderem 1870 Grenzbesetzungsdienst während des Deutsch-Französischen Kriegs. Zwölf Jahre nahm er Einsitz in der Badener Exekutive und verantwortete dabei die Neuorganisation der Feuerwehr, der Wasserversorgung und der Handwerkerschule.[90] Robert Moser war der Gründervater einer ganzen Architektendynastie. Mit Fug und Recht darf behauptet werden, dass Moser, sein Sohn Karl Moser (1860–1936) – einer der einflussreichsten Schweizer Architekten der ersten Jahrzehnte des 20. Jahrhunderts – sowie dessen Sohn Werner Max Moser (1896–1970) zu den wichtigsten Vertretern der Schweizer Architekturgeschichte zählen.[91] In die Fussstapfen seines Vaters tretend, gründete Karl Moser in Karlsruhe zusammen mit Robert Curjel (1859–1925) ein hoch erfolgreiches Architekturbüro, das bald einen Ableger in der Schweiz hatte und zahlreiche Bauten von nationaler Bedeutung entwarf, neben vielen weiteren die Universität und das Kunsthaus Zürich, den Badischen Bahnhof oder die Antoniuskirche in Basel. In seiner Heimatstadt, der Karl Moser stets verbunden blieb, entwarf er die berühmten Villen der BBC-Gründer, die Villa Boveri, die Villa Langmatt, die Villa Burghalde und die Villa Römerburg. Karl Moser gilt als Vater der modernen Schweizer Architektur. 1914 folgte er dem Ruf als Professor an die ETH und wurde zum einflussreichen Förderer der Architektengeneration des Neuen Bauens, der wiederum sein eigener Sohn Werner Max Moser angehörte. Häfeli Moser Steiger hiess dessen Büro, auf das so wichtige Bauten wie das Kongresshaus oder das Universitätsspital Zürich zurückgehen. In vierter Generation letztlich war auch Lorenz Moser (1924–2007) als Architekt tätig.[92]

Robert Moser, hier in einer Aufnahme um 1900, begründete die einflussreichste Schweizer Architektenfamilie in der ersten Hälfte des 20. Jahrhunderts. Insbesondere sein Sohn Karl Moser, aber auch sein Enkel Werner Max Moser wirkten als praktische Architekten und Professoren stark auf das Baugeschehen der Schweiz und darüber hinaus ein.

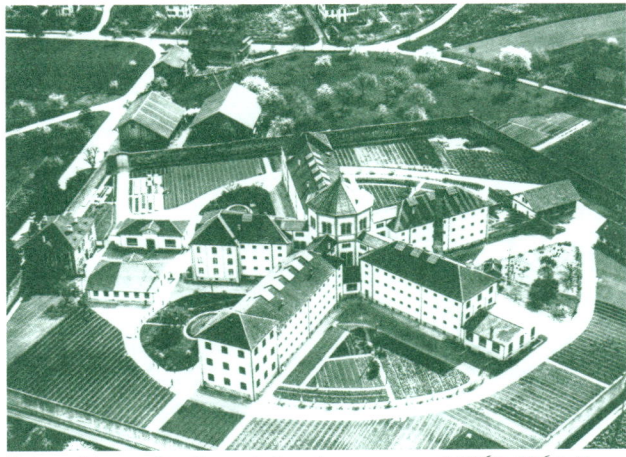

Robert Mosers Strafanstalt Lenzburg entstand 1860–1864. Es war die erste Anlage nach dem Zentralsystem in der Schweiz.

Die Schiefe Brücke entstand 1872–1874 nach Plänen von Ingenieur Gentilius Kellenberger zeitgleich wie das Kurhaus. Kellenberger zog für die Gestaltung der Sandsteinverkleidung der Widerlager sehr wahrscheinlich Robert Moser zu.

Die neogotische Dreikönigskapelle entstand 1882 nach Plänen von Robert Moser im Bäderquartier anstelle eines romanischen Vorgängerbaus.

Das Bezirksschulhaus mit Baubeginn 1855 war Mosers erstes grosses Projekt. Es galt lange Zeit als schönstes Schulhaus im Aargau.

Ein Hotel-Chauffeur posiert 1912 mit seinem Automobil auf der Haselstrasse vor dem Kurparkzaun. Am linken Bildrand ist ein Postament des Haupttors zu erkennen.

Weiterbauen am Gebäude und im Park

Bald nach der feierlichen Eröffnung wurden trotz betriebswirtschaftlich missglücktem Start Aus- und Ergänzungsbauten in Angriff genommen. Ein erster Musikpavillon auf der Kurterrasse entstand bereits um 1880 vermutlich nach Plänen von Joseph Caspar Jeuch.[93] 1892 erfolgte die Elektrifizierung des Gebäudes sowie der Parkbeleuchtung durch die im Jahr davor gegründete Unternehmung Brown Boveri & Cie. 1899 beschloss die Ortsbürgergemeinde auf Antrag des Stadtrats, den Park mit einem Eisengitterzaun auf Granitsockel nach Plänen von Architekt Otto Dorer (1851–1920) einzufrieden und künftig Eintritt in das Areal zu verlangen. Ein zweiter, ganz schlichter Pavillon mit Kupferdach auf oktogonalem Grundriss mit gusseisernen Säulen wurde 1901 auf erhöhter Position realisiert. Im gleichen Jahr wurde im Kursaal eine Zentralheizung eingebaut und der Bau für den Ganzjahresbetrieb fit gemacht.[94] Eine besondere Attraktion war die 1903 realisierte «Fontaine Lumineuse», ein beleuchteter Springbrunnen, der während rund dreissig Jahren an der Stelle des heutigen Brunnens stand.

Besonders bemerkenswert ist die Geschichte des Gärtnerhauses am nördlichen Rand des Kurparks. Es wurde 1908 als Holzständerbau im Areal der Industriellenvilla von BBC-Direktor Conrad Baumann an der Burghalde (heute Villa Burghalde) für dessen Privatgärtner erstellt. Dieses «Schwarzwaldhaus» – so wurde es auf den Bauplänen der Architekten F. & A. Ludwig bezeichnet – stand zwanzig Jahre später dem Bau des neuen Bezirksschulhauses im Weg und wurde durch Baumeister Hermann Mäder kurzerhand zerlegt, um im Kurpark wieder aufgebaut zu werden.[95]

Die Theaterbauten

Der Verzicht auf den Einbau eines vollwertigen Theatersaals war aus Kostengründen unumgänglich, wurde aber gleichwohl von Anbeginn bereut. Mosers Kursaal verfügte zwar über eine Bühne, doch war diese in Ermangelung entsprechender Nebenräume und Theatertechnik lediglich für Musikdarbietungen tauglich. Deshalb fasste die Ortsbürgergemeinde schon 1881 den Entschluss, auf der Nordseite des Parks ein Sommertheater nach Plänen des jungen Badener Architekten Otto Dorer zu realisieren.[96] Neben dem Stadttheater auf dem Theaterplatz wollte man also eine zweite Voll-

Kolorierte Postkarte mit dem kleinen Musikpavillon, um 1910.

Der kleine Musikpavillon wurde 1901 nach einem Plan der Konstruktionswerkstätte Suter-Strebler & Co. Zürich zum Preis von 3230 Franken realisiert.

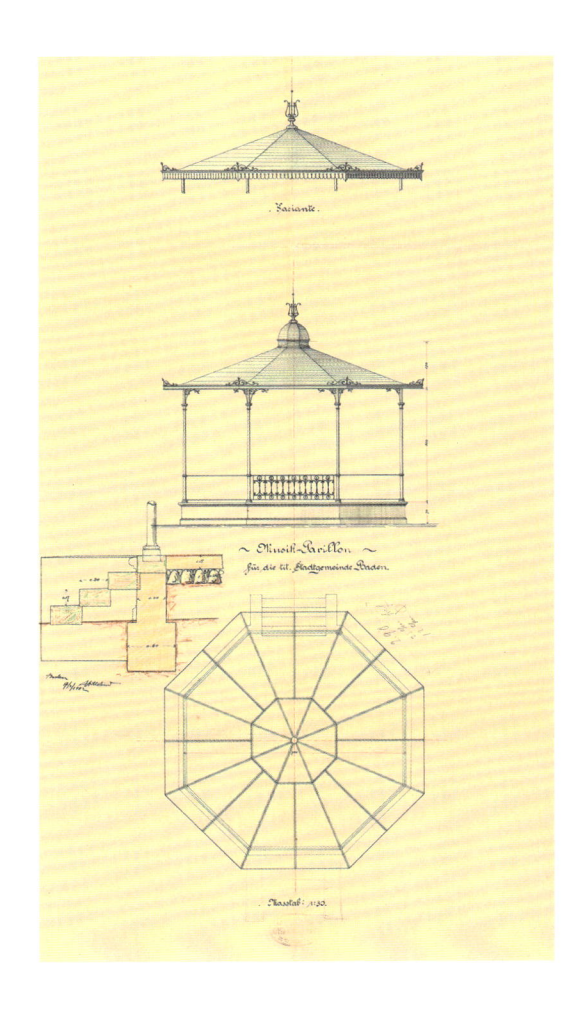

bühne bauen für einen Saisonspielbetrieb innerhalb des Kurbezirks. Hier schliesst sich gewissermassen der Kreis: Dorer war ein Schüler von Gottfried Semper, der mit seinem ersten Entwurf für ein Kurhaus 15 Jahre zuvor ein Theater vorsah. Er hatte zu jener Zeit in Paris gelebt, wo er seinen späteren Geschäftspartner Adolf Füchslin (1850–1925) aus Brugg kennenlernte. Die beiden führten ab 1889 in Baden ein Architekturbüro und realisierten eine Vielzahl von Wohn- und Industriebauten.[97] Der zierliche, basilikale Riegelbau des Sommertheaters fasste 350 Personen und grenzte sich mit seiner leichtfüssigen Anmutung zwischen Jugend- und Heimatstil klar vom Kurhaus ab. 1897 wurde Robert Moser damit beauftragt, das Bühnenhaus des Sommertheaters zu vergrössern (siehe S. 107f.).[98] Warum dafür nicht Dorer & Füchslin, die geistigen Urheber des Baus, beigezogen wurden, ist unklar. 1951 wurde das längst baufällig gewordene Sommertheater wieder abgebrochen.

1920 entstand die «Gesellschaft der Biedermeier zur Pflege kultureller Dinge» auf Initiative des umtriebigen Apothekers Franz Xaver Münzel (1882–1969). Sie organisierte Lesungen im ruinösen, seit über zehn Jahren stillgelegten Stadttheater. Das von den «Biedermeiern» organisierte und als «Badenfahrt» betitelte Stadtfest von 1923 sollte den finanziellen Grundstock legen, um ebendieses Theater zu sanieren. 1924 wurde eine Theaterstiftung gegründet, die ab 1928 ihre Strategie änderte, das abbruchreife Stadttheater aufgab und sich fortan für einen ganzjährig bespielbaren Theaterbau im Kurpark einsetzte. 1939 wurde dafür ein viel beachteter Wettbewerb durchgeführt, aus dem zum Entsetzen der lokalen Eliten die Ennetbadenerin Lisbeth Sachs (1914–2002) als Siegerin hervorging. Der jungen Architektin ohne praktische Erfahrung – sie hatte eben als eine der ersten Frauen überhaupt an der ETH das Diplom erhalten – wurde die Zusammenarbeit mit dem im Wettbewerb zweitplatzierten Otto Dorer junior (1887–1961) aufgezwungen, dem etablierten Sohn also des Architekten des alten Sommertheaters.[99] Der Neubau sollte im ehemaligen Rosarium entlang der Parkstrasse entstehen. An eine Realisierung war jedoch erst nach dem Zweiten Weltkrieg zu denken. 1952 erfolgte die festliche Eröffnung des Sachs-Theaters, welches als europaweit erster Theaterneubau nach der Stunde Null gefeiert wurde.[100] 2020 wurde das denkmalgeschützte Sachs-Theater nach Plänen von Elisabeth und Martin Boesch Architekten aus Zürich von Grund auf saniert und erweitert.[101]

Das 1881 nach Plänen von Otto Dorer gebaute Sommertheater befand sich auf der Nordseite des Kurparks, hier aus einer Werbebroschüre um 1905.

Das Kurtheater von Lisbeth Sachs mit dem Freilichttheater von Gustav Ammann wurde 1952 eröffnet. Lisbeth Sachs überzeugte die Wettbewerbsjury 1939 mit ihrer Idee eines gläsernen Foyers, das einen starken Bezug zum Naturraum des Kurparks schafft.

Die Umgebung des Kurtheaters wurde 1952 bis 1954 durch den Zürcher Gartengestalter und Landschaftsarchitekten Gustav Ammann (1885–1955) angelegt. Ammann war in der Region Baden kein Unbekannter: In seiner langen Werkliste figurieren nicht weniger als 22 ausgeführte Projekte in der Stadt Baden, zwei in Ennetbaden und neun in Wettingen.[102] Die Umgebungsgestaltung des Kurtheaters war eines seiner letzten Werke. Sein Beitrag an den Freiraum war insbesondere der Entwurf für ein flach abgetrepptes Halbrund, das gleichermassen als Erweiterung des gläsernen Theaterfoyers wie als Raum für Aufführungen im Freien genutzt werden konnte. Im Zuge dieser Arbeiten erstellte Ammann auch den angrenzenden Entenweiher neu.[103]

Planungsleichen und bröckelnde Decken

In den Jahren vor dem Ersten Weltkrieg stand der Kurtourismus in voller Blüte. Baden zählte bis zu 150 000 Logiernächte respektive 8000 bis 10 000 Kurgäste pro Saison. Dabei dauerte ein Kuraufenthalt im Durchschnitt etwa zwei Wochen.[104] Zu diesem Boom passen die Pläne für einen umfassenden Ausbau des Kurhauses, die 1910 durch den Luzerner Architekten Emil Vogt (1863–1936) vorgelegt wurden. Vogt war ein gefragter Fachmann für touristische Infrastrukturen. Er realisierte grosse Hotelanlagen der Belle Époque in der Innerschweiz und im Engadin, aber auch in Rom oder Neapel. In Luzern verantwortete er ab 1905 den Umbau des Kursaals.[105] Vielleicht war dies der Grund für sein Engagement in Baden. Er schlug in Varianten vor, den Moser-Bau parkseitig weiterzubauen und um einen Konzert- und Theatersaal mit rund 650 Sitzplätzen zu ergänzen. In seinem Entwurf erwies Vogt dem inzwischen verstorbenen Robert Moser die Reverenz. Er erweiterte den Ursprungsbau in identischer Materialisierung und Formensprache so selbstverständlich, dass sein Zutun einer aussenstehenden Person wohl gar nicht aufgefallen wäre. Warum das Projekt von Emil Vogt nicht weiterverfolgt wurde, wissen wir nicht.

Schon vor Vogts Studie begann sich die Kurhauskommission der Ortsbürgergemeinde mit Sanierungs- und Ausbauideen auseinanderzusetzen und bestellte 1909 von Alfred Friedrich Bluntschli (1842–1930), Professor an der ETH, ein

Der 1910 vorgelegte Entwurf des Luzerner Hotelarchitekten Emil Vogt für einen Theateranbau auf der Westseite des Kursaals wurde nie realisiert. Die Zeichnung zeigt die Vorfahrt von der Haselstrasse her. In der linken Bildhälfte der Anbau mit dem erhöhten Bühnenhaus.

Gutachten über einen Ausbau der Kurhausterrasse.[106] Es war zu einem Zeitpunkt, als der nunmehr 35 Jahre alte Bau erste Alterserscheinungen zeigte. So teilte etwa die Casinogesellschaft am 31. Mai 1910 dem städtischen Bauverwalter schriftlich mit, «dass letzten Sonntag Vormittag im Lesesaal des Casino ein Stück des Plafonds heruntergefallen ist und beinahe einen in der Nähe sitzenden Herrn getroffen hätte. Da zu befürchten ist, dass noch mehr von der Stuckatur nachfolgen könnte, möchten wir Sie höflich ersuchen, die Sache sofort untersuchen lassen zu wollen, damit ein allfälliger Unfall unter allen Umständen verhütet werde.»[107] Nur zwei Monate später erreichte den Bauverwalter ein gleichartiges Schreiben mit dem dringlichen Hinweis, dass das Dach der Terrasse undicht sei und von dort Wasser heruntertropfe.[108]

An ihrer Versammlung vom November 1914 wurden die Ortsbürger darüber in Kenntnis gesetzt, dass das Starkstrominspektorat die knapp zwanzig Jahre alte Elektroinstallation bemängelt hatte. Sie müsse von Grund auf erneuert werden. Ausserdem lägen Pläne von Architekt Lebrecht Völki (1879–1937) für eine Gebäudesanierung vor, und man könne im Folgejahr mit den Arbeiten beginnen. Doch in diesem «Folgejahr» begann der Erste Weltkrieg, und der Kurtourismus brach bis zu dessen Ende massiv ein. An grössere bauliche Massnahmen war in dieser Situation nicht zu denken.[109]

Knatsch um das Projekt des «hochgeschätzten Mitbürgers»

Nach dem Ersten Weltkrieg begannen alle Planungen wieder bei null. Anfang 1919 beschloss die Casinogesellschaft, unter Badener Architekten eine Ideenkonkurrenz für einen neuen Musikpavillon und einen neuen Parkeingang an der Bäderstrasse durchzuführen. Als Preisrichter wurden die beiden Architekten Lebrecht Völki und Karl Moser verpflichtet. Beide waren Badener Bürger, aber in Winterthur beziehungsweise in Zürich niedergelassen. Sie sollten ein kleines Pflichtenheft ausarbeiten und sich zu diesem Zweck vor Ort austauschen. Diese überschaubare Ausgangslage sollte komplett aus dem Ruder laufen und in einen grossen Streit münden, der sich gemäss den Protokollakten des Stadtrats und der Casinogesellschaft wie folgt abspielte:[110]

Der Park sollte gemäss dem 1919 vorgelegten Gesamtplan von Karl Moser umgestaltet und um ein neues Sommertheater und eine Tennisanlage ergänzt werden.

Nach verschiedenen Studien schlug Karl Moser 1919 längsseitige Anbauten und eine Aufstockung des väterlichen Gebäudes vor.

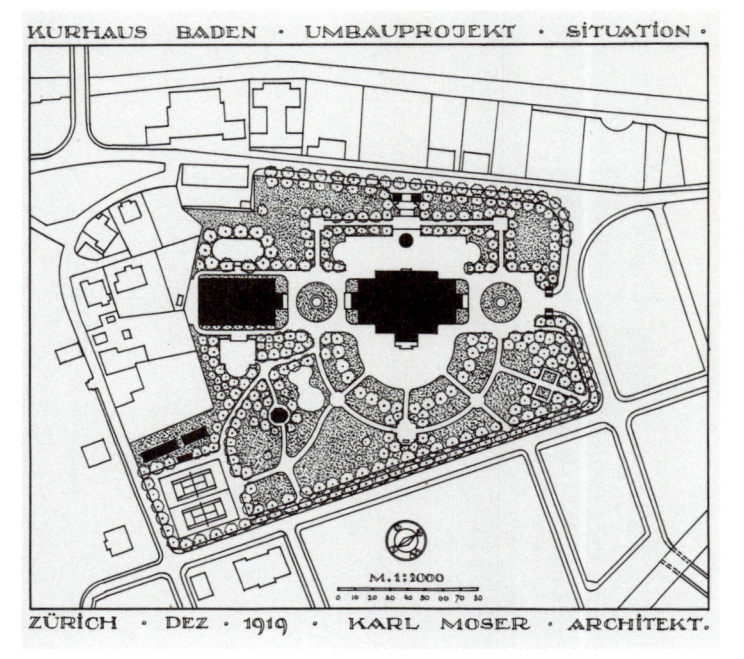

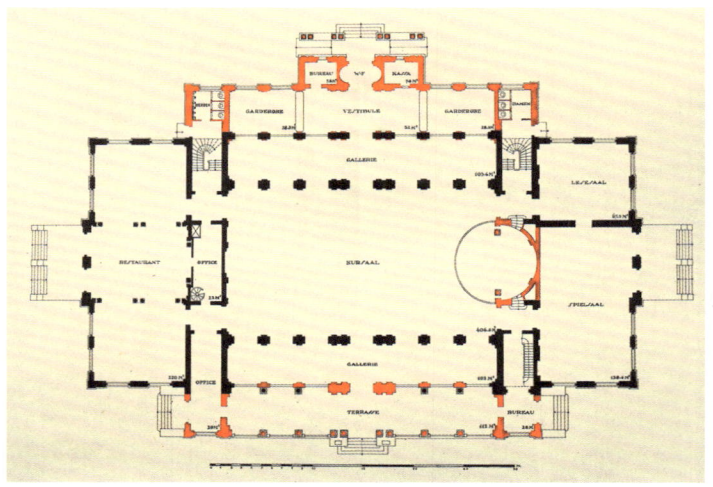

Beim besagten Treffen mit den Entscheidungsträgern der Casinogesellschaft kamen die Anwesenden überein, dass es sinnvoll wäre, vor der Durchführung dieses auf zwei eher unbedeutende Sachthemen beschränkten Wettbewerbs einen Generalplan für die Sanierung und Erweiterung der gesamten Anlage zu entwickeln. Der honorige Professor Moser als Sohn des Erbauers des Kursaals solle sich diesem Plan annehmen. Der in Aussicht genommene Wettbewerb hingegen wurde sistiert.

Am 19. Juli 1919 bestätigte Moser dem Präsidenten der Casinogesellschaft schriftlich und detailliert das Vorgehen, ohne darin jedoch eine Honorar- oder eine geschätzte Bausumme zu nennen.[111] Tatsächlich hatte er sich zu diesem Zeitpunkt längst in das Vorhaben vertieft, denn seine ersten Skizzen und Pläne entstanden bereits im März 1919. Dazu gehörten auch ein neuer Musikpavillon und ein neuer Haupteingang. Moser stellte eigens für dieses Vorhaben einen zusätzlichen Mitarbeiter an und lieferte im Dezember des gleichen Jahres ein bis ins letzte Detail ausgearbeitetes Planwerk ab, das sogar akustische Analysen umfasste, die er mit einem Spezialisten vor Ort vorgenommen hatte.

In Varianten schlug Moser eine «promenade architecturale» von einem Kassenhaus an der Bäderstrasse über eine Treppenanlage mit Brunnenplatz zur Kurterrasse mit neuem Musikpavillon hin zum Kursaal vor, die im Grundgedanken wieder auf Sempers ersten Entwurf zurückging. Das Kurhaus sollte an den Längsseiten um je eine Achse verbreitert, aufgestockt und mit einem einheitlichen, hoch aufragenden Walmdach versehen werden. Die geschätzten Kosten betrugen 1 Million Franken. Dazu gehörte auch eine Umgestaltung des Parks und eine Ergänzung desselben mit einem neuen Theaterbau sowie einer Tennisanlage im Bereich des heutigen Kurtheaters. Mit seiner Planung eliminierte Karl Moser faktisch das Werk seines Vaters. Mit dem üppigen Plansatz und dem Kostenvoranschlag deponierte Moser auch gleich seine Honorarrechnung über 11 108.85 Franken. Was unmittelbar danach geschah, wissen wir nicht. Die Casinogesellschaft scheint sprachlos gewesen zu sein und versuchte sich des Problems zu entledigen, indem sie den Plansatz inklusive Rechnung Mosers nach einigen Monaten vermeintlichen Nichtstuns zuhanden des Stadtrats beim städtischen Bauamt deponierte. Dieser retournierte die Sendung umgehend mit dem Hinweis, er habe keinerlei Planungsauftrag erteilt, ja nicht einmal Kenntnis davon gehabt: «Die Zahlung von Rech-

Gemäss dieser Ansichtszeichnung von Karl Mosers erstem Entwurf von 1919 sollte der Bau noch an den Stirnseiten angebaut werden und ein neues, hoch aufragendes Dach erhalten.

Die Ansicht von Südwesten zeigt Mosers Abgabeprojekt vom Dezember 1919.

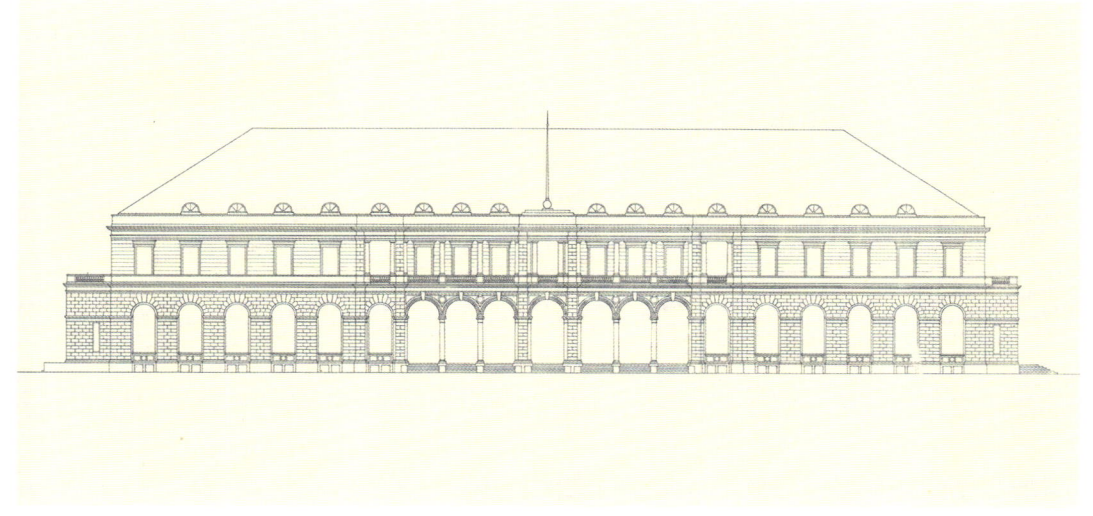

nungen für diese höchsteigene Angelegenheit der Kasinogesellschaft wird abgelehnt.»[112]

54 Jahre nach dem Eklat mit Semper stand man erneut vor einem planerischen Scherbenhaufen. Nun setzte ein zunehmend gehässiges Hin und Her ein, das durch Unprofessionalität und Wechsel an der Spitze der Casinogesellschaft massiv verzögert wurde. Später behaupteten deren Vertreter gar, man sei davon ausgegangen, Architekt Moser würde diese Arbeit «pro bono» für seine Heimatstadt und im Gedenken an seinen Vater machen. Ende 1922 – inzwischen schwelte der Konflikt seit fast zwei Jahren – liess Moser in einem eingeschriebenen Brief an den Bauverwalter seinem aufgestauten Ärger Luft und drohte explizit mit einer Klage: «Ich muss Ihnen schon sagen, dass mir eine solche Behandlung in den 35 Jahren meiner praktischen Tätigkeit noch niemals vorgekommen ist. Sie ist ebenso unwürdig wie unverständlich.»[113] So landete die Angelegenheit Anfang 1923 wieder beim Stadtrat als Exekutivorgan der Ortsbürger. Dieser wünschte sich, «dass die unliebsame Angelegenheit mit dem hochgeschätzten Mitbürger Dr. Moser freundschaftlich erledigt werde» und vermittelte eine reduzierte Honorarzahlung aus dem Renovationsfonds des Kursaals.[114] Einmal mehr blieben von einem hochtrabenden Projekt nichts als Ärger und Kosten übrig. Karl Moser kehrte 1932 noch einmal in seine Heimatstadt zurück, als er die Hauptpost am Bahnhofplatz als damals modernstes Postgebäude der Schweiz projektierte.[115]

Der grosse Umbau von 1932

Nach dem Debakel um das Projekt von Karl Moser wurden die Ideen für eine Gesamterneuerung und Erweiterung des Kursaals für zehn Jahre ad acta gelegt und nur dringliche Renovationen und Anschaffungen getätigt.[116] 1929 war mit Lebrecht Völki jener Architekt mit neuen Planungen beauftragt worden, der mit Karl Moser die Jury jenes eingeschränkten Wettbewerbs bilden sollte, der schliesslich gar nie durchgeführt wurde. Völkis 1930 präsentiertes Projekt sah vor, den Kursaal im Obergeschoss auszubauen und ein neues Theater an die nördliche Stirnseite anzufügen. Einmal mehr wurden die geschätzten Kosten als viel zu hoch taxiert, was in der Sommergemeindeversammlung der Ortsbürger 1930 zu einer intensiven Debatte

Schnitt durch die von Karl Moser vorgeschlagene «promenade architecturale» von der Bäderstrasse über eine Treppenanlage mit Brunnen zur Kursaalterrasse mit neuem Musikpavillon.

Die akustischen Studien für einen neuen Musikpavillon wurden von Karl Moser grafisch dargestellt.

führte. Sollte der nunmehr 55 Jahre alte Bau nicht gleich abgerissen und in neuem Gewand wie der Phönix aus der Asche auferstehen? Diese Idee fand immerhin so viele Anhänger, dass die beiden Architekten Otto Dorer junior und Robert Lang (1899–1946) mit Skizzen für einen Neubau beauftragt wurden.[117] Beide schlugen als Vertreter der Moderne entsprechende Projekte vor. Doch diese Spur verlief schnell im Sand, und Völki erhielt den Auftrag, seine Pläne zu vereinfachen und auf ein Theater zu verzichten. Nun ging alles sehr schnell: Im September 1931 wurden das reduzierte Umbauprojekt und der dafür notwendige Kredit über 700 000 Franken genehmigt. Unverzüglich wurde mit dem Bau begonnen, der bereits Ende 1932 abgerechnet werden konnte. Für Umgebungsarbeiten und einen neuen Musikpavillon war ein Nachtragskredit von 90 000 Franken notwendig geworden.

Lebrecht Völki war zu jener Zeit längst ein arrivierter Baukünstler in den letzten Jahren seines Schaffens. Er gilt als einer der bedeutendsten Architekten seiner Zeit in Winterthur.[118] In seiner Heimatstadt Baden war er schon Anfang des 20. Jahrhunderts mit dem Wohnhaus Guggenheim an der Bahnhofstrasse 24 in Erscheinung getreten.[119] Sein Umgang mit dem Kursaal war indessen unglücklich. Völki purifizierte den Bau, indem er innen wie aussen fast allen Bauschmuck entfernte. So verschwanden für den architektonischen Ausdruck wichtige Elemente wie die Kuppel, Balustraden, Figuren oder Akroterien. Dem Saal verlieh Völki gleichermassen ein nüchternes Antlitz. Die NZZ vermerkte später, dieser sei «aus dem Zustand üppiger Ornamentik in den Zustand völliger Leere» überführt worden.[120] Durch zwei plumpe eingeschossige Erweiterungen verlor das Gebäude ausserdem seine Symmetrie: Südseitig wurde ein halbrunder Stirnbau als Restaurantvergrösserung errichtet, und parkseitig entstand ein Anbau für Garderoben, Toiletten und Büros. Damit wurde den Aufenthaltsräumen der Blick in den Park genommen.

Der Hofmann-Saal

Offensichtlich hielt sich die Begeisterung für den neu gestalteten Saal auch bei der Casinogesellschaft in engen Grenzen. Dessen «wüste Nüchternheit» wurde bald mit dem Charme einer Turnhalle

Lebrecht Völki schlug 1930 vor, den Kursaal zu sanieren und nordseitig um einen Theaterneubau zu ergänzen.

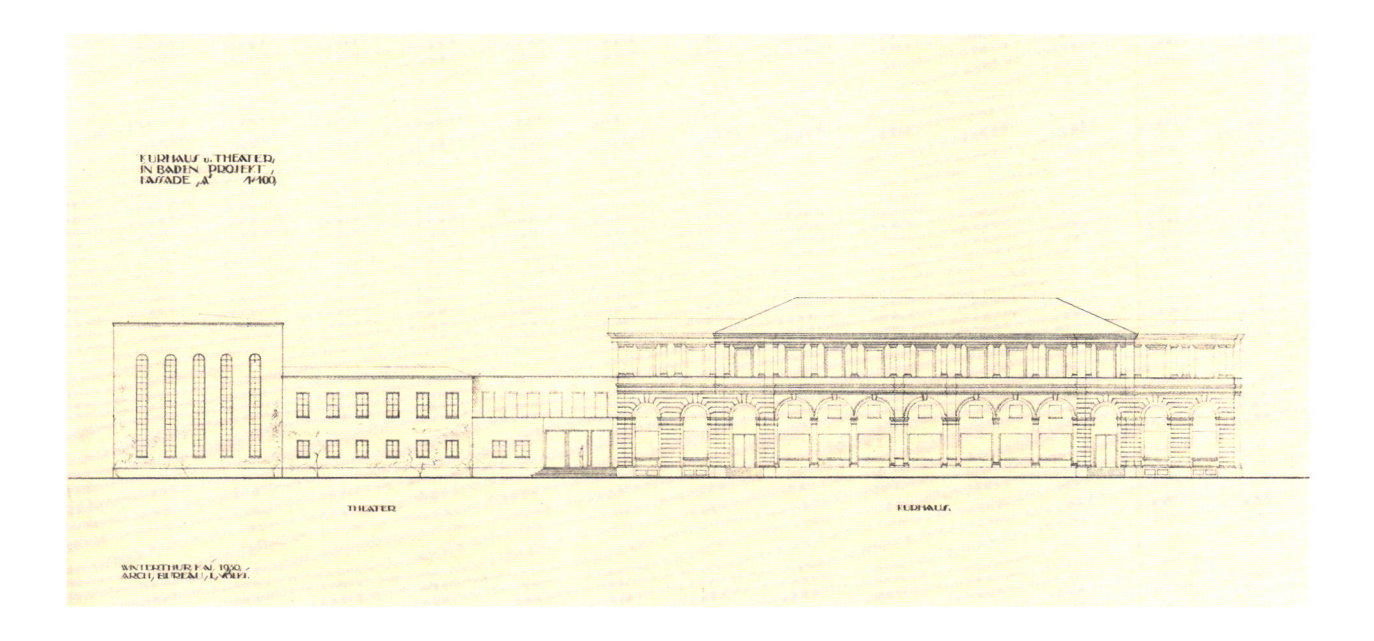

und anderen «prosaischen Gehäusen» verglichen.[121] Im Volksmund waren auch Zuschreibungen wie «Waschküche» oder gar «Krematorium» geläufig.[122] Nach nur zwanzig Betriebsjahren beauftragte deshalb die Ortsbürgergemeinde im Jahr 1952 Hans Hofmann (1897–1957), Professor an der ETH und ehemaliger Chefarchitekt der Landi 39 in Zürich, in enger Zusammenarbeit mit dem Badener Architekturbüro Bölsterli und Weidmann mit einem Umbau.[123] Hofmann sollte den Saal von seiner Nüchternheit befreien und ihm eine «gediegene Festlichkeit» zurückgeben.[124] Es ist vermutlich kein Zufall, dass dieser Auftrag unmittelbar nach der feierlichen Eröffnung des Kurtheaters vergeben wurde. Die Casinogesellschaft wollte der Theaterstiftung mit ihrem neuen Vorzeigebau in nichts nachstehen.

Hofmann verwendete in seinem Projekt viel Energie darauf, den Raum nicht nur formal, sondern auch klanglich zu verbessern, wobei er mit dem renommierten Professor für Akustik Willi Furrer (1906–1985) zusammenarbeitete. Dieser gab entscheidende Inputs, die dafür sorgen sollten, dass der neue Saal akustisch «keinem der bekannteren schweizerischen Konzertsäle» mehr unterliege, was Furrer nach seinen Messungen mit Genugtuung feststellte.[125]

Die Form des Saals wurde von Grund auf verändert. Hofmann liess die Fenster des Oberlichtgadens zumauern und schräg gestellte, kannelierte Gipsplatten anbringen. Die Decke wurde in Zickzackform um 1,5 Meter heruntergehängt. Ein besonderes Element waren die vom Architekten eigens entworfenen Hängeleuchter mit perforierten Blechschirmen in Sternform. Dieses Motiv setzte sich auf den Saaltüren fort. Die Leuchter würden wie ein «festgehaltenes Feuerwerk» im Raum hängen, lobten die *Basler Nachrichten*.[126]

Die Presse reagierte überhaupt überwiegend positiv. Von einem «gelungenen architektonischen Experiment» schrieb der *Tages-Anzeiger*, und aus dem Freiamt meldete der *Wohler Anzeiger*: «Das Werk lobt den Meister, aber auch die Stadt der Quellen für ihren fortschrittlichen, unternehmenslustigen Geist.» Das *Badener Tagblatt* wollte seine Begeisterung gar nicht zügeln und liess sich mit einem Anflug von Lokalchauvinismus an einen «Krönungssaal» erinnern, der «nichts für Spiesser» sei, «hier müssen Champagnergläser klingen und keine biederen Zweierschöpplein». Sachlicher und präziser vermerkten die *Basler Nachrichten*, in Baden sei mit dem renovierten Saal im Verein mit dem neuen Kurtheater «ein gesellschaftliches Zen-

Der Blick auf den Kursaal in den 1960er-Jahren zeigt die von Lebrecht Völki realisierten Anbauten und Purifizierungen.

Die Ansichtszeichnung von Osten zeigt den 1930 vorgelegten Entwurf von Robert Lang für einen Neubau des Kursaals mit integriertem Theater mit 592 Plätzen.

Die Kursaal-Bar entstand im Rahmen des Umbaus von 1932. Aufnahme um 1940.

Die Kursaal-Terrasse nach dem Völki-Umbau um 1947. Völki verglaste die ursprünglich offene Vorhalle und machte sie zu einem Innenraum.

Blick Richtung Südosten des 1932 neu gestalteten Parks. Dieser wurde parallel zu den Umbauten am Gebäude stark verändert, wofür das Landschaftsarchitekturbüro der Gebrüder Mertens in Zürich verantwortlich zeichnete.

Nach dem Umbau durch das Büro Lebrecht Völki präsentierte sich der vormals opulente Saal von 1875 vollständig purifiziert. Die radikale Umgestaltung fand in der Bevölkerung wenig Anklang und soll dazu geführt haben, dass er von Einheimischen zunehmend weniger frequentiert wurde.

Der Festsaal nach dem Umbau 1952. Architekt Hans Hofmann schuf eine in sich stimmige, akustisch herausragende Raumkapsel im Geist der moderaten Moderne, die indessen nicht zur Architektur des Hauses passte.

trum entstanden, das weit herum seinesgleichen sucht». Nur die *Bürger- und Bauernzeitung* mäkelte verächtlich, das Auge müsse sich zuerst an diese Architektur gewöhnen, was dem Verstand nicht auf Anhieb gelinge. Der Kursaal sei eben kein Landgasthof, er sei in erster Linie für die Gäste Badens da, welche «vielfach verwöhnte Leute» seien.[127]

Der Kursaal nach den Um- und Anbauten von Egli & Rohr Architekten 1988. Für die halbrunden, filigranen Kopfbauten wählten die Architekten bewusst eine andere Materialisierung.

Umgestaltung für das 21. Jahrhundert

Der Hofmann-Saal entstand während der letzten Blüte des Kurtourismus. Dessen kontinuierlichen Niedergang konnte der Bau eines neuen Bades mit Hotellerie und Ärztezentrum im Limmatknie Mitte der 1960er-Jahre höchstens verzögern. Für den Betrieb des Kursaals bedeutete dies eine ständig rückläufige Besucherfrequenz, während der laufende Unterhalt des Gebäudes jährlich rund 300 000 Franken verschlang. 1964 wurde neben dem Gärtnerhaus zudem ein Personalhaus gebaut (2011 wieder abgebrochen). Schon lange war die Rede von einem «Fass ohne Boden».[128] Was tun mit einem Bau, der für Tradition und kurörtliche Ambiance stand und damit eine gewisse Exklusivität ausstrahlte, für die das Publikum immer spärlicher wurde? Im Verlauf der 1960er-Jahre halbierte sich der Personalbestand und betrug 1974 noch 29 Personen. Gleichwohl blieb selbst der Betrieb defizitär und musste durch die Einwohnergemeinde gestützt werden.[129]

Dieses finanzielle Engagement führte dazu, dass sich die städtische Planungskommission intensiv mit dem Kursaal auseinanderzusetzen begann und im Februar 1974 einen umfassenden Bericht mit Variantenstudien vorlegte (siehe S. 174f.). Darin prüfte sie alle planerischen und betrieblichen Optionen, zu denen auch ein Abbruch zählte. Die Planungskommission schälte als primäres Ziel heraus, dass der Kurpark mit seinen Bauten möglichst integral zu erhalten und durch verschiedene Massnahmen aufzuwerten sei. Diese Haltung ist für die damalige Zeit alles andere als eine Selbstverständlichkeit. Eine der im Bericht präzisierten Varianten ist besonders bemerkenswert: Architekt und Kommissionsmitglied Adrian Meyer (*1942) schlug vor, den Kursaal in seine Ursprungsform und in seine ursprüngliche Nutzung zurückzuversetzen und gleichzeitig auf dem Theaterplatz einen neuen, multifunktionalen Kulturbau zu errichten. Als primäre Zielgruppe kam nun die einheimische Bevölkerung in den Fokus. Aus dem Kursaal sollte ein Stadtsaal, aus einem Teil des gehobenen «Restaurant Français» eine «Stadtbeiz», aus der Bar ein Dancing werden.[130]

Das neue Foyer von Egli & Rohr Architekten von 1988 an der Ostfassade des historischen Moser-Baus sucht selbstbewusst die formale Abgrenzung zum Bestand.

Umbau zum Stadtcasino

Auf der Basis des Kommissionsberichts fand der Umbau des Restaurants 1975 durch die jungen Badener Architekten Hermann Eppler (*1941) und Luca Maraini (*1940) statt. Ihm war anfänglich ein guter Erfolg beschieden, doch reichte dies für einen Turnaround des Gesamtbetriebs bei Weitem nicht aus.[131]

Nach Jahren des Serbelns präsentierte Stadtplaner Hans Wanner (*1941) 1980 ein neues Kurortkonzept, worin dem Kursaal und dem Kurpark wichtige Funktionen beigemessen wurden. 1983 wurde das Architekturbüro Egli & Rohr aus Dättwil mit Studien für eine Grundsanierung und betriebliche Neuausrichtung des Gebäudes beauftragt.[132] 1987 konnte mit der Realisierung dieser Pläne für knapp 20 Millionen Franken begonnen werden, wobei das Parkhaus aufgrund von Einsprachen drei Jahre später folgte. Mit der festlichen Inbetriebnahme Ende 1988 und dem immensen öffentlichen Interesse begann der neue Lebenszyklus des nunmehr fast 115-jährigen Gebäudes. Die Hoffnungen schienen mehr als berechtigt, dass die Transformation vom Kursaal zum modernen Stadtcasino gelingen würde.[133]

Das Konzept von Egli & Rohr sah vor, die missglückten Anbauten aus den 1930er-Jahren wieder zu entfernen und den Kursaal in seine ursprüngliche Volumetrie zurückzuversetzen. An den beiden Stirnseiten sowie an der Ostfassade entstanden indessen neue Anbauten, die sich in ihrem architektonischen Ausdruck selbstbewusst vom Bestand abheben. Es sind heute hauptsächlich die beiden feingliedrigen, halbrunden Kopfbauten aus Stahl und Glas mit ihren Flügeldächern, die den Ausdruck des Gebäudes prägen und mit einer klug gestalteten Fuge einen dezenten Abstand zum Moser-Bau halten.[134] Diese neuen Gebäudeteile legen eine entwurfstechnische Bezugnahme auf das erste Projekt von Gottfried Semper mit seinen zwei stirnseitigen Freilichttheatern nahe (siehe Abb. auf S. 45). Doch ist deren halbrunde Grundform eher eine logische Konsequenz aus dem Anspruch, den Gästen möglichst viel Aussicht in den Park zu ermöglichen.[135] Es war die Prämisse jener Zeit im Umgang mit historischen Bauten: keine Anbiederung durch formales Nachahmen, sondern ein respektvolles Ergänzen in neuem Gewand und gleichermassen eine Pflege der Details. Dieser Haltung waren auch die inneren Baumassnahmen verpflichtet. Der Hofmann-Saal wurde als Baudenkmal erhalten und saniert,

Das neue Foyer zeigt im Innern
den grossen Gestaltungswillen
und die so bemerkenswerte
wie gelungene Detailpflege von
Egli & Rohr Architekten.

während die anderen Räume des Gebäudes modern erneuert wurden. Ein anderes Vorgehen stand gar nicht zur Debatte, denn es war schlicht keine historisch wertvolle Substanz mehr vorhanden, die hätte restauriert werden können. Egli & Rohr überliessen dabei nichts dem Zufall und zeichneten auch für die ausdifferenzierte Lichtführung, für die Auswahl des Mobiliars und gar für die Auswahl der Bilder an den Wänden verantwortlich, wobei sie jeweils mit entsprechenden Expertinnen und Experten zusammenarbeiteten.[136]

Im internationalen Casinostil

Heute ist vom Umbau der 1980er-Jahre, namentlich im Innern, nur noch wenig zu spüren, denn das Stadtcasino hat sein Antlitz längst wieder grundlegend verändert. Auf das Hurra des 1989 lancierten Neustarts folgte nach wenigen Monaten der jähe betriebswirtschaftliche Absturz und das Debakel um die verweigerten Kredite durch die Stimmberechtigten (siehe S. 179f.). Der 1995 erfolgte Einbau von hundert Geldspielautomaten in der damaligen «Badener Stube» sorgte für eine schlagartige Gesundung der Finanzen. Damit wäre der Weg grundsätzlich frei gewesen, sich auf die Idee eines Kultur- und Kongresshauses zurückzubesinnen, doch der Verwaltungsrat der Stadtcasino Baden AG wählte angesichts der märchenhaften Gewinnaussichten einen anderen Weg und bemühte sich erfolgreich um eine der sieben damals vom Bundesrat in Aussicht gestellten und hart umkämpften Spielbankenkonzessionen.[137]

Wohl euphorisiert durch die pekuniär fantastischen Erfahrungen mit dem Glücksspiel und um im Konzessionswettlauf einen Vorteil zu erringen, setzte die Stadtcasino Baden AG nun alles auf eine Karte und begann bereits im Sommer 2000, mehr als ein Jahr vor der Konzessionserteilung, mit dem tiefgreifenden Umbau des Kursaals in eine Spielbank. Undenkbar, was geschehen wäre, wenn sich der Bundesrat gegen Baden entschieden hätte, denn es waren bereits 30 Millionen Franken verbaut, als das Ja aus Bern kam. So wurde die Risikobereitschaft mit vollem Lohn entschädigt, und die weiteren 35 Millionen Franken bis zur Bauvollendung im Sommer 2002 konnten praktisch aus dem Cashflow aufgebracht werden. Aus dem Sorgenkind Stadtcasino wurde eine Cashcow.

Treppenhaus im neuen Foyer von Egli & Rohr Architekten von 1988.

Der einstige Kursaal präsentiert sich heute als bunte Geldspielwelt.

Äusserlich sieht man dem Bau die investierten 65 Millionen Franken kaum an, doch im Innern blieb kein Stein auf dem andern.[138] Nach Plänen von Pinazza Schwarz Architekten aus Baden wurde der Kursaal auf ein neues Fundament gestellt, um ein zweites Untergeschoss für das Automatencasino zu realisieren. Für die Innenarchitektur vertraute der Verwaltungsrat indessen auf die Expertise des deutschen Casinoausstatters Günter Merkle, der den viel gelobten Hofmann-Saal nun mit dem üblichen Kitsch des internationalen Casinostils umcodierte: viel Teppich, viel farbiges Licht, viel geschmäcklerisches Dekor in einem fortan hermetischen Raum ohne jeglichen Sichtbezug zum Park. Und dies, obwohl die gediegene Ambiance, die «Pracht und die Tradition» des Saals und des historischen Gebäudes im Park stets als wesentliches Argument im Wettbewerb um die Gunst der Geldspielwilligen vorgebracht worden waren.[139] Mit dem gewählten Betriebs- und Einrichtungskonzept wurde dem grundlegend widersprochen. Heute blicken die Parkbesucherinnen und -besucher an die Fassade eines historischen Saals mit geschwärzten Fenstern. Erhalten, wenn auch kaum sichtbar, blieb lediglich die Decke des Hofmann-Saals. Aus einem einmaligen Saal wurde Dutzendware. Das Casino Baden sieht genau so aus, wie man sich ein Casino vorstellt, ob in Baden, Bregenz oder Las Vegas.

Nach nur zehn Jahren wurde zwischen 2010 und 2012 die Innenausstattung der Geldspielräumlichkeiten durch CST-Architekten aus Zug in erneuter Zusammenarbeit mit Günter Merkle überarbeitet. 2020 erfolgte die Neugestaltung des nach wie vor gediegenen Restaurants, nun unter dem Namen «Plü», durch Atelier West Architekten in Baden. 2023 wurde die Casinolizenz für weitere zwanzig Jahre erneuert. Dies war der Startschuss für neuerliche Um- und Anbauten, die sich gegenwärtig noch im Bewilligungsprozess befinden. So soll namentlich ein neues und grösseres Foyer entstehen. Dabei wird sich weisen, wie resistent sich das traditionsreiche Gebäude auch in Zukunft gegen bauliche Eingriffe erweist.[140]

Der gläserne Kubus

Wie wir mit den Entwürfen von Semper und Jeuch, später von Karl Moser und Robert Lang festgestellt haben, entstanden für den Kurpark und den Kursaal zahlreiche, bald in Vergessenheit geratene Projektleichen. Diese unrühmliche Tradition setzte sich auch in den 1990er- und 2000er-Jahren fort. Der Entscheid für den Umbau des Kurhauses in ein Spielcasino zwang den Stadtrat dazu, nach einer Alternative für den Stadtsaal zu suchen. Hierfür sollte direkt neben dem Kurhaus ein Neubau entstehen, wofür 1999 ein Architekturwettbewerb durchgeführt wurde, an dem sich 63 Teams beteiligten.[141] Das Siegerprojekt von pool Architekten aus Zürich sah einen minimalistischen, gläsernen Kubus vor. Dieser kam jedoch nicht zur Ausführung, weil sich in der Zwischenzeit die Möglichkeit ergeben hatte, den heutigen Trafosaal als Teil des Trafokomplexes an der Haselstrasse zu realisieren, wofür das Architekturbüro Burkard Meyer aus Baden verantwortlich zeichnete. Damit würde genügend Raum für städtische Anlässe zur Verfügung stehen, ein Annex war nicht mehr nötig.

    Den gleichen Bauplatz nahm die AG nach dem erfolgreichen Start als A-Casino ins Visier, um eine räumliche Erweiterung des Spielbetriebs zu realisieren. Das hierfür bei Architekt Max Dudler (*1949) in Auftrag gegebene Projekt sah wiederum einen gläsernen Kubus vor und wurde noch 2002 zur Bewilligung eingereicht. Nun hagelte es Einsprachen, und linke politische Kräfte lancierten erfolgreich die Kurparkinitiative. 2004 nahm diese der Souverän deutlich an, womit kommerzielle Bauten in öffentlichen Gartenanlagen verboten wurden. Die Stadtcasino Baden AG kämpfte indessen durch alle Instanzen für ihr Unterfangen und erhielt 2008 vom Bundesgericht recht. Weil inzwischen aber ruchbar geworden war, dass vom Bundesrat bald neue Casinolizenzen vergeben werden sollten, darunter auch an Zürich, wurde das 32-Millionen-Vorhaben zurückgestellt und 2010 faktisch beerdigt.[142]

Das minimalistische Siegerprojekt für einen neuen Stadtsaal im Kurpark stammte von pool Architekten aus Zürich.

Der Kurpark lädt Anfang 20. Jahrhundert zum Flanieren auf Wegen und nicht zum Verweilen auf den Wiesenflächen ein. Blick von Norden in Richtung Terrasse.

Der Kurpark und seine Entwicklung bis heute

Als der Kurverein 1865 mit der Planung für das Kurhaus und den Park begann, zählte Baden rund 3500 Einwohnerinnen und Einwohner, Wettingen gut 1500 und die weiteren umliegenden Dörfer wenige hundert. Industrie existierte praktisch keine, und niemand ahnte, dass die beschauliche Kurstadt dereinst das Zentrum einer Agglomeration mit rund 100 000 Menschen bilden würde. Entsprechend hat sich auch die Bedeutung der eindrücklich grossen Anlage über die letzten 150 Jahre hinweg beständig gewandelt: von einem Park zur Unterhaltung der Kurgäste hin zu einem innerstädtischen Frei- und Erholungsraum mit einem Spielcasino in der Mitte. Die Hülle des Kurhauses und eine beachtliche Zahl von stattlichen Bäumen haben sich dabei als die robustesten Teile der Gesamtanlage herausgestellt. Das Dazwischen – Wege, Sträucher, Sitzgelegenheiten oder einstige Attraktionen – wurde hingegen mehrfach überschrieben und verändert. Seit gut drei Jahrzehnten folgt die Pflege und Weiterentwicklung des Kurparks einem Idealplan. Wer genau hinschaut, findet überall Elemente aus den letzten 150 Jahren. Teilweise sind sie bewusst als Zeitzeugen erhalten und in Szene gesetzt worden. Teilweise warten sie darauf, erneuert zu werden.

Gemeinsam gealterte Exoten

Der heutige Umgang hinsichtlich Pflege und Weiterentwicklung des Kurparks geht stark auf die Bemühungen der 1980er-Jahre für den Erhalt der Qualitäten des öffentlichen Freiraums zurück. Der ortsansässige Landschaftsarchitekt Albert Zulauf (1923–2021) hatte sich 1985 an den Badener Stadtrat gewandt und verlangte den Schutz von wertvollen Gärten und insbesondere vertiefende Studien zum Kurpark. Auslöser war das damalige Projekt zur Gesamtsanierung des Kursaals, das auch wesentliche Teile des Kurparks betraf.[143] Im Oktober 1990 legte Zulauf im Auftrag der Stadt Baden einen «Idealplan» für den Kurpark vor. Dieser dokumentiert die Geschichte der Anlage und formuliert darauf aufbauend eine perspektivische Vision ihrer Pflege und Weiterentwicklung.[144]

Zulaufs Urteil über den Kurpark fiel differenziert aus. Er hielt einerseits fest, dass der Kurpark eine der wichtigsten Kuranlagen aus der zweiten Hälfte des 19. Jahrhunderts in der Schweiz ist und ein hohes identitätsstiftendes Potenzial besitzt. Zugleich blickte Zulauf kritisch auf den ursprünglichen Entwurf von 1875: «Im Kurpark sind Bezüge zum Landschaftsgarten lesbar in der freien Füh-

Der Ententeich im Stil der 1950er-Jahre. Der Entwurf der Umgebung des neuen Kurtheaters entwarf der bekannte Landschaftsarchitekt Gustav Ammann.

rung der Wege, diese jedoch wurden überlagert mit verschwommenen, axialen Elementen. Das Bepflanzungskonzept ist weit entfernt von den Grundsätzen des Landschaftsgartens. Es ist geprägt durch das Zurschaustellen einer möglichst grossen vielfältigen Gehölzsammlung. [...] Der ursprüngliche Kurpark ist als typisches, dem Zeitgeschmack verpflichtetes Werk zu verstehen. Es hält kaum weder dem 1866 vorgelegten (Park-)Projekt von Gottfried Semper stand, noch den im gleichen Zeitraum realisierten und für die Entwicklung der schweizerischen Gartenkunst wegweisenden Werke z. B. eines Evariste Mertens, eines Konrad Löwe etc.»[145]

Die üppige Verwendung von exotischen Pflanzen war ein wesentliches Thema der Garten- und Parkgestaltung des 19. Jahrhunderts. Die Etablierung des globalen Handels und die Industrialisierung hatten von Europa aus weltweite Netzwerke und Transportkapazitäten geschaffen, die entsprechend rege auch für den In- und Export von Samen, Pflanzen und Tieren aus aller Welt genutzt wurden. Denn die neu entdeckten, bisher unbekannten Pflanzen aus anderen Erdteilen stiessen in Europa auf immenses Interesse und Begeisterung.

Im Grossraum Zürich hatte die steigende Nachfrage nach neuen privaten Villengärten und repräsentativen Parkanlagen Mitte des 19. Jahrhunderts zur Gründung von spezialisierten Gärtnereien geführt, die fremde Pflanzen züchteten und vermarkteten.[146] Auch der vom Kurverein beigezogene Rudolf Blattner hatte neben seinem Amt als Zürcher Stadtgärtner einen florierenden Pflanzenhandel aufgezogen.[147] Exotisches Pflanzmaterial war um 1875 also in grosser Zahl vorhanden. Wilhelm Steyer machte in seiner Ausführungsplanung denn auch reichlich Gebrauch davon. Die *Badener Neujahrsblätter* erfassten 1926 akribisch alle Gehölze und Bäume, die sich nach fünfzig Jahren im Park finden liessen. Die Liste umfasste nicht weniger als 81 Einträge von unterschiedlichsten Sorten und Arten.[148] Einige davon bilden heute noch das Rückgrat der Anlage. Sie haben über die Zeitdauer von 150 Jahren ihre Bestimmung als feste Anker und Grundgerüst der Anlage gefunden.

Auf eine grosse Gefahr wies Albert Zulauf in seinem Idealplan 1990 ebenfalls hin: Die 1875 gepflanzten Bäume sind miteinander alt geworden. Er empfahl dringend, die Nachpflanzungen von Bäumen klug anzugehen.[149] Der serbelnde Baumbestand war bereits einige Jahre zuvor Thema gewesen in der Stadtpolitik und den Lokalmedien – auch vor dem Hintergrund der Debatten um das Waldsterben

Laub- und Nadelbäume prägen das Bild des Kurparks in den 1950er-Jahren.

und die schlechte Luftqualität.[150] 2023 mussten wiederum acht der Baumriesen wegen ihrer Überalterung und ihrem schlechten Zustand gefällt werden. Darunter auch die Blutbuche, die über Jahrzehnte hinweg mit ihrer riesigen Baumkrone die Parkmitte geprägt hatte. Ihre Fällung hatte ein derartiges Echo ausgelöst, dass sogar das Regionalfernsehen darüber berichtete.[151]

Bedürfnisse und Erwartungen verändern den Park

Das Gesamtgefüge aus einer Vielzahl von Einzelelementen – Pflanzen, Bauten, Wege, «Attraktionen» wie Antiken oder Kunstwerke – befindet sich seit der Einweihung 1875 in einer permanenten Veränderung, an der sich der jeweilige Zeitgeist ablesen lässt. Vom ursprünglich ausgeführten Park haben sich die grundsätzlichen Dimensionen, die Nutzung als öffentlicher Freiraum sowie einige Baumriesen bis heute erhalten. Bereits in den 1920er-Jahren fanden erste grössere Veränderungen statt. Beauftragt wurden Walter (1885–1943) und Oskar Mertens (1887–1976), die unter dem Namen «Gebrüder Mertens» eine bekannte Baumschule und ein renommiertes Landschaftsarchitekturbüro in Zürich führten.[152]

Die Pläne der Gebrüder Mertens von 1922 im Archiv für Schweizer Landschaftsarchitektur machen den Wandel des Zeitgeschmacks deutlich: Die Anlage von 1875 mit dem feinverzweigten Wegnetz und einer Vielzahl von einzelnen Kompartimenten und Attraktionen sollte einem aufgeräumten Entwurf weichen.[153] Mit der Reduktion der Wege entstanden grössere zusammenhängende Rasenflächen. Ein positiver Nebeneffekt war aus Kostensicht der günstigere Unterhalt der Anlage. In den Folgejahren sollten wesentliche Teile der Ideen umgesetzt werden. Dazu gehörte auch die Anlage des heute noch bestehenden Brunnens vor der Westfront des Kurhauses.[154] Fotografien des Büros Mertens aus den frühen 1930er-Jahren zeigen einen aufgeräumten Kurpark, der sich formal weit von der Anlage von 1875 entfernt hatte und bereits starke Ähnlichkeit mit der heutigen Gestaltung hatte.[155] Zumindest Teile des damals frisch angelegten Kurparks wurden im Zweiten Weltkrieg umgepflügt und für den Kartoffelanbau genutzt.[156]

Die Flugaufnahme von 1970 zeigt die Veränderungen im Park mit der Schaffung von Parkflächen, der Entfernung des Zauns und der Neugestaltung des Zugangs von der Haselstrasse her.

Einschneidend und ausserdem grob waren die Eingriffe in den Kurpark 1970. Im Zeichen der Massenmotorisierung wurden die Flächenbedürfnisse des Autoverkehrs über diejenigen der Anlage gestellt. Das Ausmass war beachtlich: Bäder- und Haselstrasse wurden ausgebaut, wobei der schmiedeeiserne Zaun abgebaut wurde. Entlang der Haselstrasse und vor der Parkfassade des Kurhauses entstanden asphaltierte Parkplatzflächen, und der ehemalige Parkweg an der Kastanienallee wurde zum Trottoir im Kurpark.[157] Die einschneidenden Eingriffe brachten eine vollständige Neugestaltung des Parkzugangs auf der Südseite mit sich. Dabei fand die alte Toranlage in einer umgebauten Form ihre Weiterverwendung. Auch im Parkinnern stand damals der nächste Umbauschritt an: Das Wegsystem wurde nochmals umgebaut und mit neuen Belägen versehen – neben Asphalt kamen nun auch die damals beliebten Verbundsteine zur Anwendung.[158]

Ein «Idealplan» als Gestaltungsgrundlage

Die starken Eingriffe in den Kurpark in den frühen 1970er-Jahren stehen sinnbildlich für den damals sorglosen Umgang mit heute unbestrittenen Denkmalobjekten. Im Rückblick kann das von der UNESCO ausgerufene internationale Denkmalschutzjahr 1975 als Zeitenwende gelesen werden: Auf allen Staatsebenen wurden die vorhandenen Fachstellen ausgebaut oder neue gegründet. Geschützt wurden allerdings vorab einzelne Bauten und weite Landschaften. Selbst das Bundesinventar ISOS, das schützenswerte Ortsbilder in ihrer Gesamtheit erfassen wollte, verlor im Textteil zur Inventaraufnahme der Stadt Baden in den frühen 1980er-Jahren kaum ein Wort über die Bedeutung des Kurparks für das Stadtbild.[159]

Mit der Abgabe des Geländes rund um das Kurhaus drohte der Stadt der Kontrollverlust über die Gestaltung von Kernelementen des Kurparks. Den Stein ins Rollen gebracht hatte insbesondere die Projektierung einer Tiefgarage beim Kurhaus, die massive Veränderungen der Anlage mit sich brachte.[160] Albert Zulauf erhielt von der Stadt Baden 1986 den Auftrag, die Umgestaltung zu überwachen. Ihm beziehungsweise seinem Sohn Rainer, der das

Die südliche Partie des Parks in den 1960er-Jahren.

Dossier inzwischen übernommen hatte, wurde eine Arbeitsgruppe aus Vertretern der Nachbarschaft, der Stadtverwaltung, der Stadtcasino Baden AG und Fachleuten der Landschaftsarchitektur zur Seite gestellt.[161] Damit sollte garantiert werden, dass alle Kräfte eingebunden und die landschaftsarchitektonischen Überlegungen tragfähig waren. Nach langen Diskussionen in der Arbeitsgruppe, in der Stadtbildkommission und in der Politik lag dem Badener Stadtrat im Frühjahr 1990 eine Gesamtkostenschätzung vor: Die Umsetzung des Idealplans würde insgesamt rund 3,1 Millionen Franken kosten. Dieser Betrag schien dem Stadtrat deutlich zu hoch und politisch kaum durchsetzbar. Er verlangte, Wünschbares von Notwendigem zu trennen und beschloss, dem Einwohnerrat eine Kreditvorlage in der Höhe von maximal 1 Million Franken zu unterbreiten.[162]

Die Bemühungen in den 1980er-Jahren, in Baden einen kultur- und gartenhistorisch angemessenen Umgang mit dem Kurpark zu finden, dürfen im Rückblick als eine Pionierleistung der Gartendenkmalpflege in der Schweiz bezeichnet werden. Auf der Basis solcher wegweisender Taten konnte sich das Metier der Gartendenkmalpflege ab den 1990er-Jahren etablieren. Bis zu diesem Zeitpunkt war das Bewusstsein für den Garten als Kulturdenkmal schwach ausgeprägt gewesen in der Schweiz. Hierzulande bestehen erst seit 1971 in der Westschweiz beziehungsweise seit 1972 in der Deutschschweiz Studiengänge der Landschaftsarchitektur. 1982 wurde am Hochschulstandort in Rapperswil die Stiftung für die Schweizer Gartenarchitektur und Landschaftsplanung gegründet. 1986 bis 1988 inventarisierte man erstmals in der Schweiz die Gartenanlagen der Stadt Zürich, ein Jahr später wurde das Inventar der schützenswerten Gärten und Anlagen in Kraft gesetzt.[163] Neben Albert Zulauf war im Kanton Aargau Peter Paul Stöckli (*1941), einer der Begründer des Wettinger Landschaftsarchitekturbüros SKK, eine der prägenden Figuren, welche die Gartendenkmalpflege in der Schweiz vorwärtsbrachten.[164] 1992 konnte diese erste Umbauetappe des Kurparks durch Rainer Zulauf abgeschlossen werden. Sie beschränkte sich im Wesentlichen auf das Nahumfeld des Kurhauses und die stadtseitige Südfront des Parks. Etwas ernüchtert hielt Rainer Zulauf in der Fachzeitschrift *Anthos* 1995, mitten in der Rezession der 1990er-Jahre, den Stand der Dinge fest: «Die ersten Eingriffe haben eine massive öffentliche Kontroverse ausgelöst. Vor diesem Hintergrund

Nördliche Partie des Kurparks in den 1960er-Jahren.

und den ungelösten betrieblichen Problemen des Casinos sowie allgemein fehlender Mittel stehen weitere Massnahmen im Park momentan nicht zur Diskussion.»[165]

Tatsächlich sollte es bis 2003 dauern, ehe ein aktualisierter Idealplan vorlag und von Stadt- und Einwohnerrat als Planungsgrundlage zur Kenntnis genommen wurde. Insbesondere festgehalten wurde am Grundsatz, bei Neupflanzungen im Sinn der ursprünglichen Konzeption weiterhin auf Exoten zu setzen. 2005 wurde das Budget für die Weiterentwicklung gesprochen, zwei Jahre später folgte eine Krediterhöhung für die Neuanlage des Weihers nach Plänen des Landschaftsarchitekturbüros Schweingruber Zulauf, zu dem sich Rainer Zulauf und Lukas Schweingruber 2005 zusammengeschlossen hatten. Erneuert und ergänzt wurden 2007 bis 2009 Parkelemente wie Sitzplätze, Wege, Beleuchtung und weiteres Stadtmobiliar. Rodungen, Auslichtungen und Neupflanzungen verjüngten und klärten den Baumbestand im Sinn des Idealplans. Neben der Erneuerung des Weihers war die Neuanlage der Aussichtskanzel ein wesentliches Element dieser Bauetappe.[166]

Als Grundlage für die Weiterentwicklung des Kurparks diente der erste Idealplan von 1990. Er hielt die wichtigsten Massnahmen für die Pflege und Planung fest und wurde inzwischen mehrfach aktualisiert.

Die Wege in die Zukunft legen

Vater Albert und Sohn Rainer Zulauf haben die gestalterische Entwicklung des Kurparks über eine Zeitspanne von rund drei Jahrzehnten mitgeprägt. Rainer Zulauf übergab das Dossier bei seinem schrittweisen Rückzug aus dem Berufsleben an den Landschaftsarchitekten und langjährigen Mitarbeiter Maximilian Kindt (*1982). Kindt verantwortet nunmehr auf Basis des Idealplans die Entwicklungen im Kurpark, zu denen der schrittweise Baumersatz und die Anpassungen am Wegnetz seit 2023 gehören. Gemäss Kindt sind zwei Jahrzehnte nach der Festlegung des Idealplans die wesentlichen Ziele erreicht.[167] Die vorläufig letzte grössere bauliche Etappe war 2024 die Wiederherstellung des Parkrands entlang der Parkstrasse, ein grundlegendes Anliegen des Idealplans von Zulauf aus den Jahren 1990 und 2003. Das in der Bevölkerung

Parkweg mit Verbundsteinpflästerung entlang der Parkstrasse in den 1990er-Jahren.

Parkeingang Ecke Haselstrasse/ Parkstrasse, 1990er-Jahre.

beliebte, 2019 eröffnete Parkbistro im einstigen Trafohäuschen aus den 1940er-Jahren mit neuem Vorplatz hingegen war nicht Teil des Idealplans. Es verdeutlicht aber, dass veränderte Nutzungsansprüche dazu führen können, vom Idealplan abzuweichen. Er bleibt ein flexibles Planungsinstrument, welches eigentlich einer regelmässigen Nachführung bedarf. Nach nunmehr zwanzig Jahren wäre eine erneute Revision angezeigt.

Eine Herausforderung bei der Zielformulierung für einen zukunftsfähigen Kurpark wird sein, die verschiedenen Anliegen zu einem schlüssigen Ganzen zu formen. Wie entwickelt sich das Casino weiter und wie gelingt es, die Ansprüche der Freiraumgestaltung mit den Wünschen der Betreiberinnen und Betreiber unter einen Hut zu bringen? Welche Flächen brauchen die Menschen im Zeitalter der Klimaerwärmung und der Innenentwicklung? Und mit welchen Pflanzungen wird man dem kulturellen Wert des Freiraums gerecht und kann die Biodiversität trotz Zunahme von Hitze und Trockenheit im Stadtraum fördern?

Es ist davon auszugehen, dass Verwaltung und Fachleute weiterhin mit zeitgeistigen Ideen der Bevölkerung und der Betreiberin konfrontiert werden. Ähnlich wie beim Vorschlag von 1954, eine Minigolf-Anlage zu erstellen.[168] Oder bei der Idee von 2001, ein Piratenschiff als Spielgerät zu platzieren.[169] Auch in Zukunft wird es darum gehen, die Interessen zwischen Nutzungswünschen und Gestaltung abzuwägen.

Bildstrecke: Die Erneuerung des Kurparks

Claude Bühler

Vom Herbst 2023 bis im Sommer 2024 erlebte der Kurpark Baden eine Verjüngung. Die Stadt Baden als Eigentümerin liess zahlreiche Bäume fällen, weil sie alt und krank waren. Einige der Bäume stammten aus den Anfangszeiten des Parks 1875. Besonderes Aufsehen erregte die Fällung der Blutbuche beim Springbrunnen auf der Westseite des Kursaals. Im Frühling setzten Gärtnerinnen und Gärtner neue Bäume, bis im Sommer belebte sich der Park wieder. Die Stadtfotografin Claude Bühler hat diesen Prozess begleitet.

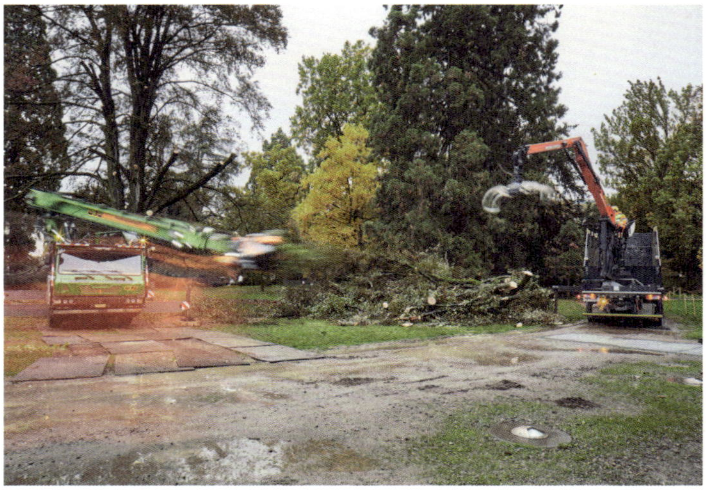

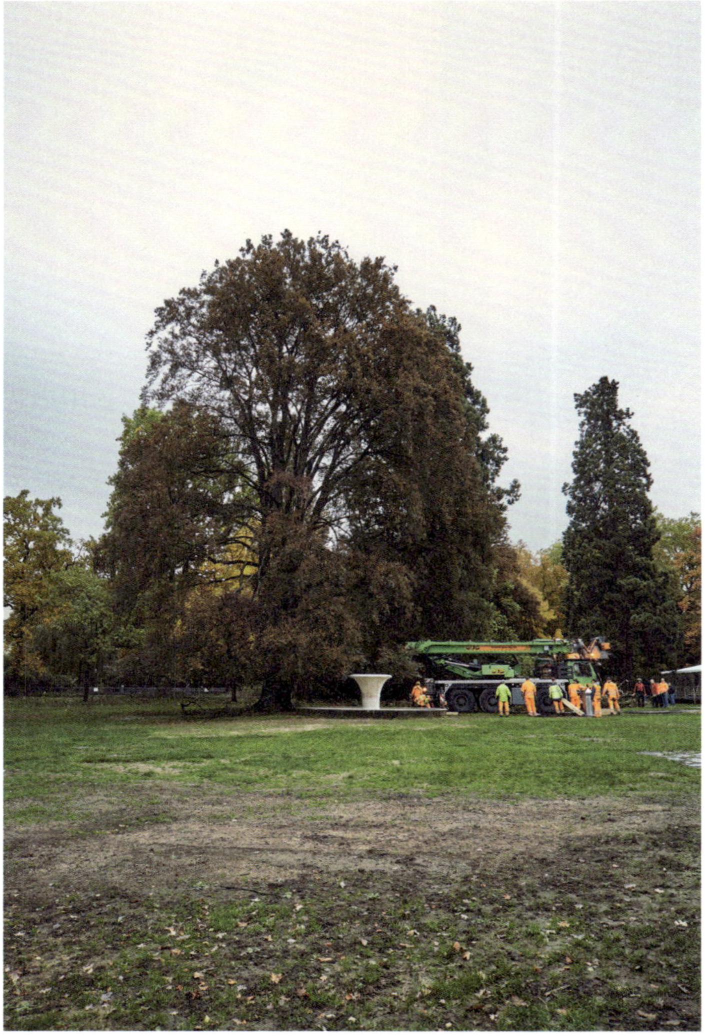

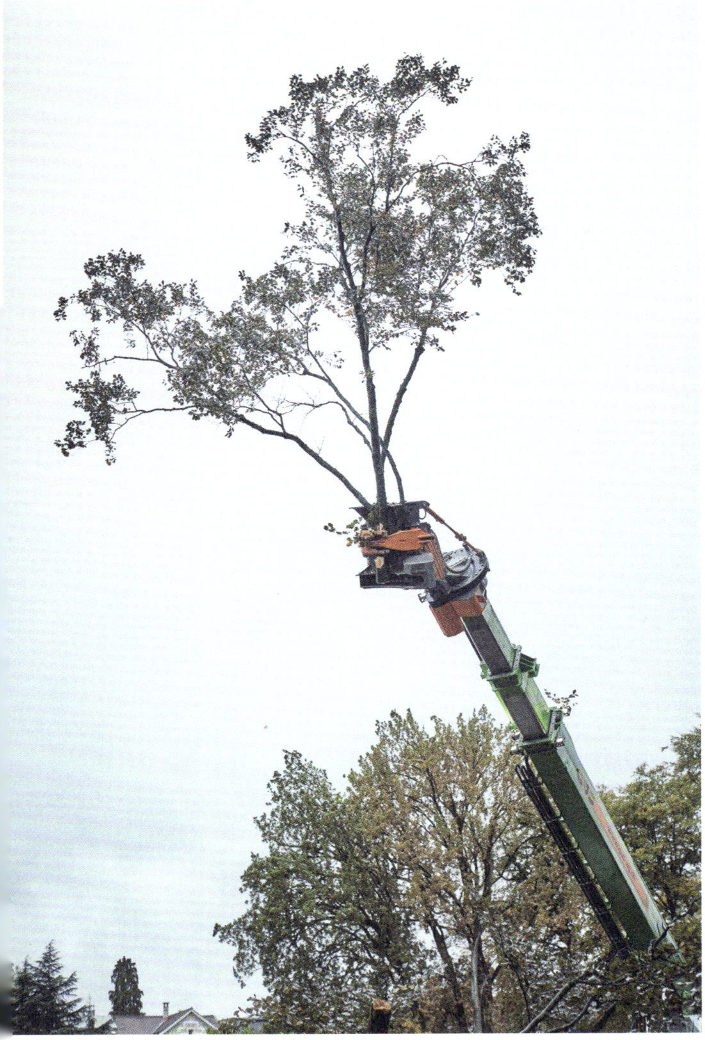
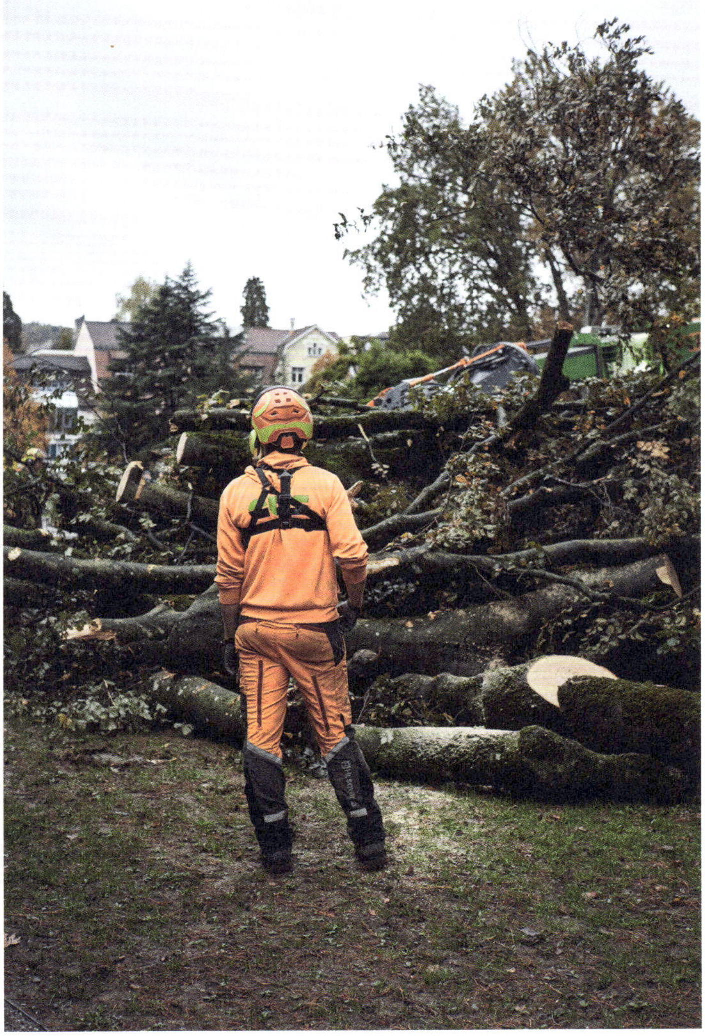

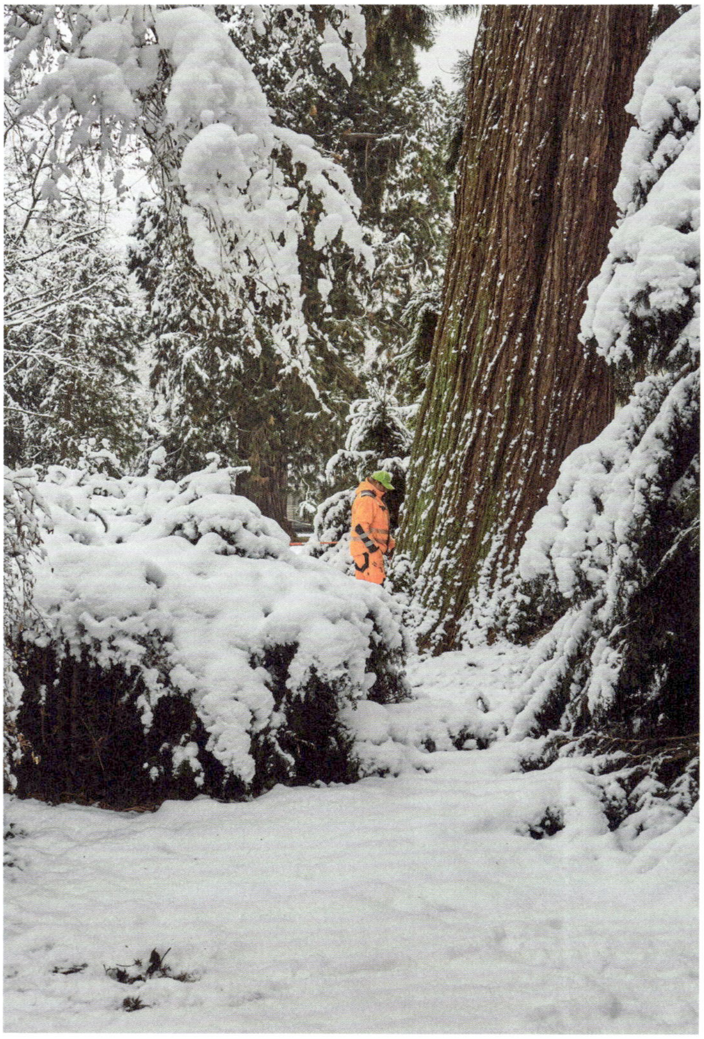
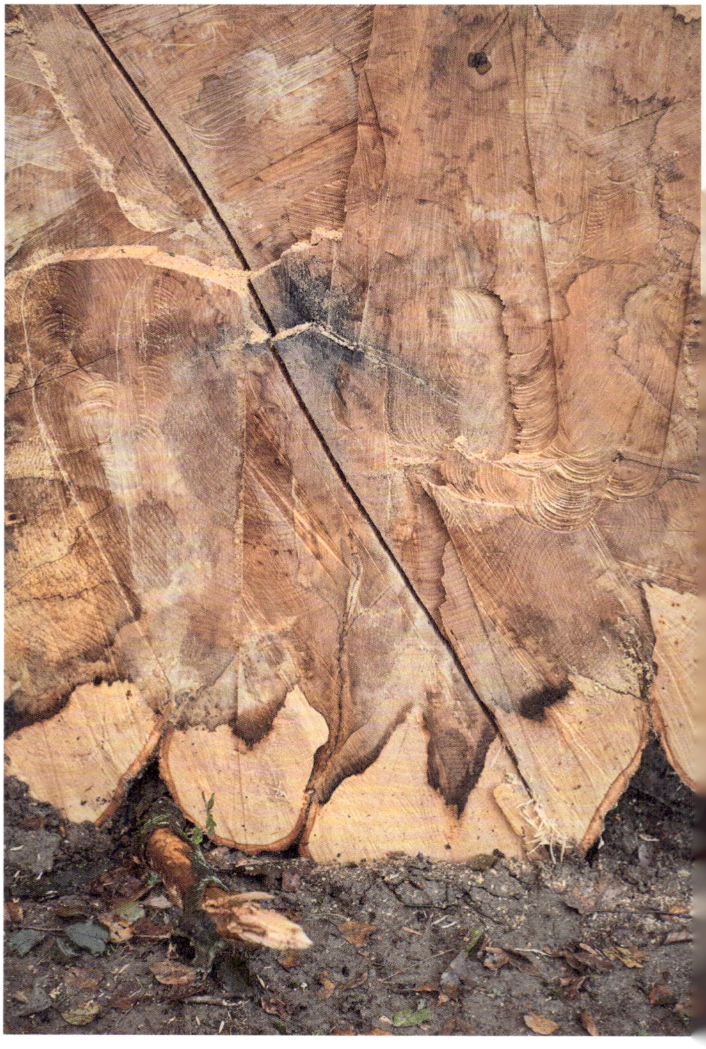

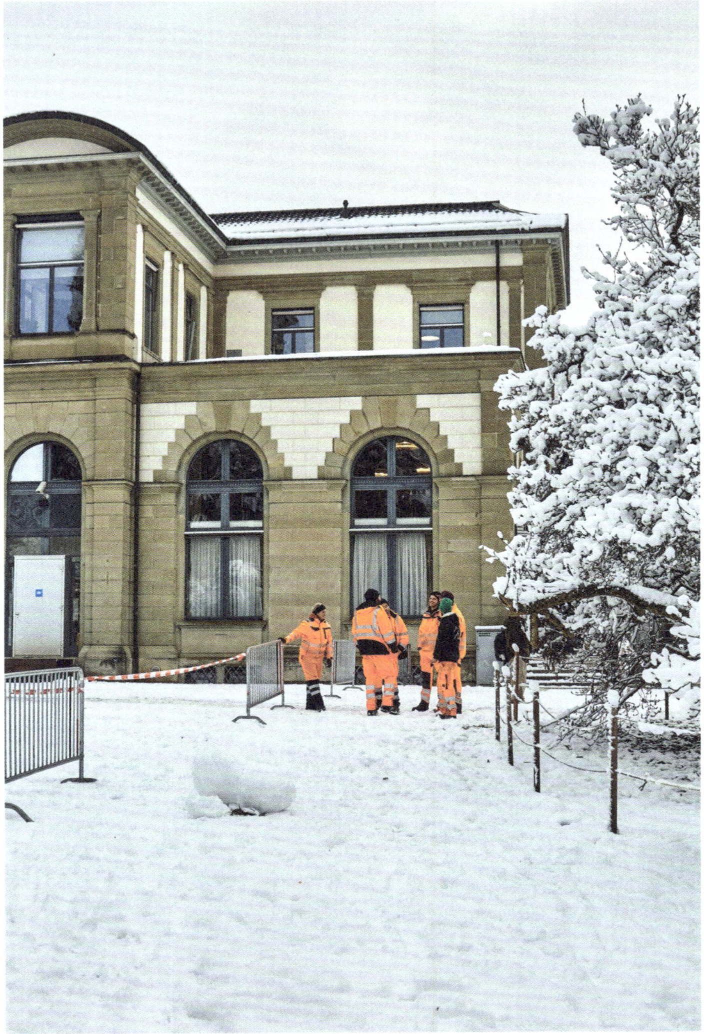

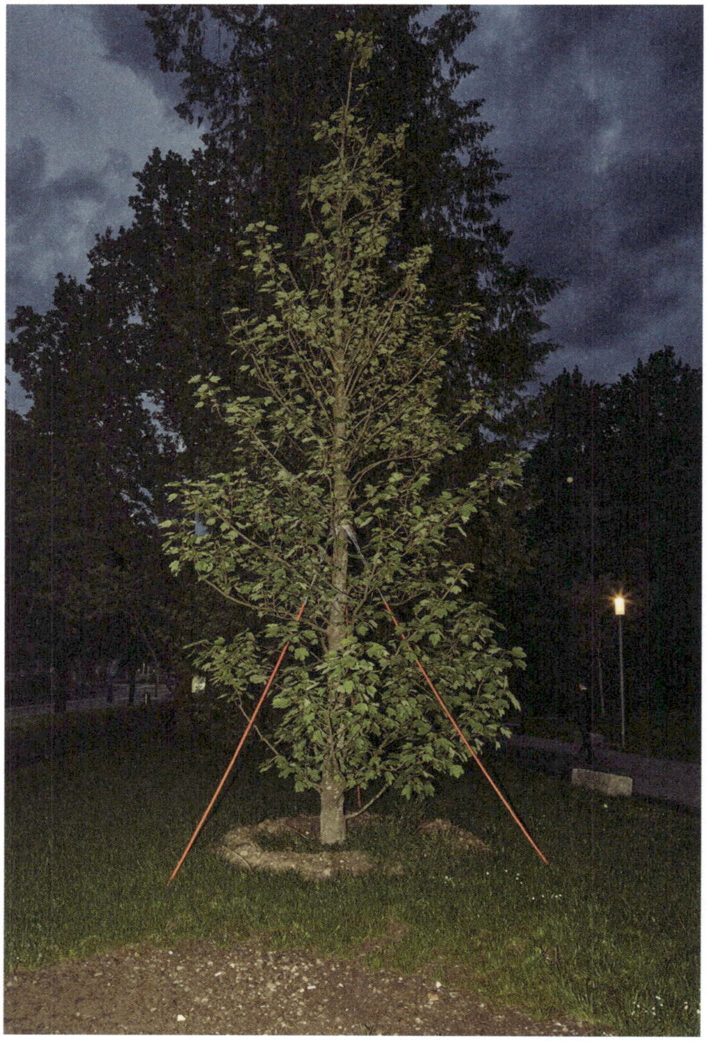

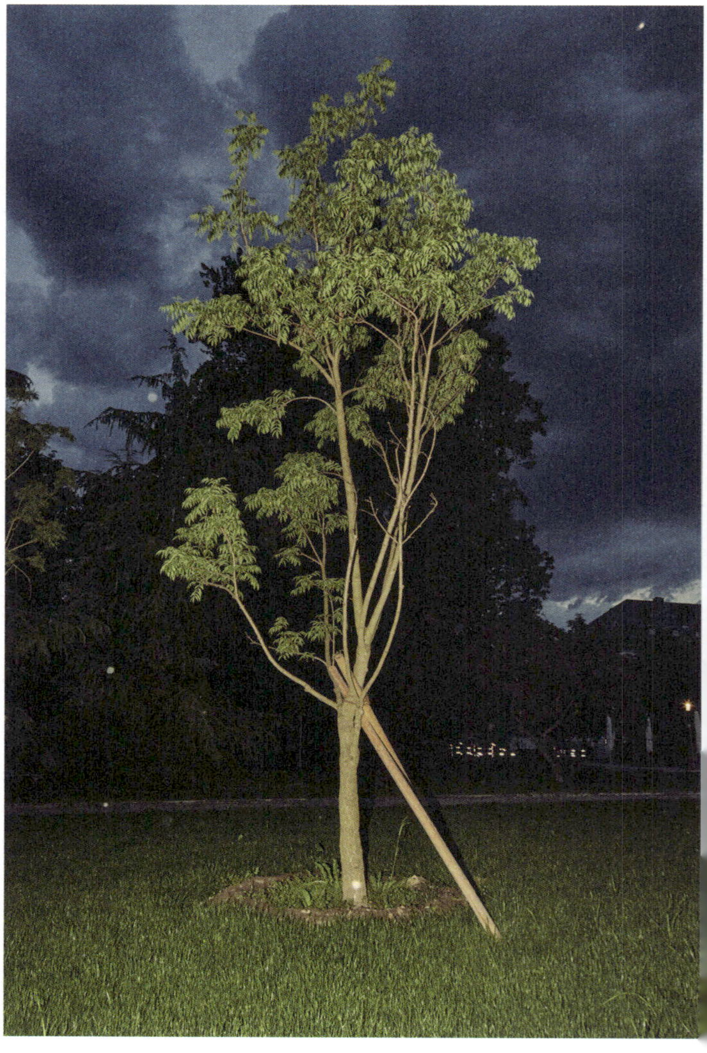

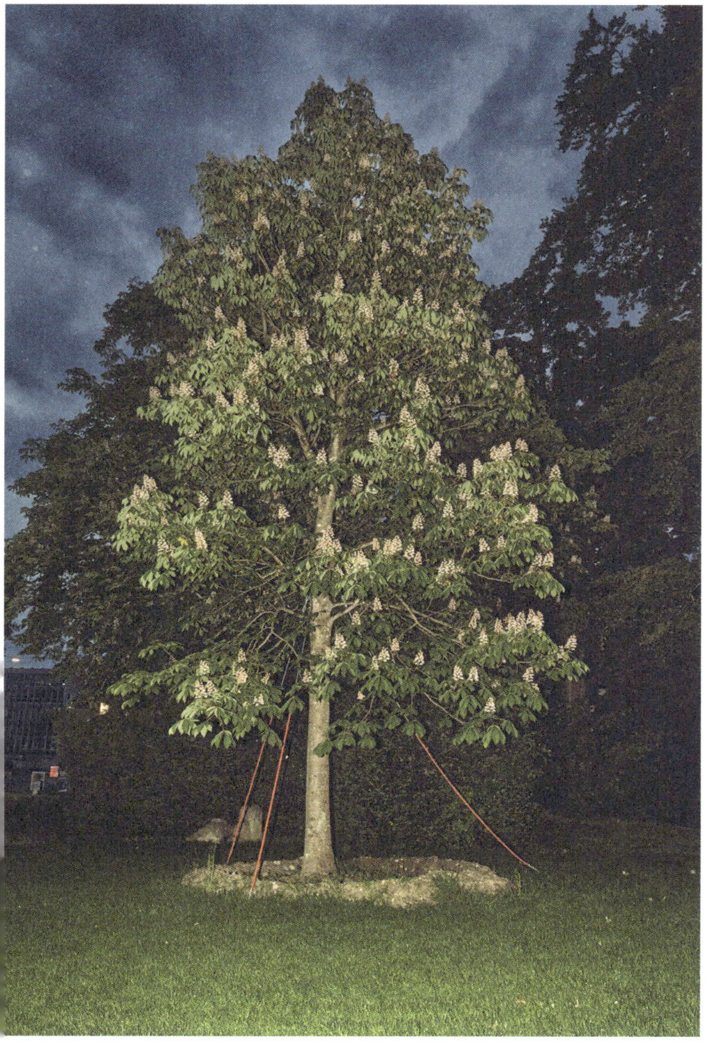
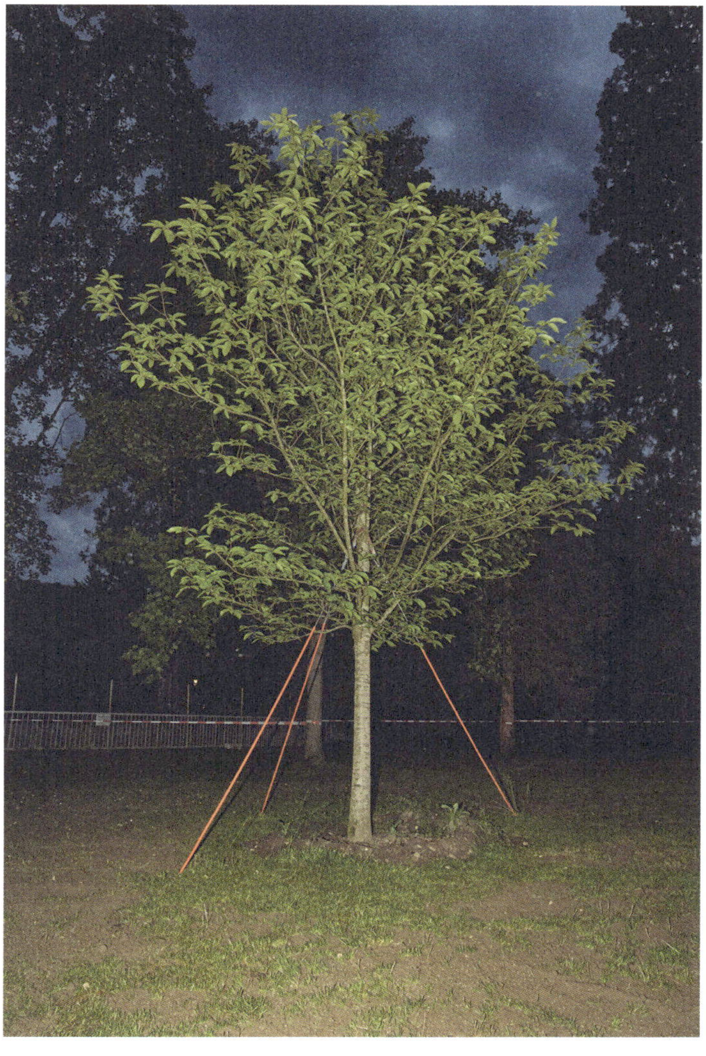

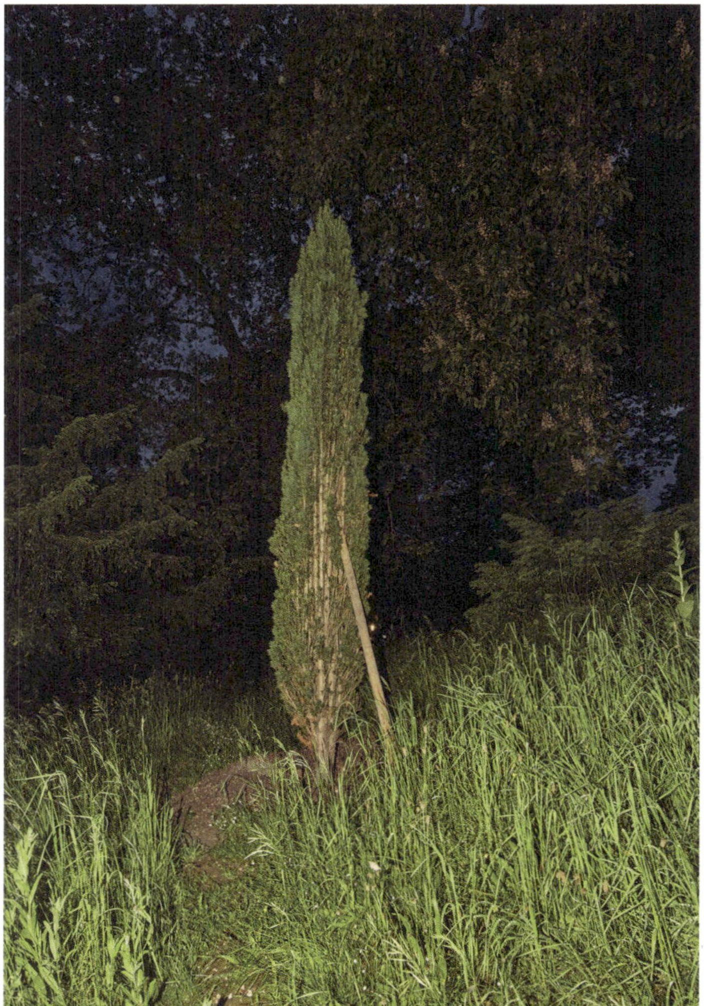

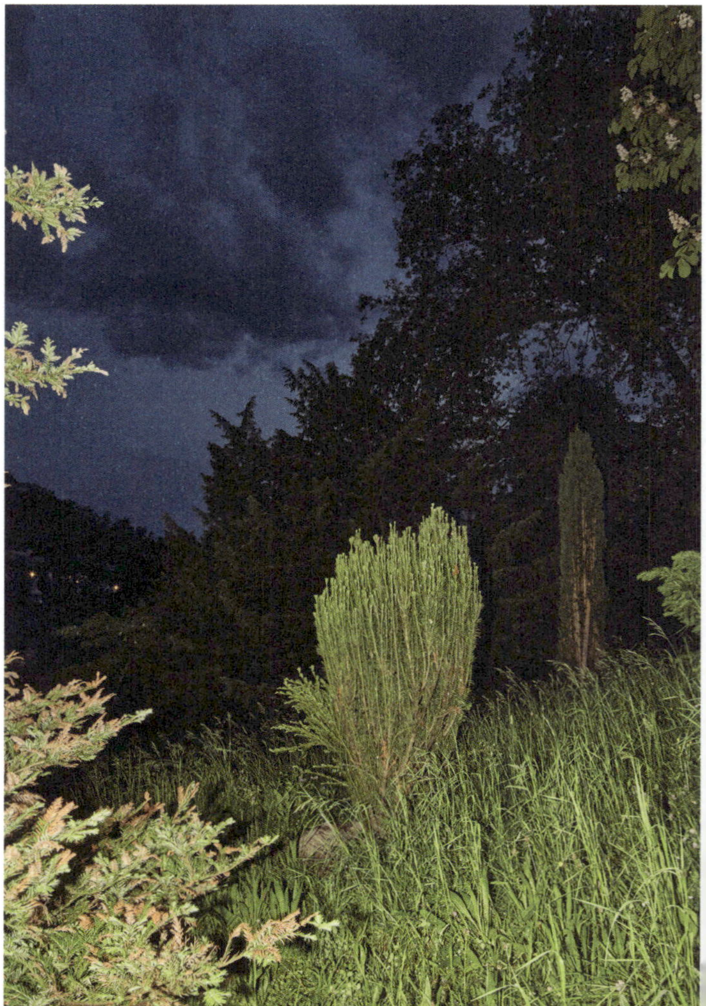

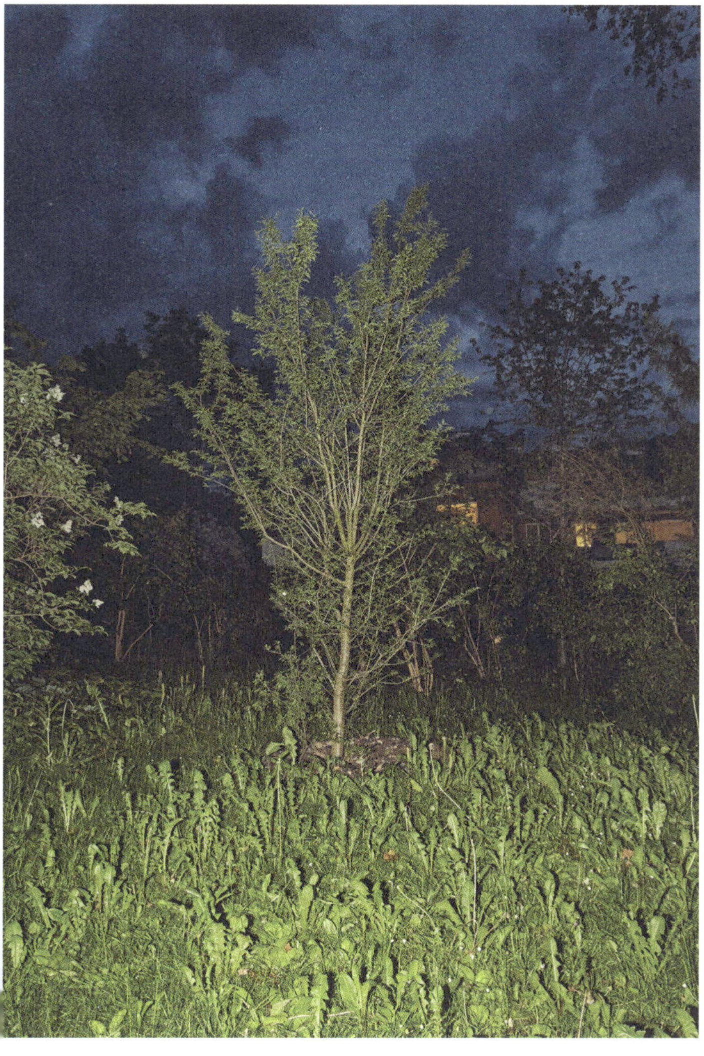
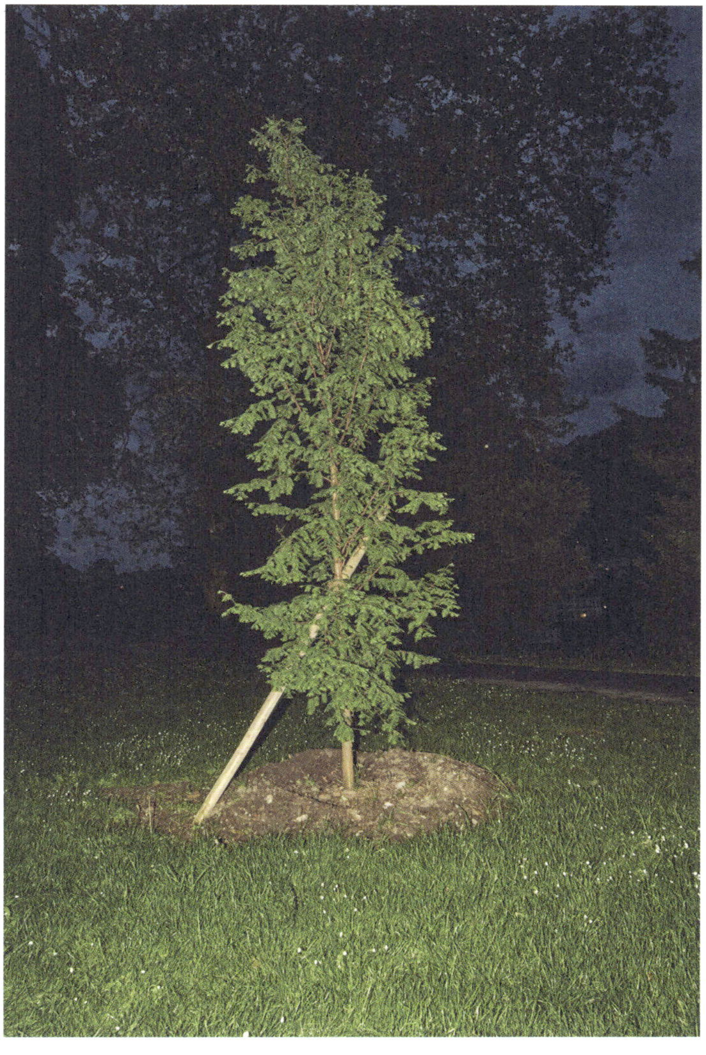

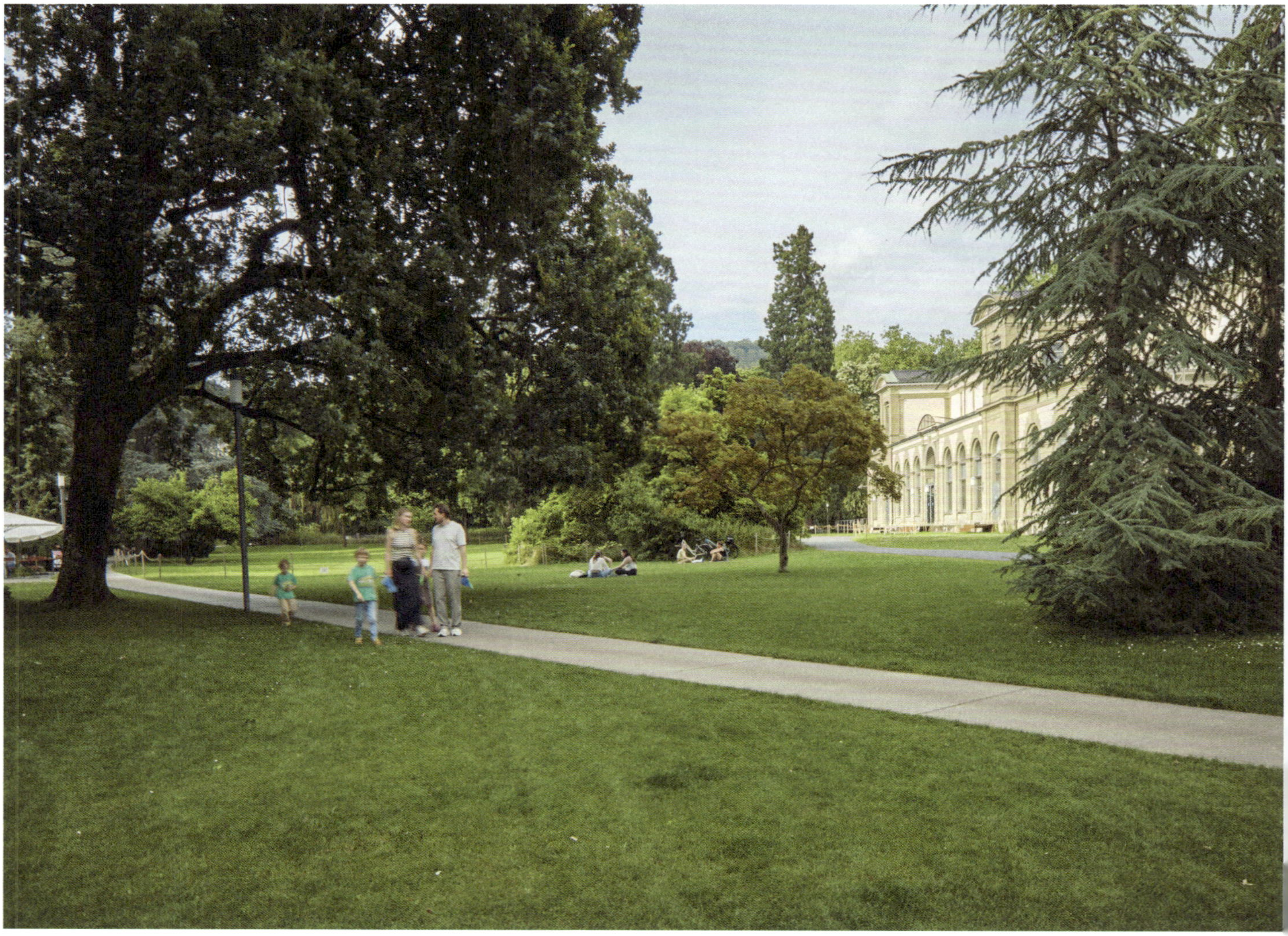

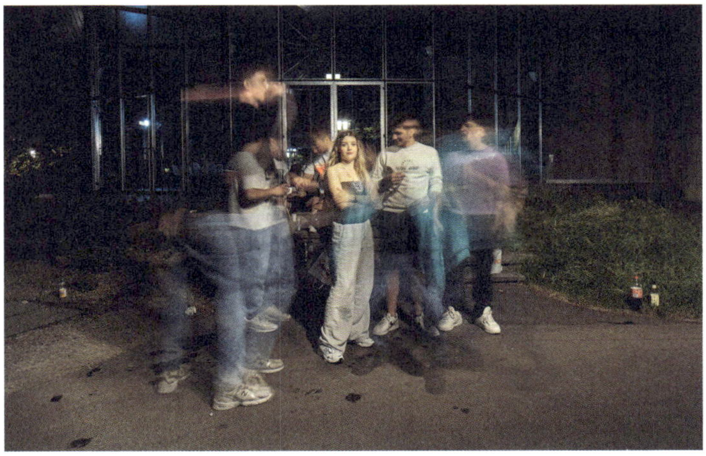

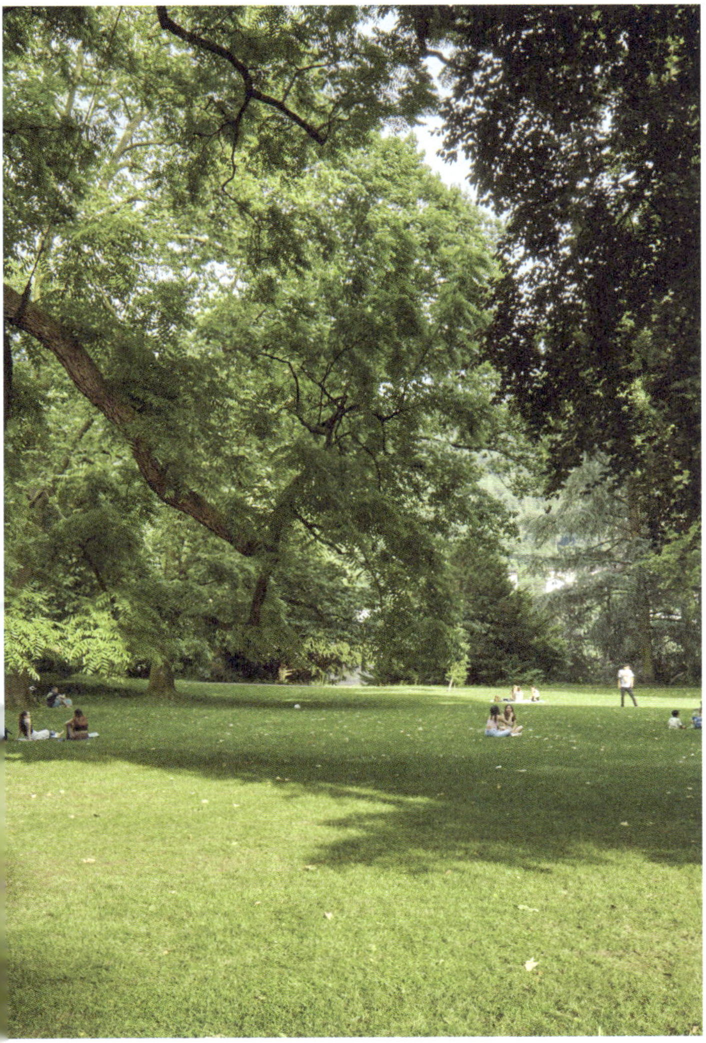

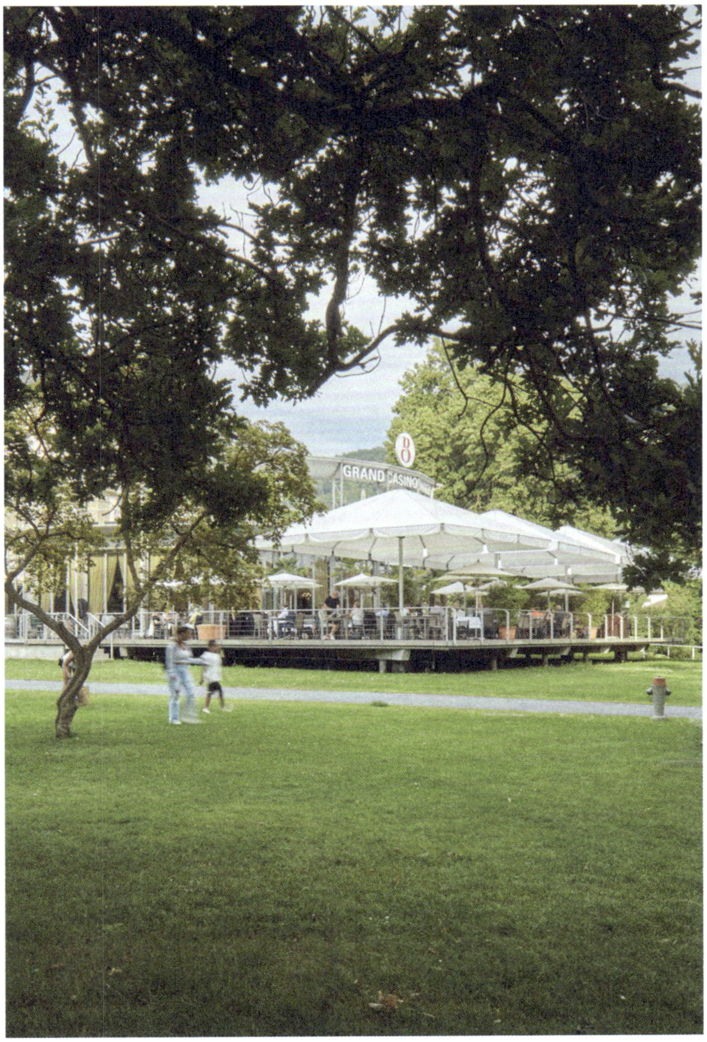
GRAND CASINO

Der Raum für Kultur und Gesellschaft

Ruth Wiederkehr   3

An einem internationalen Tanzturnier im April 1955 messen sich im Kursaal Baden Paare aus zahlreichen Ländern vor grossem Publikum und unter den kritischen Augen der Preisrichterinnen und Preisrichter.

Seit seiner Eröffnung besuchen Menschen den Kursaal, um sich die Zeit zu vertreiben und sich zu unterhalten. Kurgäste, Einheimische und Spielende finden hier das Angebot, das ihnen entspricht. Mehr als ein Jahrhundert lang bot das Kurorchester jeweils morgens und nachmittags Salonmusik, abends und an Wochenenden traten auch Musiker und Sängerinnen aus ganz Europa und den USA auf. Ab den 1950er-Jahren wurde der grosse Saal in der wachsenden Industriestadt Baden zum Stadtsaal, wo die wichtigen kulturellen Anlässe der Region, aber auch Kongresse stattfanden. Und seit 2002 stehen hier die Tische des Grand-Jeux-Casinos, grosse Partys mit Musik ab Konserve steigen nun im «Au Premier», Pop-, Blues- und Jazz-Konzerte lassen sich im Nordflügel geniessen. Dieser Beitrag zeigt die Vielfalt der Nutzungen im mehrfach umgebauten Kursaal seit 1875.

Kur mit Kultur vor 1875

Der Badener Kur- und Kulturrhythmus hing bis Ende des 19. Jahrhunderts mit der Haustechnik zusammen. Die grossen Gebäude und Hotels konnten im Winter nicht geheizt werden, also blieben sie geschlossen. Die ersten Gäste reisten an Ostern an, die grosse Zahl der Kurenden kam dann in den Monaten Juni, Juli und August nach Baden, bevor die letzten im Oktober die Bäder verliessen.[170] Erst Mitte der 1880er-Jahre rückten Wintersaisons in den Fokus: Einige der Hotels hatten aufgerüstet, besassen nun Heizungen, die es ermöglichten, Gäste auch von November bis März zu beherbergen.[171] Dennoch: Die Kur- und Kultursaison in Baden blieb der Sommer. Bis Mitte der 1960er-Jahre orientierten sich alle an Gäste gerichteten Programme an diesem Rhythmus.

Die Bedürfnisse der Kurgäste entwickelten sich im Gleichschritt mit dem Angebot – der Bädertourismus war die erste Form der Feriengestaltung überhaupt (siehe S. 21ff.). Aber sie orientierten sich auch an der Bäderheilkunde, der Balneologie. Ab dem 19. Jahrhundert war es geboten, neben dem Bad Spaziergänge zu unternehmen. Kurende sollten sich nicht zu lange in den stark mineralhaltigen Thermalwässern aufhalten, so die Meinung der Ärzte. In den Jahrhunderten zuvor hatten Balneologen noch empfohlen, möglichst lange zu baden.[172] Ein Thermalkurort wie Baden musste seinen Gästen nun also Spazierwege und Zeitvertreibe bieten, wollte er konkurrenzfähig sein. Die Hotels stellten teilweise Lesezimmer mit Zeitungen und Büchern zur Verfügung und richteten abends ausschweifende Tafeln aus. Aus den 1840er-Jahren ist bekannt, dass es in Baden die Möglichkeit zum Eselreiten gab.[173] Die Informationen dazu sind bis in die 1870er-Jahre verstreut überliefert – einen Hinweis geben die *Fremdenblätter*, in denen auf wenige Veranstaltungen hingewiesen wurde und die auch Inserate enthalten, die Rückschlüsse auf den Zeitvertreib der Kurgäste zulassen.

Das Bäderquartier klingt

Mit den ersten grossen Hotel- und Kurhausbauten in den 1860er-Jahren verbreiteten sich in den Kurorten Europas auch die Kurorchester, die in den neuen grossen Sälen für Unterhaltung beim Tee oder für Tanzmusik am Nachmittag und Abend sorgten. In der Schweiz wurden sie meistens von

«Musikproduktion der hiesigen Kurkapelle», dies kündigt ein kleines Inserat im «Verzeichnis der Kurgäste in den Bädern zu Baden» am Freitag, 4. Juli 1862, an. Es ist die erste bekannte Ankündigung der Kurkapelle.

den Hoteliers selbst bezahlt – oder durch örtliche Kurvereine, die die Kurhäuser finanzierten.[174] In Baden wurde 1865 ein solcher Verein gegründet. «Weise Männer» seien es gewesen, die sich für die «Besserung der kurörtlichen Verhältnisse» eingesetzt hätten, denn diese Verhältnisse hätten sich «damals in einem so primitiven Zustande» befunden, «dass wir uns heute davon gar keine Vorstellung mehr zu machen vermögen», wurde 1906 über diese Zeit der Gründung 41 Jahre zuvor geurteilt.[175]

Das jeweils in den Sommermonaten der örtlichen Zeitung beiliegende *Tagblatt für die Bäder zu Baden* (später auch *Fremdenblätter*) spiegelt den Wandel hin zur Verbesserung schon ab 1862 wider: Bis 1861 enthielt es lediglich eine Namensliste sämtlicher Gäste in den verschiedenen Hotels der Bäder. Es war also immer publik, wer gerade im «Bären», in der «Blume», im «Hörnli», im «Schiff» oder im «Hirschen» beziehungsweise im «Rebstock» auf der Ennetbadener Seite weilte. Zu Beginn der Saison waren es in den 1860er-Jahren pro Nacht 300 bis 400 Personen, in der Hochsaison im Juli und August dann um die 800 Gäste. Über die ganze Saison hinweg logierten mehr als 12 000 Gäste – teils mehrere Wochen – in Baden.[176] Zum Vergleich: In den Gemeinden Baden und Ennetbaden zusammen lebten um 1860 rund 3700 Menschen.

Ab 1862 diente die Zeitung, mit der ein grosses Publikum erreicht werden konnte, nicht mehr nur dem Abdruck der Gästeliste, auch Auftritte der Kurkapelle oder weitere Anlässe wurden angekündigt. Fast täglich gab es «Musikproduktionen der hiesigen Kurkapelle» zu hören: beim Kurbrunnen auf dem Kurplatz, auf der Limmatpromenade, in Ennetbaden, beim «Hinterhof» und im «Ochsen».[177]

Lektüre und Ausflugsfahrten

Im *Tagblatt für die Bäder* respektive im *Bade-Blatt für Baden* der 1860er- und der beginnenden 1870er-Jahre lassen sich aber auch weitere Beschäftigungen der Kurgäste nachlesen, etwa ihre Lektüre oder Ausflugsdestinationen: Der Badener Optiker Sigmund pries seine «Conversations-Brillen» für die abendliche Lektüre an, an der Badhalde gab es eine kleine Leihbibliothek. Ebenfalls Teil der Ausgabe waren Literaturtipps zu neuen balneologischen, aber auch historischen Büchern. Johann Suter lud in

Zwei Inserate: Am 14. Juli 1865 gab es im Sommertheater im Café Schwert, der Sommerwirtschaft im heutigen Haus zum Schwert, abends eine Komödie zu sehen. Die «Capelle à la Strauss» trat zudem drei Mal täglich auf, hier eine Ankündigung für das Abendkonzert und die Auftritte am Vormittag des 15. Juli 1865.

Sommertheater im Café Schwert.
Gastspiel des Hrn. und der Frau Franzmüller vom Stadttheater in Augsburg.
Unter der Direktion von Carl Heuberger.

Heute:
Doktor Faust's Haus- und Bauberkäppchen
oder
Die Räuberherberge im Walde.
Komisches Singspiel in 3 Aufzügen und einem Vorspiel: Die Testaments-Eröffnung von Hopp; Musik von Lebenstreit.

Andreas Pimpernuß   Herr Franzmüller
Waltraut   Frau Franzmüller
* * *

Dem verehrten Publikum darf ich dies komische Singspiel, wie auch die Gäste, welche eine so überaus beifällige Aufnahme fanden, auf's Beste empfehlen.
Hochachtungsvoll
Carl Heuberger.

Produktion der Capelle à la Strauss.

Heute Abend von 6—7 Uhr beim Kurbrunnen.
Programm.

1) Berliner Marsch   v. Herzog.
2) Ouverture: „Jelva"   v. Reißiger.
3) Petsther-Walzer   v. Lanner.
4) Potpourri aus: „Die Regimentstochter"   v. Donizetti.
5) Freikugeln Quadrille   v. Neumann.

Morgen früh 7—8 Uhr in Ennetbaden.
Programm.

1) Carroussel, Marsch   v. Strauß.
2) Ouverture „Aphigenia in Tauris" v. Glück u. Mozart.
3) Juristenballtänze, Walzer   v. Strauß.
4) Arie für Clarinette, Solo   v. Carl.
5) Quadrille ohne Titel   v. Strauß.

Morgen Vormittags 10—11 Uhr bei Hinterhof u. Bären.
Programm.

1) Colonnen-Marsch   v. Winter.
2) Ouverture zu Stradella   v. Flotow.
3) Tanzlokomotive, Walzer   v. Gungl.
4) Potpourri aus: „Faust"   v. Gounod.
5) Schnellpost Polka   v. Strauß.

Die Direktion.

Unterzeichnete verkaufen das ächte
Lait antéphélique von Candés,
welches die Maske, die Sommersprossen, die Leberflecken, ohne zu schaben, in 14 Tagen radikal wegnimmt. Preis pr. Flasche 5 Fr. 50 Ct.
Meister & Hanselmann, Coiffeurs in **Baden**.

Rouleaux von Haaren oder Crin, sousbandeaux *Zöpfe*
chignonsbourses, noeuds *(Haarmaschen)*. Scheitel-

---

seine Sommerwirtschaft auf der Baldegg, auch die Sommerwirtschaft mit Restauration im Fährlileh Wettingen buhlte um Kurgäste, und drei Mal täglich verkehrte ein «Omnibus» zum Kloster Wettingen. Schon seit zwanzig Jahren war dieses kein aktives Kloster mehr und konnte frei besucht werden. Sein Kreuzgang galt als Attraktion. Ebenfalls inserierten Zahnarzt Schnebli und ein Coiffeur, der über eine wassergetriebene «Haarreinigungsmaschine» verfügte.[178]

Das Museum auf römischem Grund

Wer für den 8. Juni 1876 eine Eintrittskarte ins Kurhaus besass, gehörte zu den ersten Personen, die das neue «Antiquitäten-Cabinet» im Parterre neben dem Konzertsaal besuchen konnten.[179] Die wahrscheinlich ersten Fotografien dieses «Cabinets» stammen aus der Zeit nach 1891, als die Ausstellung sich bereits im ersten Stock des Kursaals befand.[180] Auf kleinem Raum zeigt sie die Geschichte der Stadt – und das Selbstverständnis Badens gegen Ende des 19. Jahrhunderts. Zum Beispiel die römischen Ursprünge: Im Zentrum der Fotografie sticht Giuseppe Vasis «Prospetto d'alma città di Roma» ins Auge, ein weit verbreiteter Kupferstich aus dem Jahr 1765.[181] Die Vitrine darunter präsentiert verschiedene archäologische Funde aus Stein und Metall, Tongefässe und Tonscherben, einen Dolch, eine Pietà-Skulptur. Römisch ist freilich nur ein Teil dieser Gegenstände. Rechts daneben sind Lanzen und Speere sowie eine grosse Truhe zu sehen. Die Seitenwand im rechten Winkel dazu präsentiert Veduten aus Baden: eine ältere Darstellung des Kurplatzes mit Verenabad, aber auch zwei zeitgenössische Abbildungen des Kursaals und des Stadtturms.

Das «Cabinet» wurde auf Initiative der Badener Gesellschaft für öffentliche Vorträge geschaffen. Diese war bereits 1871 mit der Absicht entstanden, ein Museum zu gründen.[182] Die Exponate im «Cabinet» stammten aus verschiedenen Quellen. Den Grundstock bildeten die Funde aus mehreren Grabungen auf dem Gebiet des heutigen Kurparks, der Bäder- und der Haselstrasse.[183] Erste nachgewiesene Grabungen fanden 1862 auf Initiative des Badener Architekten Joseph Caspar Jeuch (1811–1895), begleitet von der Historischen Gesellschaft Aargau (HGA), statt. Gemäss Jahresbericht der HGA handelte es sich dabei um «Nachgrabungen», die «ziemlich unfruchtbar» gewesen seien. An einigen Stellen hätten sich «Ueberreste römischer Gebäude» finden lassen, dazu «gebrochenes Töpfergeschirr, Eisenbeschläge, Mühlsteine, einige bronzene Haften u.s.w.». Auch Reste einer Tempelstruktur seien ausgegraben worden.[184] Die zweite Grabungskampagne fand rund ein Jahrzehnt später ab 1872 im Vorfeld des Baus des Kursaals und des umliegenden Parks statt. Sie ist, anders als die Jeuch'sche Untersuchung, etwas besser nachvollziehbar, unter anderem dank Bezirksschullehrer Bartholomäus Fricker (1844–1914), der 1880 die erste moderne Stadtgeschichte zu Baden publizierte und dabei auch die Kurparkgrabung erwähnte. Dokumentiert sind zwei römische Bauten mit Hypokaustanlagen, also Bodenheizungen, sowie ein römischer Töpferofen.[185] Drittens liess 1893 das bereits bestehende, aber als Gebäude noch nicht eröffnete Schweizerische Landesmuseum nordwestlich des Parks an der Kreuzung Römerstrasse/Parkstrasse Grabungen vornehmen und übernahm die Funde dieser einen Grabung.[186] Weiter gruben zwischen 1894 und 1898 der Notar Alfred Meyer (†1910) und sein Schwiegervater Armin Kellersberger (1865–1956) an der Römerstrasse auf dem Boden der eigenen Liegenschaft und entdeckten zahlreiche Objekte aus römischer Zeit.[187] Die Grabungen aus dem 19. Jahrhundert, aber auch die späteren Interventionen und Funde lassen heute keinen Zweifel daran, dass sich auf dem Areal des heutigen Kurparks einmal ein *Vicus*, eine römische Siedlung, befand.

Die Objekte aus den Grabungen des 19. Jahrhunderts gingen teilweise in den Besitz der Kurhausgesellschaft Baden und 1877 an die Stadt Baden über. Die Funde der Grabung von 1893 blieben im Landesmuseum. Eine erste Nachricht davon haben wir von 1876, als ein Inventar des «Cabinets» erstellt wurde. Der «Index thesauri artis antiquae monumentorum» vom Februar des genannten Jahres führt an erster Stelle «126 röm. Kaisermünzen von Bronze» auf, nennt neben Pfeilspitzen, einem Dolch oder einem Steinbeil, aber auch «6 Stück Terra cotta» oder «1 Amphoren-Hantel mit Inschrift». Die Liste der Kurhausgesellschaft enthält insgesamt 224 Objekte, deren Herkunft jedoch nicht vermerkt ist. Ob sie also bei Grabungen im Kurpark gefunden worden sind, ist nicht klar. Sicher ist: Funde von Meyer und Kellersberger folgten in den Jahren 1910 und 1912 und ergänzten die Sammlung der Stadt Baden. Heute befinden sich Objekte aus den Kurparkgrabungen des 19. Jahrhunderts zudem im Schweizerischen Landesmuseum und in der Sammlung der Kantonsarchäologie Aargau.

Die im «Index» aufgeführten Objekte bildeten also den Grundstock des «Cabinets», das wir auf dem Foto sehen. Im Inventar sind auch die zwei Brückenmodelle aus dem 17. Jahrhundert aufgeführt,[188] die auf dem Foto des «Cabinets» prominent zu erkennen sind. Hinzu kommen auf der Liste 45 weitere Privatsammlerinnen und -sammler, die ihre Objekte dem «Cabinet» zur Verfügung gestellt hatten.[189] Einheimische und Kurgäste konnten also alle diese Objekte anschauen – und nach Wunsch auch ergänzen. Die 1882 geschaffene Museumskommission rief in der *Fremdenliste* zu Donationen auf, so auch am 3. Mai 1885: «Geschenke für die Sammlung sowie Gegenstände, die uns leihweise gegen einen Bürgschaftsschein zur Ausstellung anvertraut werden, sind zu jeder Zeit bestens willkommen und möchten wir das Tit. Publikum hierauf besonders aufmerksam machen.»[190] Zumindest zeitweise waren grössere Funde im Kurpark ausgestellt. So wird 1905 berichtet, dass sich im Park Säulen, ein römischer Meilenstein und auch das Mosaik von Lunkhofen (seit 1893 im Besitz der Stadt) besichtigen liessen.[191]

Die Funde aus den Grabungen im heutigen Kurpark, die zahlreichen weiteren Objekte im «Index» und Leihgaben, die vielleicht nicht mehr abgeholt wurden, bildeten die Anfänge der Sammlung des heutigen Historischen Museums Baden. Es zog 1913 vom Kursaal an den heutigen Standort im Landvogteischloss um.[192]

Das «Antiquitäten-Cabinet» im Kursaal Baden, hier nach 1891, befand sich im ersten Stock und zeigte verschiedene Funde aus Baden, aber auch eine Vedute der Stadt Rom.

Diese kolorierte Postkarte von 1913 zeigt eine Partie des Kurparks mit Spolien von römischen Grabungsfunden, die hier als romantisches Ensemble präsentiert wurden.

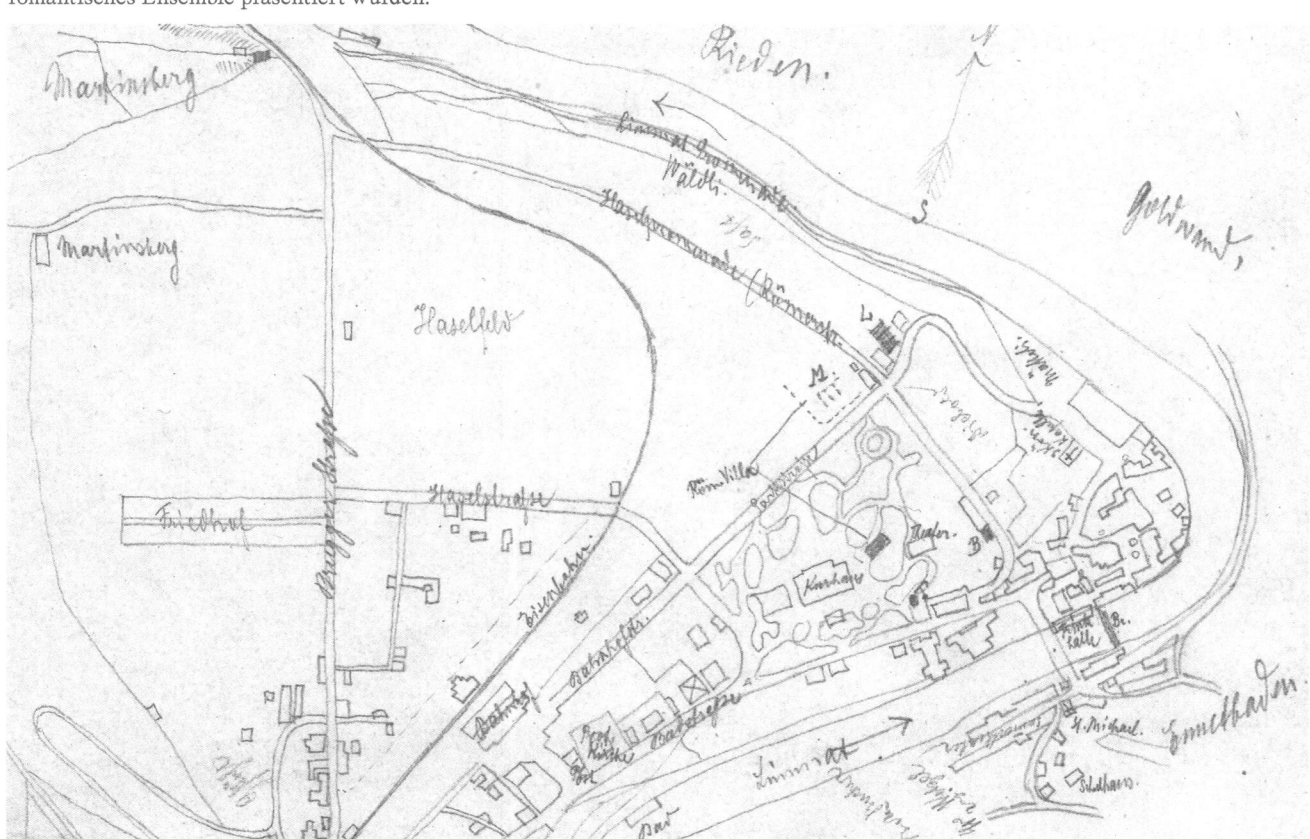

Im 19. Jahrhundert fanden im Haselfeld und im heutigen Kurpark zahlreiche Grabungen statt. Jakob Heierli von der Universität Zürich, einer der ersten modernen Archäologen der Schweiz, war in Baden und erstellte ab 1872 verschiedene Pläne, hier «Ausgrabung Hasel 1898».

Römischer Töpferofen auf dem Kurhausplatz.
z. Baden aufgedeckt 1872.

Bei den Grabungen von 1872 kommen zwischen dem heutigen Bäderquartier und dem Kurpark die Grundmauern eines römischen Töpferofens zum Vorschein. Der Badener Maler Johann Steimer fertigt eine Tuschzeichnung an.

Der Fehlbrand aus einer Töpferei wurde wahrscheinlich 1872 im Kurpark gefunden. Heute ist das Objekt im Historischen Museum Baden ausgestellt.

Kurgäste sitzen in festlicher Kleidung auf der Terrasse vor dem Kursaal. Zeichnung Ende des 19. Jahrhunderts.

Der Sommer im neuen Kursaal

Konstituierend für Bäderorte sind seit jeher einerseits die örtlichen Gegebenheiten der Natur wie die Mineral- oder Thermalquellen, andererseits aber auch das Unterhaltungsangebot. Bereits seit dem Spätmittelalter ist für Baden nachgewiesen, dass sich jeweils im Sommer Theatertruppen und Musikanten in der Stadt aufhielten, um den Gästen Vergnügen zu bieten.[193] Zwar existierte in Baden schon ab 1675 ein Theatersaal, und es gab eine Flaniermeile in den Bädern sowie Konzerte im «Staadhof» oder unter freiem Himmel. Aber ein Bau, der Restaurants, einen Konzert- und Ballsaal, Lese- und Konversationszimmer bot – ein zeitgemässes Kurhaus also –, fehlte.

In Sachen Verkehrsanbindung hingegen hatte Baden einen guten Stand. Die Stadt war ab 1847 durch die Nordbahn an das entstehende Eisenbahnnetz angeschlossen, die Schweizerische Nationalbahn plante eine Linie Winterthur–Zofingen. Es war zu ahnen, dass die Stadt bald am Eisenbahnkreuz sein sollte, wo man via Winterthur–Zofingen, Zürich–Bern und Basel–Zürich–Buchs «Teil des wagenrollenden Völkerstroms, der zwischen Paris und Wien, dem atlantischen Ozean und dem Bosporus dahinrauscht»,[194] sein würde.[195] Mit dem Kursaal von 1875 fand Baden auch in Sachen Tourismus Anschluss an die moderne Zeit. Wichtig war nun, auch ein entsprechendes Angebot für die Gäste zu schaffen. Auskunft darüber, was im Badener Kursaal läuft, gaben Zugereisten die *Fremdenblätter*.

Kulturell-gesellschaftliche Zeitenwende

Mit der Eröffnung des Kursaals 1875 bahnte sich in Baden gesellschaftlich und kulturell eine neue Zeit an. So nahmen es auch die Menschen damals wahr: «Das ist nun alles anders geworden», schreibt Bartholomäus Fricker in seiner «Geschichte der Stadt und Bäder zu Baden» von 1880. Das «Kurhaus» war erst fünf Jahre alt, und der Stadthistoriker schilderte das Treiben im und um das Gebäude als Zeitzeuge. Er lobt die Konzerttätigkeit und die Möglichkeiten, die das «Kur- und Konversationshaus» für den Tourismus bietet. Den grossen finanziellen Aufwand für dieses «teure Kind seiner Zeit» und den Konkurs der Aktiengesellschaft von 1878 (siehe S. 160) lässt er aber nicht unerwähnt.[196]

Kursaal und Kurpark waren umfriedet, und wer sie betreten wollte, musste sich ausweisen. Kurgäste

Im Lesesaal im Parterre liegen Zeitungen aus der ganzen westlichen Welt auf, um 1900.

Erste Bekanntmachung über die Eintrittspreise in den Kursaal, 15. Mai 1875.

entrichteten die Kurtaxe direkt in ihrem Gasthof und erhielten einen Ausweis für die Dauer ihres Aufenthalts, andere Besucherinnen und Besucher konnten Tageskarten erwerben. Zu Beginn waren die Preise relativ hoch: Für sieben Tage bezahlte eine Person 3 Franken, zwei Personen bezahlten 4.50 Franken, fünf Personen 6.30 Franken. Rabatte kumulierten sich nicht nur, wenn man Karten für mehrere Personen erwarb, sondern auch bei längeren Aufenthalten: Eine Saisonkarte gabs für eine Einzelperson für 20 Franken.[197] Auf die Gegenwart umgerechnet wären dies rund 230 Franken.[198] Die Preise wurden in den Folgejahren und nach dem Konkurs der Kurhausgesellschaft etwas nach unten korrigiert. Für die Saison 1880 war eine nicht übertragbare Saisonkarte für eine Person für 5 Franken zu haben; auch ein «Coupons-Abonnement» à zehn Stück war erhältlich für 3.50 Franken, für das heutige Portemonnaie also rund 40 Franken. Ein Einzeleintritt kostete Ende des 19. Jahrhunderts meistens 1 Franken.[199]

Wer eine Eintrittskarte besass, hatte einen Freipass für den Park, den Konversationssaal mit Restaurant, die Terrassen und die Pavillons des Kursaals ebenso wie für die meisten Tanzveranstaltungen und Konzerte, ab 1876 das Antiquitäten-Cabinet, die zwei Damensalons und das Lesezimmer. Letzteres bot gewissermassen den Weltzugang. Hier lagen Zeitungen und illustrierte Zeitschriften auf, nicht nur aus allen Schweizer Landesteilen – von der *Allgemeinen Schweizer-Zeitung* aus Basel bis zur *Züricher Post* –, sondern auch aus Deutschland und Österreich (*das Berliner Tagblatt* oder *Kladderadatsch* aus Wien), Frankreich (*Le Figaro* bis *Journal illustré*), England, den USA (*Daily News* oder *New York Herald*) oder Italien (*Il Secolo*).[200] Wer sich für die Ferienlektüre nicht ins Lesezimmer begeben wollte, fand in der wöchentlich erscheinenden *Fremdenliste*, wie das *Gästeblatt* ab 1888 hiess, Ankündigungen von Aufführungen, zur jeweiligen Jahreszeit passende Gedichte, eine «Lustige Ecke» mit Witzen oder auch Fortsetzungsromane.[201]

Das Kurorchester umfasst in den 1900er-Jahren zwischen zwanzig und dreissig Musiker.

Kursaal als Zentrum der Musik

Hauptattraktion im Kursaal waren die während der Saison meist zwei Mal täglich stattfindenden Konzerte des Kurorchesters, das in Baden wie auch in anderen Kurorten wie Bad Ragaz, Interlaken, Montreux oder Davos den Kurgästen den Eindruck des modernen Kurorts vermittelten (siehe S. 19ff.).[202] Bis in die 1880er-Jahre spielte die Kurkapelle im Sommer sowohl im Kursaal, in den Bädern, auf dem Theaterplatz oder in Ennetbaden.[203] Mit steigender Grösse des Orchesters konsolidierten sich jedoch die Spielorte Kursaal und der in den 1880er-Jahren errichtete Pavillon vor der Terrasse Richtung Limmat. Die musikalische Qualität war gut. Das Kurorchester habe «neben den Kapellen von Luzern, Montreux und Interlaken in der Schweiz keinen Rivalen», hiess es 1900 im *Fremdenblatt* als Selbstlob.[204] Der künstlerische Anspruch verlangte auch vom Publikum Disziplin: In den Konzertankündigungen wurde darum gebeten, «während dem Orchesterspiel die Konversation leise zu führen».[205]

An Sonntagen durchmischten sich zwei Arten von Publikum: Kurgäste und Ortsansässige. Lokale Vereinigungen wie der Gemischte Chor ergänzten das Musikprogramm, gelegentlich fanden ausserordentliche Konzerte mit lokal bekannten Sängerinnen oder einer Ansprache eines Stadtrats statt. Je nach Kapellmeister beziehungsweise Orchestermusiker enthielt das Vormittagsprogramm auch einige geistliche Stücke. Parallel dazu konnten die Gottesdienste entweder in der katholischen Stadtkirche, in der Michaelskapelle Ennetbaden, in der Dreikönigskapelle in den Bädern, in der Reformierten Kirche oder «en français» in der Parkstrassenkapelle besucht werden. Die Mittags- oder Nachmittagskonzerte waren weltlichen Stücken gewidmet, manchmal mit «Table d'hôte», also einem späten Mittagsmenü, am Abend traf man sich zu «Réunions dansantes».[206]

Spezielle Programme veranstalteten die Verantwortlichen jeweils auch zum 1. August. Zur ersten nationalen Bundesfeier am Samstag, 1. August 1891, fielen die Konzerte im Kursaal aus. Das Kurorchester spielte stattdessen am Vormittag um zehn Uhr auf dem Schulhausplatz und wartete mit einem patriotischen Musikprogramm auf; als Höhepunkt wurde «Hoch Helvetia» aufgeführt, ein «zur 600-jährigen Jubelfeier der schweizerischen Eidgenossenschaft» komponiertes Stück des Kapellmeisters Arthur Möller.[207] Rossinis Ouvertüre «Tell», die 1891 eben-

Programm der Badener Schiller-Feier am 8. und 9. Mai 1905, die zum hundertsten Todestag des Schriftstellers die Stadt mobilisiert – von Bezirksschülern und Seminaristen aus Wettingen bis zu den Kurorchestermusikern.

Der umfriedete Kurpark als Hauptausflugsziel. Titelblatt für das *Fremdenblatt* von 1910.

falls gespielt wurde, sollte bei künftigen Konzerten zum 1. August zum festen Programmpunkt werden. Üblicherweise fanden in den Folgejahren Konzerte zur Nationalfeier im Kursaal statt – abends gab es im Park «Illumination» und ein Feuerwerk. Beides hatte es bereits vor der Existenz eines solchen Feiertags gegeben. Im Jahr 1880 zum Beispiel hiess dieser Sommeranlass «Venetianische Nacht».[208]

Theater im Park

Entwürfe des Kursaals sahen einen Bau mit Theaterbühne vor (siehe S. 44). Denn das Bühnenspiel gehörte zu einem Kursommer, und Baden besann sich gerne auf seine Theatertradition. Sie lässt sich weit zurückverfolgen. Im Jahr 1675 wurde vor den Stadttoren ein Schützenhaus mit Theaterraum errichtet. Es war der erste Theatersaal in der Schweiz. Daneben bestanden im Sommer verschiedene weitere provisorische Spielstätten.[209] Das Stadttheater hatte mit Blick auf den Bädertourismus einen grossen Nachteil: Es befand sich im Hasel, weit entfernt vom Herzen der Kurstadt. Weil der Kursaal von 1875 schliesslich ohne Theaterraum gebaut wurde, eröffnete 1881 ein Sommertheater im Kurpark.

Vor Saisoneröffnung im Sommertheater hatte in den Monaten Juni bis September im Stadttheater jeweils Hochbetrieb geherrscht. Häufig wurden Schwänke oder Operetten aufgeführt. Teilweise wirkte dabei das Kurorchester mit, teilweise der Stadtmusikverein. An speziellen Tagen konnten im Stadttheater zwei verschiedene Vorstellungen besucht werden – eine nachmittags und eine am Abend. So gab es zum Beispiel am Eröffnungstag vom 6. Juni 1875 zwei zeitgenössische Unterhaltungsstücke. Um 15.30 Uhr wurde die Operette «Leichte Cavallerie» von Franz von Suppè (1819–1895) gespielt, am Abend kam das Publikum in den Genuss der Komödie «Ultimo» von Gustav von Moser (1825–1903).[210] Das Gebäude allerdings war heruntergekommen, im Jahr 1909 wurde es wegen Baufälligkeit geschlossen; es fristete über zwanzig Jahre hinweg als «der kranke Mann in Baden»[211] sein Dasein und wurde nach langen Diskussionen 1929 abgerissen.[212]

Zwischen 1881 und 1909 gab es in Baden also während der Saison im Sommer zwei Bühnen, die bespielt wurden. Das Angebot war reichhaltig: Im «Casino-Theater» oder «Kur-Theater» im Park gab es zum Beispiel am 19. August 1895 nachmittags

Hinter dem Ententeich im Park versteckt sich das Sommertheater, undatierte Fotografie.

Das Sommertheater im Park ist mit der Tafel «Kur-Theater» angeschrieben, hier wahrscheinlich im Frühsommer 1905.

um 17 Uhr die Komische Oper «Die weisse Frau von Avenel» zu sehen, abends um 20 Uhr wurde im Stadttheater auf dem Theaterplatz die Operette «Der Bettelstudent» geboten. Für die Profis, den Kapellmeister und die Orchesterleute war ein solcher Tag organisatorisch herausfordernd. Sie hatten täglich mehrere Auftritte an zwei Spielorten.[213]

Die Badener Bühnen, zu denen der Kursaal gehörte, wurden auch kombiniert genutzt. Zum hundertsten Todestag von Friedrich Schiller im Jahr 1905 etwa fand in Baden eine «Schiller-Feier» statt. Am Vorabend des Gedenktags vom 9. Mai eröffnete man die Feier im Stadttheater auf dem heutigen Theaterplatz. Das Kurorchester sorgte für Musik, und verschiedene Szenen aus den Dramen Schillers gelangten zur Aufführung, so eine «Rätselszene» aus «Turandot, Prinzessin von China», inszeniert von Bezirksschülern, und die «Rütliszene» aus «Wilhelm Tell». Am Folgetag dann setzte man das Fest im «Casino», dem Kursaal, mit vielen Gesangseinlagen und Präsentationen von Schiller-Balladen fort. Daran beteiligten sich neben der bekannten, in Köln tätigen ungarischen Sopranistin Alice Guszalewicz (1866–1940) die Gesangsvereine Baden und Ennetbaden, der Seminarchor Wettingen sowie die «verstärkte Kurkapelle».[214]

Ausschwärmen zu den Sehenswürdigkeiten in der Region

Neben Konzerten im Kursaal sowie Operetten und Komödien im Kur- oder Stadttheater gab es weitere Möglichkeiten, sich während eines Kuraufenthalts in Baden kulturell die Zeit zu vertreiben. Der Kurpark selbst war ein Freiluftmuseum, in dem römische Säulen und zeitweise auch das römische Mosaik aus Lunkhofen ausgestellt waren. Im *Fremdenblatt* wurden darüber hinaus weitere Sehenswürdigkeiten empfohlen: «Alte Glasgemälde im Sitzungszimmer des Gemeinderates», gemeint sind die wertvollen Standesscheiben im Tagsatzungssaal, oder die Altäre in der Sebastianskapelle seien einen Besuch wert, ist hier zu lesen. Dazu gehörte auch das Museum, das ab 1913 nicht mehr im Kursaal, sondern im Landvogteischloss untergebracht war. Es konnte im Sommer täglich von 10 bis 12 und von 14 bis 17 Uhr besucht werden.[215]

Ebenfalls über Jahrzehnte immer wieder empfohlen wird in den *Fremdenblättern* ein Besuch des Klosters Wettingen. Dies begrüsste auch der Wirt des Restaurants Sternen, der gleich neben den Ausflugsempfehlungen ein Inserat platzierte.[216] Auf der

Blick über das Zuschauerparkett in Richtung Bühne des Sommertheaters Baden im Jahr 1944. Zu diesem Zeitpunkt ist die Planung des neuen, heute bestehenden Kurtheaters in Gang, doch noch fehlt es an Geld. Um den Fonds zu äufnen, erhöhen verschiedene Badener Vereine deshalb die Preise leicht und bezahlen pro Billett eine «Steuer» an die Theaterstiftung.

Blick über die Zuschauerränge zum Eingang des Sommertheaters im Jahr 1944.

Liste weit oben der möglichen Ausflüge, ausgehend von Baden, rangierten ab den 1900er-Jahren die mit dem Zug gut erreichbaren Orte Windisch und Brugg. Hier war 1897 das Amphitheater freigelegt worden, das Vindonissa-Museum eröffnete 1912. Ebenfalls neu war in dieser Zeit das 1898 eröffnete Schweizerische Landesmuseum in Zürich. Es galt neben dem Gewerbemuseum Aarau mit seiner ethnologischen Sammlung und dem Kloster Muri mit seinen Kabinettscheiben als weiteres nahe gelegenes Ausflugsziel.[217]

Daneben empfahl das *Fremdenblatt* Spaziergänge zum Schloss Schartenfels, zum «Belvédère» oder auf die Baldegg, aber auch Ausfahrten ins Siggenthal bis zur Aare-Fähre, nach Oberrohrdorf in den «Löwen» oder in die Sommerwirtschaft auf Schloss Lenzburg. Dank verkehrstechnischer Erschliessung war ausserdem eine Nachmittagsfahrt auf die Rigi möglich. Und während die Bergkurorte zu Beginn des 20. Jahrhunderts Möglichkeiten für den Schneesport ausbauten, rüstete das Badener Grand Hotel nach. Hier konnte man «Lawn-Tennis» spielen. Die in den 1920er-Jahren aufgekommene Idee, man könne im Kurpark Tennisplätze schaffen, wurde von den Eigentümern, den Ortsbürgern, abgelehnt.[218]

Der Kursaal und sein Park laden zum Verweilen ein. Sujet für einen Werbeprospekt, um 1900.

Die Schaufassade mit Terrasse ist Anfang des 20. Jahrhunderts ein beliebtes Werbesujet.

Das Sujet wird mehrfach neu aufgelegt, 1910er-Jahre.

Das Sujet der Terrasse in moderner Aufmachung für die Werbung in den 1920er-Jahren.

In den 1900er-Jahren wird Baden allegorisch als Jungbrunnen beworben. Im Medaillon ist der Kursaal zu sehen. Das Bild diente auch als Titelblatt für das *Fremdenblatt*.

Das beliebte Sujet mit Jungbrunnen und Kursaal in aufgefrischter Fassung, 1910er-Jahre.

Die jugendspendenden Quellen in allegorischer Darstellung mit einem Mädchen, im Hintergrund der Kursaal. Titelblatt für das *Fremdenblatt* von 1910.

Vom «Verzeichnis der fremden Reisenden» zu «Baden aktuell»

Für heutige Lesende mag es seltsam anmuten, dass Ferienorte Listen mit den Namen der Gäste abdrucken. Doch bis in die 1970er-Jahre war dies üblich. Davos, Genf, Lugano oder Zermatt gaben ebenso wie Baden ein *Fremdenblatt* heraus (siehe S. 30). Hier wurden während der Saison manchmal täglich, manchmal im Abstand von mehreren Tagen oder wöchentlich in den Hotels Gästelisten publiziert. Schon die erste überlieferte Ausgabe des Badener *Fremdenblatts* von 1830 enthielt eine solche, und bis 1979 wurde dies beibehalten. Wer mit Namen im entsprechenden Blatt stand, profitierte von Vergünstigungen oder Eintritten, je nach Kurort; in Baden bedeutete dies ab 1875 vor allem, dass der Zugang in den Kurpark und den Kursaal frei möglich war. Der praktische Nebeneffekt: Alle wussten, wer in welchem Hotel logierte.

Das *Fremdenblatt* kam auf unterschiedlichen Wegen zu seinen Lesenden. Anfänglich wurde es als *Fremdenliste* verteilt, dann lag das Faltblatt jeweils dem *Badener Tagblatt* bei, konnte aber auch separat bezogen werden. Von den Anfängen bis 1961 erschien das *Fremdenblatt* jeweils von Ostern bis Ende Oktober, später gab es ein Wochenprogramm über das ganze Jahr hinweg, teilweise alle zwei Wochen. Zu besonderen Gelegenheiten wie der Fasnacht wurde in der ersten Hälfte des 20. Jahrhunderts eine Sonderausgabe publiziert.[219]

Der Name des *Fremdenblatts* änderte sich mehrmals: Erst trug es den Titel *Verzeichnis der fremden Reisenden Kur- und Badegäste zu Baden in der Schweiz* (1830–1843), dann war es zeitweise das *Tagblatt für die Bäder zu Baden in der Schweiz* oder die *Kurliste von Baden*, später das *Bade-Blatt für Baden* (1869–1877), die *Fremdenliste der Bäder in Baden* (1878–1887), anschliessend viele Jahre das *Fremdenblatt von Baden* (1888–1943), dann das *Gästeblatt von Baden* (1944–1952), das *Badener Gästeblatt* respektive das *Neue Gästeblatt* (1953–1967) und schliesslich das *Badener Wochenprogramm* (1968–1995). Seit 1996 existiert die Publikation als *Baden aktuell* weiter. Die Herausgeberschaften wechselten im Lauf der Zeit mehrfach. Erst war der Kurverein, dann der Verlag Otto Wanner vom *Badener Tagblatt*, später der Kur- und Verkehrsverein verantwortlich für die Herausgabe, seit 1996 sind es eigenständige Verleger.[220]

Das *Fremdenblatt* enthielt neben Namenslisten Werbeanzeigen von lokalen Restaurants, Läden, Zürcher Seidenfabrikanten, aber auch von weiteren Tourismusorten. Bereits 1870 inserierten Interlaken und Vevey oder 1875 Rigi Kulm, 1885 bot sich die Region Vierwaldstättersee an. Ab Ende des 19. Jahrhunderts enthielt das *Fremdenblatt* ausserdem Bilder mit Stadtansichten. 1902 übernahm ein Redaktor die Zuständigkeit für das *Fremdenblatt*, und so wurde die bislang vor allem aus Listen, Informationskasten und Inseraten bestehende Zeitung um redaktionelle Inhalte zur Geschichte Badens ergänzt, teilweise erschienen Rezensionen, saisonal wurden Gedichte abgedruckt. In den 1910er- und den 1940er-Jahren wurden einige der Artikel auch auf Französisch oder selten auf Italienisch publiziert.[221] Die Auswahl der Themen repräsentierte die Interessen der für den Inhalt verantwortlichen Personen: 1902–1910 Fürsprech Heinz Lehner, 1910–1935 Journalist Ludwig Jaeger, 1936–1938 Stadtschreiber Hans Raschle, 1938–1942 Jurist und Nationalrat August Schirmer, 1942/43 Apotheker und Lokalhistoriker Kurt Münzel, 1944 Journalist und Schriftsteller Robert Mächler und ab 1945 bis zu einem nicht klar bestimmbaren Zeitpunkt der Lehrer und Archäologe Paul Haberbosch.[222]

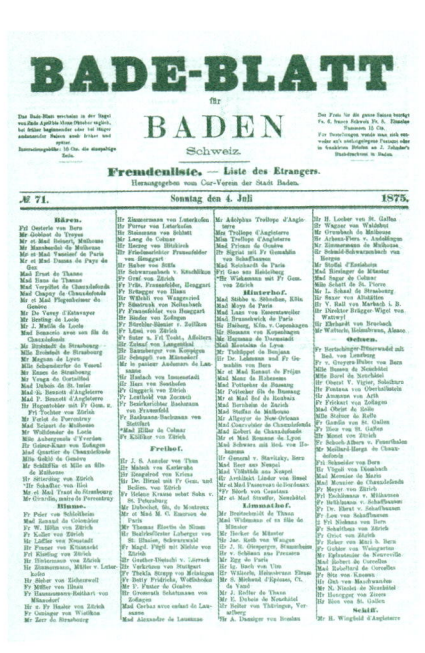

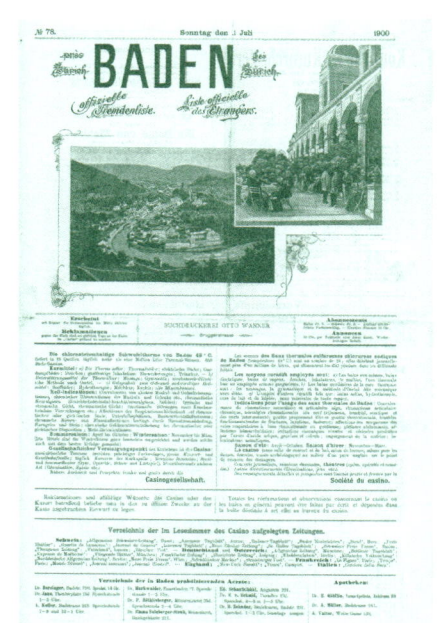

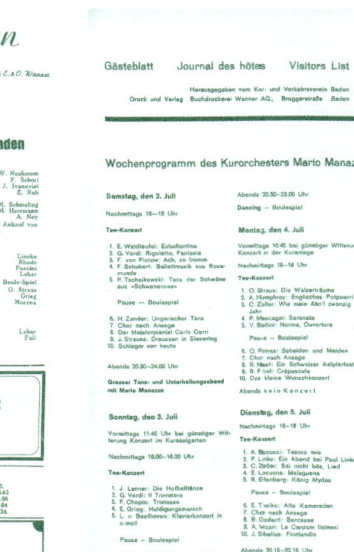

Die Titelseiten der jeweils ersten Sonntagsausgabe des *Fremdenblatts* im Juli der Jahre 1875, 1900, 1920, 1945, 1960 und 1985 im Vergleich.

Die Badener Kapellmeister und ihr Repertoire

Von Jonas Ehrler

Wer heutzutage auf Plakaten oder an Veranstaltungen auf den Namen «Neue Kurkapelle Baden» stösst, mag sich vielleicht fragen, ob es denn in Baden jemals einen Vorläufer zu diesem musikalischen Ensemble gegeben habe. Tatsächlich bilden die überlieferten *Fremdenblätter* die entscheidende Inspiration im Vorfeld der Gründung ihres Trägervereins im Jahr 2020.

Es schwingt eine gehörige Portion Stolz mit, als in der Ausgabe vom 4. Juli 1862 im *Verzeichnis der Kurgäste*, wie die *Fremdenblätter* damals hiessen, erstmals von einer «Musikproduktion der hiesigen Kurkapelle» die Rede ist.[223] Jedoch ist nicht überliefert, ob es sich dabei um ein Orchester handelte, das ausschliesslich in Baden auftrat. Denn obschon in der Saison 1865 die erste Produktion neu unter dem Namen «Capelle à la Strauss» ausfiel, heisst es drei Wochen später «Curkapelle à la Strauss», gefolgt von einem kleingedruckten «von Basel». Einmal wird erwähnt, diese Kurkapelle sei «18 Mann stark», an anderer Stelle wird das Konzert beim Kurbrunnen angepriesen als «von der ganzen 30 Mann starken Kapelle» vorgetragen.[224]

Die Anfänge bis 1887

Mit Julius Bär wird ab 1867 erstmals ein Kapellmeister genannt.[225] Dessen Kurkapelle stammt jedoch aus Zürich und wird separat angekündigt: Verschiedene Gasthöfe versuchten, allen voran das «Rössli» und der «Hinterhof», mit diesen exklusiven Gastensembles ein spezielles Angebot in Kontrast zu den täglichen Musikproduktionen zu schaffen.[226] Es ist also nicht klar, wie viele und welche unterschiedlichen Formationen in Baden in den Anfangsjahren aktiv waren. So oder so war deren Grösse beachtlich: Beispielsweise waren vier Hörner engagiert, die als Quartett regelmässig eigenständig auftraten.

Ebenfalls ab 1867 tauchen im Programm Werke eines gewissen L. Hollstein auf, dem ersten Dirigenten der Kurkapelle Baden. Dieser leitete in seiner Funktion als Kapellmeister (wie viele seiner Nachfolger) einerseits das Orchester von der Violine aus, übernahm aber auch Soli und steuerte eigene Kompositionen bei. Erstmals namentlich als Dirigent erwähnt wird er am 15. Juli 1871 anlässlich eines grossen Konzerts im Hof des «Staadhof» «zu Gunsten der Badarmen». Das Orchester hiess inzwischen wahlweise auch «Musique» be-

Das Badener Kurorchester hatte zwischen seinen Anfängen in den 1860er-Jahren und bis 1967 14 verschiedene Kapellmeister. Aufstellung von Jonas Ehrler.

Zeitspanne Amtszeit	Kapellmeister	Saisondauer	Anzahl Musiker
186?–1875	L. Hollstein	Mai–September	k. A.
1876–1876	Franz Köhler	Mai–September	16
1877–1879	E. Lenk	Mai–September	16
1880–1881	Johannes B. Kick	Mai–Oktober	16
1882–1887	E./G. (?) O. Kröber	Mai–Oktober	16
1888–1903	Arthur Möller	April–Oktober ab 1902: November–März	20 14
1904–1913	Otto Schenk	April–Oktober November–März	20 14
1914–192? (1922)	Peter Sandner	Mai–September April/Oktober	20 → 12 14 → 6
192?–192? (1925)	Giovani Masserini	Mai–September April/Oktober	10 6
192?–1931	W. Burren	Mai–September Oktober–November	k. A. k. A.
1932–1939	Ernö Kaisz	Mai–September/Oktober Oktober/November–April	9–13 5
1940–1944	Guy Marrocco	Mai/Juni–September Oktober–April/Mai	k. A. 5
1945–1958	Fernando Ammonini	Juni–Oktober November–Mai	9–11 5
1959–1967	Mario Manazza	Juni–Oktober November–Mai	8 5

ziehungsweise «Orchestre des bains».[227] In die Ära Hollstein fällt die Eröffnung des Kursaals 1875 und die Einführung der Benefizkonzerte[228] gegen Ende der Sommersaison, die jährlich zugunsten des Kapellmeisters und/oder der Mitglieder der Kapelle veranstaltet wurden.[229]

Damit war der Grundstein für den erfolgreichen Betrieb der Badener Kurkapelle gelegt, personelle Stabilität trat jedoch nicht ein. Verschiedene Kapellmeister drückten der Kurmusik in Baden in kurzer Abfolge den Stempel auf: Johannes B. Kick aus München hob in den Saisons 1880 und 1881 Novitäten auffällig im Programm hervor und gestaltete sein Benefizkonzert ausschliesslich mit eigenen Kompositionen und Bearbeitungen.[230] Spätestens unter Kapellmeister Kröber wurde ab 1882 der Konzertrhythmus der Kurkapelle zu einer eigentlichen Institution im Kurleben – mit täglichen Morgenkonzerten an wechselnden Orten, täglichen Nachmittagskonzerten beim Kurhaus sowie zwei bis drei «Réunions» pro Woche (donnerstags und sonntags, manchmal dienstags), in deren Rahmen sich das Repertoire nach und nach von der Salonmusik wegbewegte und beispielsweise am 13. Oktober 1887 in einem reinen Beethoven-Programm gipfelte.[231] Alle diese inhaltlichen Veränderungen erfolgten graduell.

Glücksfall Arthur Möller von 1888 bis 1903

1888 wurde die Direktion von Kurkapelle und Theater zusammengelegt, womit sich das Repertoire auf Opernproduktionen ausdehnte, die «mit vollem Orchester» vorgetragen wurden.[232] In diesem Zusammenhang war die Verpflichtung von Arthur Möller (1863–1903) als Kapellmeister ein echter Glücksfall für den Kurort Baden. Der aus Thüringen stammende und sowohl mit der Violine als auch am Klavier äusserst versierte Komponist kam 25-jährig nach Baden und avancierte in kürzester Zeit zum Publikumsliebling, was zahlreiche Leserbriefe und Konzertvorankündigungen belegen. Der «allverehrte, ausgezeichnete Direktor» sei ein liebenswürdiger, gewissenhafter Künstler und obendrein äusserst bescheiden.[233]

Möller führte thematische Konzertabende ein: Besonders beliebt waren dabei Werke von Beethoven, Johann Strauss junior und natürlich Richard Wagner, um dessen Musik Ende des 19. Jahrhunderts eine regelrechte Euphorie ausgebrochen war. Aber auch ein «Historisches Concert» mit Werken von Christoph W. Gluck und Joseph Haydn bis Johannes Brahms sowie ein Abend mit ausschliesslich französischer Musik sind überliefert. Ein be-

Konzertprogramm vom 30. August 1891 mit der Uraufführung von Arthur Möllers «Introduction et Polonaise de Concert».

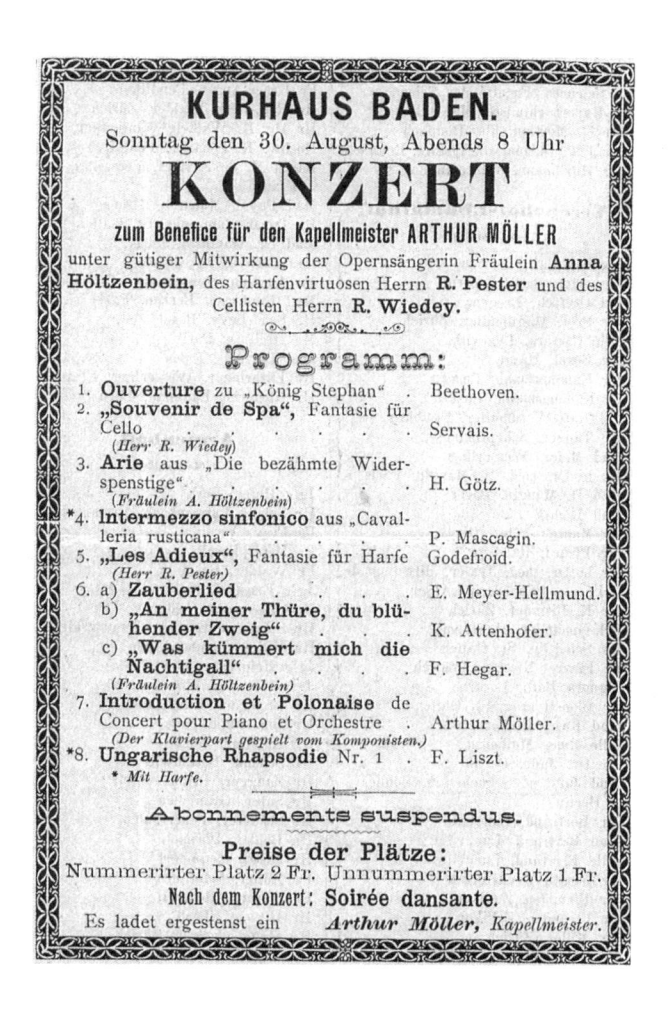

KURHAUS BADEN.

Sonntag den 30. August, Abends 8 Uhr

KONZERT

zum Benefice für den Kapellmeister ARTHUR MÖLLER
unter gütiger Mitwirkung der Opernsängerin Fräulein **Anna Höltzenbein**, des Harfenvirtuosen Herrn **R. Pester** und des Cellisten Herrn **R. Wiedey**.

Programm:

1. **Ouverture** zu „König Stephan". . . . Beethoven.
2. **„Souvenir de Spa"**, Fantasie für Cello . . . . . Servais.
   (Herr R. Wiedey)
3. **Arie** aus „Die bezähmte Widerspenstige". . . . . H. Götz.
   (Fräulein A. Höltzenbein)
*4. **Intermezzo sinfonico** aus „Cavalleria rusticana". . . . P. Mascagni.
5. **„Les Adieux"**, Fantasie für Harfe . Godefroid.
   (Herr R. Pester)
6. a) **Zauberlied** . . . . E. Meyer-Hellmund.
   b) **„An meiner Thüre, du blühender Zweig"** . . . K. Attenhofer.
   c) **„Was kümmert mich die Nachtigall"** . . . F. Hegar.
   (Fräulein A. Höltzenbein)
7. **Introduction et Polonaise** de Concert pour Piano et Orchestre . Arthur Möller.
   (Der Klavierpart gespielt vom Komponisten.)
*8. **Ungarische Rhapsodie** Nr. 1 . F. Liszt.
   * Mit Harfe.

Abonnements suspendus.

Preise der Plätze:
Nummerirter Platz 2 Fr. Unnummerirter Platz 1 Fr.
Nach dem Konzert: **Soirée dansante.**
Es ladet ergebenst ein *Arthur Möller*, Kapellmeister.

---

sonderes Anliegen waren Möller jedoch Werke neuer Komponisten – und zu jenen zählte er sich gleich selbst. Insbesondere seine «Introduction et Polonaise de Concert», welche er selbst am Klavier uraufführte, muss ein grosser Erfolg gewesen sein, denn sie ist regelmässig wieder in Programmen zu finden.[234]

Neben dieser enormen Verbreitung des Repertoires brachte Möller das Ensemble auf ein «künstlerisches Niveau [...], um das ihn manch grosses Orchester beneiden konnte», ist im «Biografischen Lexikon des Kantons Aargau» über den Kapellmeister zu lesen. Diese Qualitätssteigerung schlug sich in der ab 1891 gewählten Bezeichnung des «Städtischen Kurorchesters» nieder und erfüllte die Badener Bevölkerung mit Stolz.[235]

Die Ära Möller endete schliesslich tragisch: Im Sommer 1902 wurde eine Geschwulst in der Nähe des Kehlkopfs entdeckt, die ihn zu einer Operation im Inselspital Bern und vielen Monaten der Unsicherheit zwang, sodass er die erste Saison des neu geschaffenen reduzierten Winterorchesters verpasste.[236] Mitte der Saison 1903 schien er wieder fähig, Konzerte zu dirigieren, und es machte sich Hoffnung breit, er möge Baden noch «lange, lange Jahre erhalten» bleiben. Doch sein Zustand verschlechterte sich dermassen, dass er in seine Heimat zurückkehrte. Das Benefizkonzert zu seinen Gunsten wurde bereits in seiner Abwesenheit durchgeführt, und als das *Fremdenblatt* am 18. Oktober 1903 seine Tätigkeit hochachtungsvoll ehrte – er habe alle seine Vorgänger weit übertroffen –, war er wohl bereits verstorben.[237]

Wechselhafte Jahre zwischen 1904 und 1944

Als Nachfolger wurde Otto Schenk verpflichtet, der den erfolgreich beschrittenen Weg weitergehen und das Badener Kurorchester in dessen Blütezeit führen konnte. Er verstand es, sowohl Besetzung als auch Repertoire weiter auszubauen und insbesondere den Kontakt zum Publikum verstärkt zu pflegen. Ein «Humoristischer Abend» am 18. August 1907 stiess auf grossen Anklang und verlieh dem Bedürfnis nach dem leichten «Kur-Highlife» Ausdruck.[238] Schenk schloss auch eine günstige Vereinbarung mit dem Musikkollegium Winterthur, wonach die Musiker im Sommer in Baden und im Winter in Winterthur angestellt waren. Die steten

Porträt von Fernando Ammonini im *Gästeblatt* von Baden, Ausgabe 12. Juni 1949.

Publikumswünsche inspirierten Schenk dazu, ein Konzert mit «sämtlichen Programmnummern auf Wunsch» zu gestalten.[239] Ab 1912 sind nur noch die umfangreichen Sonntagsausgaben der *Fremdenblätter* überliefert, womit die Quellenlage dünner wird.

In eine herausfordernde Zeit fiel die Ära von Peter Sandner. Im Sommer seines Amtsantritts 1914 verliessen viele Kurgäste Baden aufgrund des Ausbruchs des Weltkriegs fluchtartig.[240] Wenn Sandner auch bemüht war, die künstlerische Qualität über die Kriegsjahre hochzuhalten, wurde der Musikbetrieb doch stark eingeschränkt, und bald darauf setzte eine ästhetische Zeitenwende ein. Am 28. August 1921 findet sich ein redaktioneller Hinweis, dass den Konzerten jenes fehlte, «was man an *modernen* kleinen Orchestern bewundert. Für eine Auffrischung und Verjüngung der Programme wäre man allgemein dankbar». Auf der nächsten Seite folgt ein ausführlicher, begeisterter Bericht über eine «Yazz-Band» (sic!). Die Märsche und älteren Konzertstücke aus Opern hatten offensichtlich langsam ausgedient.[241]

Während der Jahre von Kapellmeister W. Burren Ende der 1920er-Jahre stand das Kurorchester in direkter Konkurrenz mit den erwähnten modernen Orchestern, die auf ihrer Durchreise aktuelle Tanzmusik mitbrachten. Mit dem Orchester Gerbaud aus Lyon wurde 1927 dann ein solches erstmals als Winterorchester engagiert.[242]

Der Niedergang der traditionell grossen Kurorchesterbesetzung war somit Tatsache geworden. Ab 1932, pünktlich zur Einweihung des renovierten Kursaals, konnte das Orchester von Ernö Kaisz, das vormals in Arosa gespielt hatte, für die Sommersaison gewonnen werden, und damit «die Kur- und Jazzmusik, die man in Baden schon so lange wünschte». Rassiges, leidenschaftliches Spiel, moderne Programme, sprühendes Temperament und unwiderstehlicher Rhythmus kündeten von diesen Roaring Twenties, die mit etwas Verspätung in Baden eintrafen.[243]

Konstanz unter Fernando Ammonini
zwischen 1945 und 1958

Als Ergänzung zum Orchester der Sommersaison wurde Mitte der 1930er-Jahre ein «Winterquintett» verpflichtet, das 1941 Fernando Ammonini über-

Das Orchester Manazza, Textbeilage zum *Badener Gästeblatt* vom 4. Juni 1960.

nahm.²⁴⁴ Die weltpolitische Lage war inzwischen wieder schwierig geworden; im Kurpark wurden Kartoffeln angepflanzt.²⁴⁵ Dass das Badener Kurorchester während und vor allem nach dem Krieg nicht gänzlich verschwand, ist in erster Linie Ammoninis Bemühungen und Charisma zu verdanken. Der Kurort Baden stand inzwischen unter grossem internationalem Konkurrenzdruck, der durch das Aufkommen des motorisierten Individualverkehrs verstärkt wurde. Ammonini hatte an der Mailänder Scala unter Arturo Toscanini (1867–1957) gespielt und war ein begnadeter Geiger und Kapellmeister. Sein Orchester bestand meist aus elf Mann, die als Multiinstrumentalisten neben Ammonini als Primarius folgende Besetzung stellten: Klavier; Violine und Viola; Violine, Saxofon und Akkordeon; Klarinette und Saxofon; Flöte und Saxofon; Cello und Saxofon; Kontrabass und Klavier; Trompete und Violine; Posaune und Cello; Schlagzeug. Drei Mal täglich standen sie im Einsatz und bedienten das ernste sowie das heitere Genre, spielten alte und neue Tanzmelodien. Von Kammermusik bis zum rhythmischen Dancing für die «lebenslustige Jugend» war alles vertreten.²⁴⁶ Ammoninis unermüdliches Engagement war insofern von Erfolg gekrönt, als dass sein Kurorchester bis 1958 allen Widerständen zum Trotz mit einer grossen Konstanz musizierte.

Das Ende mit den Jahren nach 1959

Mit dem Wunsch nach mehr Abwechslung startete man 1959 ein Experiment mit drei wechselnden Kurorchestern, von denen insbesondere das Orchester Manazza zu überzeugen wusste und nochmals neuen Schwung in das Musikangebot des Kurorts Baden brachte. Kapellmeister Mario Manazza (1915–1994) stammte aus Turgi und war Bürger von Gebenstorf. Sein achtköpfiges Orchester, in dem noch drei weitere Mitglieder der Familie Manazza musizierten, bestand wie alle bisherigen Badener Kurorchester nur aus Männern. Es war bereits seit 25 Jahren aktiv und galt als eines der führenden Schweizer Orchester im Bereich der gehobenen Unterhaltungsmusik mit Auftritten im Radio und in allen grossen Kursälen des Landes.²⁴⁷

Bis in die 1960er-Jahre musizierte das Orchester Manazza täglich nachmittags zum Tee, abends beim Dancing oder als Unterhaltungskonzert sowie drei Mal wöchentlich bei günstiger Witterung auch morgens mit bunten und abwechslungsreichen Programmen. Differenzen mit der Kursaalkommission führten schliesslich 1967 zum Ende der Ära Manazza und läuteten den Anfang vom Ende ein. Es folgte das fünfköpfige Orchester Barbieri, welches aber bereits nicht mehr ausschliesslich in Baden, sondern jeweils gleichentags auch in Bad Ragaz aktiv war. Als letzter Name sei in den 1980er-Jahren der Pianist Adone Grossi (1924–2010) erwähnt.[248] Danach kam der Badener Kurmusikbetrieb zum Erliegen; ein Hauch davon war mit dem Kurmusik-Festival jeweils im Sommer zwischen 1985 und 1995 noch zu spüren. Seit 2021 nun erlebt der Kurmusikbetrieb durch die Neue Kurkapelle Baden eine Renaissance.

Jonas Ehrler ist künstlerischer Leiter der Neuen Kurkapelle Baden.

Blick auf das Kurorchester in der Muschel vor dem Kursaal im Sommer 1937.

Unterhaltung in Krisenzeiten

Der Tourismus ist ein krisenanfälliges Geschäft. Das spürte auch Baden, als der Erste Weltkrieg begann, als die Inflation der 1920er-Jahre Gäste aus Deutschland ausbleiben liess, als die Wirtschaftskrise der 1930er-Jahre die Stadt unmittelbar berührte und als der Zweite Weltkrieg rund um das Land tobte. «Die diesjährige Badesaison verspricht recht ordentlich zu werden», prognostizierte das *Fremdenblatt* vom 27. Juni 1920. Bereits 800 Kurgäste hätten die Bäder besucht, und die Hochsaison im Juli und August sollte erst anstehen. «Die ungünstigen Valutaverhältnisse scheinen also unsere Bäderfrequenz nicht wesentlich zu beeinflussen», ist die Schlussfolgerung.[249] Das war optimistisch. Die deutschen Besucherinnen und Besucher, die Anfang der 1920er-Jahre unter der starken Inflation litten, fehlten in Baden. Es sollten in diesem Jahr insgesamt 6731 als Gäste registrierte Menschen in die Kurstadt kommen und im Durchschnitt 17 Tage bleiben. Insgesamt wurden somit 117 800 Logiernächte verzeichnet. Das waren bedeutend weniger als vor dem Krieg.[250]

Schwankende Frequenzen

Mit dem Ersten Weltkrieg nahm die Zahl der Kurgäste massiv ab. In der Sommersaison 1913 wurden fast 149 000 Logiernächte verzeichnet, im Folgejahr, dem ersten Kriegsjahr, waren es rund ein Drittel weniger – nicht einmal 101 000. 1915 schliesslich waren es nur noch rund 87 000 Logiernächte, bevor es dann wieder etwas aufwärts ging. Die Lage stabilisierte sich in den 1920er-Jahren nicht, die «ungünstigen Valutaverhältnisse» hinterliessen ihre Spuren und hielten «noch viele Ausländer zurück».[251] Zwischen 1920 und 1930 verzeichnete man jeweils zwischen 85 000 und 118 000 Logiernächte, in den 1930er-Jahren drückte die generelle Wirtschaftskrise die Zahl weiter nach unten; zwischen 1930 und 1935 wurden zwischen 63 000 und 102 000 Logiernächte registriert. In den Kriegsjahren waren die Badener Hotels gut gebucht: Im dritten Kriegsjahr 1941 wurden 196 000 Logiernächte und über 17 000 Gäste verzeichnet.[252]

Gesamthaft lässt sich über die Zeit von 1920 bis 1950 sagen: Zwischen Mitte Mai und Ende August waren trotz Krisenzeiten fast immer über 1000 Kurgäste in Baden, die während ihrer durchschnittlich 15- bis 18-tägigen Aufenthalte Zerstreuung such-

Ein Werbeplakat von Willi Trapp für den Kursaal Baden aus dem Jahr 1937 führt in modernem Design die Angebote auf, die im und rund um den Kursaal geboten werden.

Die separat gedruckten Konzertprogramme waren attraktiv gestaltet. Cover mit modernem Design vom Juli 1937.

ten.[253] Es bestand ein breites Vergnügungsangebot – das Zitat aus den *Fremdenblättern* vom 1. August 1920 macht das Leben rund um den Kursaal deutlich: «Unser Kurorchester unterhält die Badegäste und [die] Fremden; auf der grosse[n] Konzertterrasse vor dem Kursaal versammeln sich alltäglich die Badegäste der grossen und kleinen Bäder; das Nachmittagskonzert gestaltet sich besonders zu einem Stelldichein unsere[r] Fremden; beim Nachmittagskaffee verplaudert man sich die Zeit und erzählt sich gegenseitig kleinere und grössere Erlebnisse aus dem Badeleben; im Spielzimmer des Kursaals gestattet man sich hie und da ein unschuldiges ‹Jeu›; im Lesezimmer interessiert man sich über die engere und weitere Politik. Das so lieblich in den Kurgarten eingebettete Kurtheater amüsiert die Fremden und Einheimischen in gediegener Weise; wir haben ja schon oft berichtet, dass in dieser Saison Operette und Lustspiel ausgezeichnet sind. Bei guter Witterung sind die Freilicht-Theateraufführungen ein besonderer Anziehungspunkt.»[254]

Musik, Kaffee, Spiel, Lektüre und Theaterbesuch gehörten also selbst 1920, nach zahlreichen Krisenjahren, zum Badener Kursommer. Die Normalität sollte weiterhin aufrechterhalten werden.

Einheimische sind ein wichtiges Publikum

Obwohl sich die Stadt weiterhin gern als Bäderstadt mit ausländischen Gästen vermarktete: Sie war seit der Gründung der BBC 1891 und deren raschem Wachstum zu einer Industriestadt geworden. Sowohl die Elektro- als auch die Baubranche nutzten den im Schweizer Mittelland zentral gelegenen Kursaal. Im Mai 1930 zum Beispiel fand hier die nationale Tagung der Strassenbaufachmänner statt. Hier traf man sich aber auch für den geselligen Austausch in der prosperierenden Region. Um 1930 wohnten in Baden 10 000, in Wettingen 8500 Personen. Anlässe von einheimischen Vereinen für Einheimische ersetzten in Krisenzeiten zu einem Teil die fehlende Frequenz von Kurgästen. Der Männerchor Harmonie, der Gemischte Chor, der Orchesterverein, die Musik des katholischen Jungmännerbunds Badenia, die Stadtmusik und die Knabenmusik traten im Kursaal auf. Im Winter waren es die genannten Vereine, die hier ihre Jahresversammlungen und -konzerte durchführten; der Silvesterball galt als Fixpunkt im Jahresprogramm des Kursaals. Und auch im Sommer fanden dort parallel zur Kursaison verschiedene teilweise überregionale und nationale Versammlungen statt,

Im Kino an der Parkstrasse, dem «Radium», heute Kulturhaus Royal, gibt es 1930 neu Tonfilme zu sehen.

Der Umzug für die Aargauische Gewerbeausstellung 1925 führt entlang der Parkstrasse, im Hintergrund ist der Eingang des zwölfjährigen Kinos Radium gut zu erkennen.

Ton-Film im Lichtspieltheater Baden (Parkstraße)

Auf „Western Electric", der anerkannt besten Tonfilm-Apparatur aller Länder, sind im Lichtspieltheater an der Parkstrasse (beim Kurgarten) die besten Tonfilme zu sehen und zu hören.

Gegenwärtig läuft: Richard Tauber in seinem grossen Tonfilm:

„Ich glaub nie mehr an eine Frau"

Platzpreise: Fr. 3.50, 3.—, 2.50, 2.—, 1.50
Alle Plätze sind nummeriert.
Telefon No. 6.52
Vorverkauf an der Kino Kasse:
Werktags: 11½—2 Uhr; Sonntags 10½—12 Uhr
Vorstellungen je abends 8.15 Uhr
Am Sonntag 2 Uhr, 5 Uhr und 8.15 Uhr
Samstag Nachmittag Sondervorstellung um 3 Uhr

die ein einheimisches oder auch ein spezifisches nationales Publikum ansprachen, so über Jahre hinweg das Schweizerische Tonkünstlerfest. Auch das aargauische Trachtenfest mit anschliessendem Dancing im Mai 1928 und der Kostümball mit Freinacht bis zwei Uhr morgens im Juni 1937 waren auf ein regionales Publikum ausgerichtet.[255]

An der südwestlichen Ecke des Kurparks konnte sich die modernste Form der Unterhaltung etablieren. An der Kreuzung Parkstrasse/Haselstrasse errichtete die Französin Marie Antoine 1913 das erste Kino der Region, das «Radium». Inwiefern sich hier das Publikum – Kurgäste und Einheimische – durchmischte, ist nicht nachzuvollziehen. Bekannt ist, dass das Kinovergnügen bis in die 1920er-Jahre vom Bürgertum und auch vonseiten der katholischen Kirche nicht als Kunstform anerkannt wurde. In den Jahren 1923 und 1928 öffneten dann zwei weitere Kinos, das «Orient» und das «Sterk». Nach der Konsolidierung der Säle unter der Familie Sterk wurden ab 1930 regelmässig Kinoprogramme im *Fremdenblatt* publiziert. Kinovergnügen war nun ein weiteres Angebot in der Kurstadt. Am 18. Mai 1930 erfährt man über das «Radium»: «Seit einigen Wochen besitzen wir nun auch in der Bäderstadt den Tonfilm.»[256]

Entlang der Parkstrasse, dem Hauptzubringer in das Grand Hotel, entstanden weitere moderne Bauten, so 1905 für die Motor AG, später Motor-Columbus AG, die Finanzierungsgesellschaft der BBC. 1927 wurde gleich daneben das Verwaltungsgebäude des Stromunternehmens Nordostschweizerische Kraftwerke (NOK, heute Axpo) erbaut.[257] – Inwiefern sich die durch den Strom geprägte Seite der Parkstrasse mit der Vergnügen bietenden anderen Seite und dem Kino an der Ecke vermengten, ist nicht zu belegen. Gut möglich, dass die Konzerte und deren Pausen, in denen im Spielsaal «die anregenden Glückskugeln munterer denn je» rollten oder das Klavierspiel in der Bar (Neill Philipps) attraktiv waren für die Angestellten der Elektrizitätswirtschaft.[258]

Amerika kommt!

Bereits seit den Anfängen des Kursaals im 19. Jahrhundert bereicherten neben dem Kurorchester weitere professionelle Musikerinnen und Musiker aus Deutschland oder dem restlichen Europa das Pro-

Im *Fremdenblatt* wird am 27. März 1937 nicht ohne Stolz ein Bild mit Autoparkplatz im Kurpark gezeigt.

gramm. Ab den 1920er-Jahren weitete sich dieser Kreis der Gastmusikerinnen und Gastmusiker geografisch aus, es kamen aber auch neue Musikstile hinzu, so zum Beispiel Jazz.

Für die Zeit zwischen 1925 und dem Beginn des Zweiten Weltkriegs lässt sich eine erste Welle der Amerikanisierung des Programms ausmachen. Für den Sonntagabend, 1. Juli 1928, war nach dem Abendkonzert des Kurorchesters ein «Gastspiel des Welt-Champion-Tänzerpaares Fina & Levy Wine's mit ihrer berühmten Neger-Jazz-Band» angekündigt. Wer es sich ansehen wollte, hatte 2.50 Franken Eintritt – heute rund 20 Franken – zu bezahlen, Kurgäste konnten für 1.50 Franken in den Genuss dieses Gastspiels kommen.[259] In der nachfolgenden Sonntagsausgabe des *Fremdenblatts* vom 8. Juli findet sich eine Rezension des Anlasses, die sich rhetorisch überschlägt. Der Schreiber war offensichtlich begeistert, sein Text strotzt allerdings vor rassistischen Klischees: «Der Tanzboden wird auf einmal zum Schiffsdeck, wir glauben uns auf einem Ozeandampfer, vermeinen nach Wildwest zu fahren und ein Negermatrose, pardon, ein schwarzer Tänzer, tollt sich in Bewegungsrhythmen bis zum Wahnwitz aus. Der Negerjazz ertönt. Die Nacht ist tropisch schwül. Der Mann da vorn springt, nein, stürzt sich auf den Tanzboden, rast hin und her, peitscht ihn mit seinen Gliedmassen, bald streichelt er ihn, dann wieder hebt sich sein gertenschlanker Körper, bäumt sich auf und schnellt empor […].»[260]

Der Tanzstil war dem Schreiber ebenso neu wie die Jazzmusik, die zur Begleitung spielte, die Motive seien «grotesk, bizarr, straff und primitiv zugleich», ist in seinem Bericht zu lesen.[261] Zwar gab es in der Schweiz schon Ende des 19. Jahrhunderts ab und zu afroamerikanische Musik, doch die Verbreitung des Jazz folgte erst nach dem Ersten Weltkrieg. Die bürgerliche Presse kommentierte diese Aufführungen meistens abwertend und rassistisch. Gleichzeitig passte Jazz zur Amerika-Euphorie.[262] Tanzbegeistertes Publikum mochte Jazzmusik – Hotels und Kursäle folgten den Wünschen und engagierten entsprechende Musiker, die einheimischen Orchester nahmen neue Stücke auf. Die Popularität des Jazz in der Schweiz sei «weniger als kulturelle Revolution denn als kommerzielle Evolution» zu verstehen, sagt Musikspezialist Samuel Mumenthaler.[263]

Die Amerikanisierung reichte aber weiter. Das Kurorchester veränderte in den 1920er-Jahren auch sein Repertoire und nahm, beeinflusst vom neu-

Ein Artikel im US-amerikanischen *Music Educators Journal* vom März 1937 berichtet über die «Father Lach's Boys' Symphonic Band» und ihre Europatournee im Sommer. Ein Stopp sollte Baden sein.

Father Lach's Boys' Symphonic Band

IN THESE DAYS when the schools of our country are training amateur musicians on such an extensive scale, the question is often asked, What will these young people do to continue their music after graduation? The organization of a band known as Father Lach's Boys' Symphonic Band is the answer given to this question by the city of Whiting, Indiana.

This Band, which has complete symphonic band instrumentation, is composed of seventy members drawn from the present Whiting High School Band, with instrumentation balanced by a few post-graduate and high-school players from Hammond, East Chicago, Gary, and Hobart. Thus, Father Lach's Boys' Symphonic Band affords an opportunity for the outstanding musicians of Whiting, as well as those of neighboring cities, to continue their music activities with a higher degree of proficiency than was possible while they were attending school. The reason for this is that only the finest of players are admitted to the Band.

How Band Was Organized

Father Lach, who is pastor of the Immaculate Conception Slovak Church in Whiting, Indiana, organized a band in his parochial grade school in 1928. In 1931, Father Lach became so enthusiastic over the success of his band that he took the organization on a tour of the eastern states, playing for various Slovak colonies in that region. As a result of the tour several bands were organized among the Slovak people in the East. The young musicians soon were graduated from the eighth grade, after which they became members of the Whiting High School Band, under the direction of Adam P. Lesinsky, who came to Whiting in 1931. By the summer of 1935 most of the boys had been graduated from the Whiting High School. Shortly afterward, Father Lach decided to reorganize his band and augment it with outside players in order that these boys could continue to have an active part in music. It was this venture that brought Father Lach and Mr. Lesinsky together to form the band which is now known as Father Lach's Boys' Symphonic Band.

Although the name of the Band might suggest that the personnel is Catholic, such is not the case. There are many non-Catholic members in the organization, although more than 50 per cent are Catholic.

During the past two summer seasons, while the Whiting High School was not in session, Mr. Lesinsky devoted all his time to training the individual members of the band, and to holding sectional rehearsals. Rehearsals are now being held regularly each Tuesday evening and Sunday afternoon for a two-hour period. So, the Band, having developed a highly commendable quality of musicianship, has been booked for several concerts on artists' series. It has appeared in joint concert with John McCormack at Gary, Indiana, and with Ernest Ericourt, the French pianist, at Indianapolis, eliciting the most favorable comment from the press on each occasion.

After playing a few more concert engagements in the United States, Father Lach's Boys' Symphonic Band will make a European tour to include appearances in France, Czechoslovakia, Yugoslavia, Austria, Poland, Germany, Switzerland, Holland, Belgium, and Italy. The tour is scheduled for the 1937 summer season, and steamship reservations have been made accordingly.

---

en Tonfilm, amerikanische Tanzschlager in sein Repertoire auf. So spielte es 1930 zum Beispiel «The Wedding of the Painted Doll» aus dem Hollywood-Musical «The Broadway Melody».[264] «Amerika» kam aber auch im konventionellen Kleid zu Besuch im Kursaal Baden. Am 30. Juni 1937 trat die «Father Lach's Boys' Symphonic Band» in Baden auf. Das Orchester, geleitet von einem katholisch-slowakischen Priester namens Lach aus dem Bundesstaat Indiana, bestand aus siebzig Schülern der Whiting High School bei Chicago sowie einigen Musikstudenten und tourte im Sommer 1937 durch Europa; neben vier Auftritten in der Schweiz gab es Konzerte in Frankreich, der Tschechoslowakei, Jugoslawien, Österreich, Polen, Deutschland, den Niederlanden, Belgien und Italien.[265]

Bemühen um die Kurgäste

Dass die goldenen Zeiten des Kurtourismus vorbei waren, rückte nach dem Ersten Weltkrieg nicht nur in Baden ins Bewusstsein. Am 16. Dezember 1924 wurde deshalb zwecks Vernetzung und Zusammenarbeit ein Verband Schweizer Badekurorte gegründet. Gründungsort war Baden. Zu diesem Anlass reisten Verantwortliche nicht nur aus den Aargauer Kurorten Rheinfelden und Schinznach an, sondern auch vom Gurnigel bei Riggisberg, aus Knutwil, Lenk, Leukerbad, Lostorf, Passugg, Ragaz, Scuol Tarasp, Vulpera, St. Moritz, Tenigerbad im Val Sumvitg, aus dem Val Sinestra und aus Yverdon. An allen diesen Orten wurden Bade- oder Trinkkuren angeboten, das Interesse an Austausch und einem gemeinsamen Auftritt der Badekurorte war vorhanden (siehe S. 19ff.).[266] Man publizierte gemeinsame Broschüren, in denen die Schweizer Badekurorte als Ferien- und Erholungsorte vorgestellt wurden und bewarb sie so in der Schweiz und im Ausland.[267]

Für die Entwicklung vor Ort in Baden indessen war der Kur- und Verkehrsverein verantwortlich, der sich um Publikationen, Beiträge an Veranstaltungen, aber auch die Übersicht über alle Termine, um Telefonverbindungen, Fahrpläne und damit also um alle möglichen Anliegen, die Gäste betreffen könnten, kümmerte. Er war auch für die Pressebeziehungen zuständig und sammelte Berichte und Meldungen über Baden in den Schweizer Zeitungen und Zeitschriften.[268]

Das Kurorchester Ernö Kaisz verfügt in den 1930er-Jahren über verschiedene Instrumente, um das breite Repertoire – von Wiener Teehausmusik bis zu modernem Jazz – zu spielen.

Kursaal Baden, Orchester Kaisz

Im Nachgang zum Landesstreik von 1918 ermöglichten mehr und mehr Firmen ihren Arbeiterinnen und Arbeitern «Ferien». Der Begriff ist in den 1920er-Jahren neu in der Promotion des Kurorts. Im *Fremdenblatt* vom 8. Juli 1928 steht denn auch, dass Baden «stets mehr als ein Kurort» gewesen sei, wo «nicht nur vorzügliche Badekuren» geboten würden, sondern wo man «bei gediegenem Unterhaltungsprogramm im Kursaal und im Kurtheater auch einen schönen Ferienaufenthalt verbringen kann».[269] Dazu gehörten auch Aktivaufenthalte. Als Grund zur Kur werden zudem neu Sportverletzungen genannt; auch das neue Terrassenbad von 1934, das im Rahmen von Arbeitsbeschaffungsmassnahmen während der Wirtschaftskrise entstanden war, bot eine Möglichkeit zum Zeitvertreib.[270] Die Mehrheit der europäischen Bevölkerung konnte sich allerdings erst nach dem Zweiten Weltkrieg wirklich Ferien fern von zu Hause leisten. Vorher war das Reisen zum Vergnügen den vermögenden Gesellschaftsschichten vorbehalten, und die meisten Schweizerinnen und Schweizer verbrachten unter Lohnfortzahlung ihre Ferien zu Hause. Dadurch gewannen Erholungs- und Vergnügungsräume in oder nahe den Städten eine grössere Bedeutung, insbesondere Badeanstalten und Freibäder waren willkommene Ferienangebote für Daheimgebliebene.[271]

Zusammen mit dem Theater blieb der Kursaal daher allerdings sowohl für die Zugereisten als auch für die Einheimischen die Unterhaltungsstätte in der Sommersaison. «Wer ausspannen und sich gut unterhalten will, geht in den Kursaal», wurde er 1940 beworben. Hier fanden zwischen Juni und August Bunte Abende mit Schauspiel und Musik, Sommernachtsfeiern, Künstlerfeste und die Feuerwerke statt.[272] Um die Gäste spezifisch anzusprechen, bot der Kur- und Verkehrsverein ab den 1930er-Jahren einmal wöchentlich einen Gästeabend an. Zwischen Juni und September wurden im Kursaal je nach Jahr wöchentlich oder alle zwei Wochen jeweils am Montagabend entweder eine Lesung oder ein Vortrag eines Arztes oder Wissenschaftlers geboten. Die Bandbreite der Themen war gross und reichte von der Lesung eines Theatertexts über historische Vorträge bis hin zu Referaten zur Geologie Badens.[273]

Militärangehörige des Jahrgangs 1897 erhalten zur Feier ihrer Entlassung im Kursaal im Jahr 1957 ein reichhaltiges Essen.

Bei schlechtem Wetter spielte die Kurkapelle auf der kleinen Bühne im kleinen Saal, Aufnahme von 1952.

Paul Scherrer (links) und Walter Boveri (rechts) stehen anlässlich der Gründung der Reaktor AG im Restaurant des Kursaals um einen Tisch mit einem Modell des «Diorit», eines Forschungsreaktors, der 1960 in Würenlingen in Betrieb genommen wird.

Die Orchestergesellschaft Baden konzertiert 1974 im Kursaal, hier ein Bild der Hauptprobe.

Dirigent Robert Blum probt im Kursaal mit der Orchestergesellschaft, 1974.

Ein Knabe mit E-Gitarre und im Cowboy-Outfit tritt im Rahmen eines Tanzanlasses im Kursaal auf, 1960er-Jahre.

Jugendliche tanzen an einem durch Alois Müller organisierten Anlass im Kursaal, 1968.

Das Siegerpaar eines Ende der 1970er-Jahre stattfindenden Tanzturniers erhält ein Klappfahrrad geschenkt, persönlich übergeben von «Velomüller», dem Sponsor und Fahrradmechaniker Heinz Müller.

Tanzpaare im gut gefüllten Kursaal im Rahmen eines Amateur-Tanzturniers, 1970er-Jahre.

Das italienische Tanzpaar Isa und Dante Sarzo misst sich mit anderen an einem Turnier im Kursaal, 1970er-Jahre.

Drei junge Männer spielen an einem Tanzanlass im Kursaal am 7. Mai 1960 Mundharmonika. Links daneben steht Organisator Alois Müller.

Stadtsaal mit breitem Angebot

Der Kursaal sei sowohl «Zentrum des kurörtlichen gesellschaftlichen Lebens» als auch «Mittelpunkt des kulturellen Lebens und der Vereinsanlässe der Stadt Baden». So steht es im *Gästeblatt* vom 30. April 1955. Der grosse Saal, bald auch «Stadtsaal» genannt, diente der Ausrichtung von Konzerten und Tanzturnieren, in den zwei Nebensälen fanden kleinere Veranstaltungen statt. Dazu gab es das Restaurant Français und ein Dancing mit Bar. Wenn im Sommer auch die Terrasse bedient war und das Kurorchester spielte, dann habe «man so richtig das Gefühl von ‹Kurort› und ein wenig ‹Großstadt›», ist weiter zu lesen.[274] Noch immer galt in Baden der Sommer als Badesaison, zu der zahlreiche Gäste aus dem In- und Ausland anreisten. Allein in den neun Badehotels beidseits der Limmat wurden 1955 rund 123 000 Übernachtungen verzeichnet, in der zweiten Hälfte der 1960er-Jahre und bis 1971 waren es jeweils zwischen 152 000 und 161 000 Übernachtungen. Anschliessend sank die Zahl. Mitte der 1980er-Jahre verzeichnete man noch um die 85 000 Übernachtungen in den nunmehr sechs Badehotels[275] – immer eingerechnet die Geschäftsreisenden, die jedoch im Rahmen von Tagungen und Kongressen wohl ebenfalls den Kursaal besuchten.[276] Die florierende Wirtschaft war für die Attraktivität des Kurorts nicht förderlich. Baden hatte mit Verkehrsproblemen zu kämpfen – eine der Hauptverkehrsachsen führte durch das Bäderquartier in Ennetbaden entlang der Limmat und über die Schiefe Brücke zum Kursaal. Ausserdem mussten Parkplätze für die immer häufiger mit dem Auto anreisenden Gäste geschaffen werden.[277] Die Kurstadt Baden kämpfte zusehends mit ihrem Ansehen.

Nicht nur gehobene Veranstaltungen

Der Blick in die *Fremdenblätter* zeigt: In den 1950er-Jahren war der Takt wie bereits in den Jahrzehnten zuvor klar. In der Hochsaison spielte das Kurorchester vormittags um 10.45 Uhr, nachmittags um 16 Uhr und abends um 20.30 Uhr – teilweise mit Spezialprogrammen wie dem Operettenabend, bei denen Stücke aus verschiedenen populären Werken wie «Eine Nacht in Venedig» von Johann Strauss (1825–1899) oder «Gasparone» von Karl Millöcker (1842–1899) zur Aufführung gelangten. Samstags jeweils war das Dancing bis nachts um halb zwei Uhr geöffnet. Hier gab es manchmal Burlesque-

Tänzerinnen zu sehen.[278] Auch traten andere Musikformationen auf, so «The Peters Sisters», ein US-Trio afroamerikanischer Sängerinnen.[279]

Der Kursaal war aber längst nicht mehr nur Sommer-Veranstaltungsort für das Vergnügen der Kurgäste – und sonntags der Einheimischen. Hier fanden ganzjährig Vereinsversammlungen, politische Diskussionen, Orientierungsabende, Kongresse und Bankette statt (siehe S. 172). Hans Finster, Kursaaldirektor zwischen 1968 und 1976, schlug 1970 daher vor, den Kursaal in der Zukunft als «Gemeindesaal gehobenen Stils» zu denken.[280] Diese vornehme Funktion erfüllte der Saal als «Stadtsaal» dann, wenn der Konzertfonds zu Abenden mit professionellen Orchestern, Sängerinnen und Sängern einlud. Schon seit 1944 ermöglichte der Fonds Klassik-Programme. Für die Organisation waren neben Ernst Schaerer, Musiklehrer an der Bezirksschule, angesehene Frauen und Männer aus Baden zuständig, darunter zum Beispiel der BBC-Direktor Walter Lang (1910–1978). Der Besuch der Konzertfonds-Abende gehörte bei ihnen zum guten Stil. Bis zum Umbau des Kursaals in ein Grand Casino ab 2000 fanden die Konzerte im grossen Stadtsaal statt, ab seiner Eröffnung 2003 bis zur Aufhebung des Fonds 2010 im Trafosaal.[281]

Auch Laienorchester nutzten, wie bereits zuvor, den Kursaal als Auftrittsort. Die Orchestergesellschaft Baden konzertierte immer im Kursaal. Prägend für dieses Orchester war Dirigent Robert Blum (1900–1994), der es ab 1925 während Jahrzehnten leitete. Bis heute in Erinnerung geblieben sind vielen auch die Auftritte des Militärspiels des Unteroffiziervereins unter Leitung von Berth Jud (1917–2002). Das Spiel bestand in den 1970er-Jahren aus rund hundert Männern und vermochte bei seinen Konzerten jeweils die 700 Plätze im Kursaal zu besetzen. Jud führte in Baden einen Coiffeursalon und unterhielt auch ein Unterhaltungsorchester, mit dem er im Dancing im Nordflügel des Kursaals musizierte. Dieses Dancing war in den 1960er- und 1970er-Jahren ein beliebter Treffpunkt – sogar Boxlegende Muhammad Ali (1942–2016) kam nach einem Besuch des Kurtheaters am 18. Dezember 1971 hier an die Bar und gab Autogramme.[282]

Der Kursaal bot auch Raum zur Überbrückung bei Platznot. Im Jahr 1961 wurde in Baden eine Kantonsschule gegründet – vorerst ohne Schulhaus. Sie war vorübergehend im «Klösterli», dem ehemaligen Kapuzinerinnenkloster an der Mellingerstrasse, untergebracht. Erst 1964 öffnete das neue Kantonsschulhaus mit eigener Aula. In der Zwischenzeit

Auf der Terrasse des Kursaals spielt das Orchester, an den Tischchen und auf Bänken sitzt das Publikum. So hielt die aus Zofingen stammende Malerin Elisabeth Hostettler (1921–1997) eine Szene fest, die sie aus Baden in Erinnerung hatte.

fanden die Schultheateraufführungen deswegen im Kursaal statt.[283]

Raum für Tanz – und die Fasnacht

Seit den 1930er-Jahren war der Kursaal ein beliebter Ort für nationale und internationale Tanzturniere. Viele davon wurden durch Alois Müller (1912–1994) organisiert, der ab 1932 in Baden eine Tanzschule führte und selbst preisgekrönter Turniertänzer war.[284] Eine Attraktion war der Tanzanlass vom 30. April 1955, an dem Tanzpaare aus Belgien, Deutschland, Holland, Österreich und der Schweiz beteiligt waren und der im Schweizer Fernsehen übertragen wurde. Das TV war ein Novum: Erst seit 1953 sendete das Schweizer Fernsehen ein regelmässiges Programm.[285]

In den 1950er- und 1960er-Jahren fanden im Kursaal unter der Ägide von Müller zahlreiche Ausgaben des Turniers «Grosser Preis von Europa» statt. Die Musik wurde immer live gespielt durch das Kurorchester von Mario Manazza. Mehrfach führte Müller Tourneen durch mit Aufführungen von Tanzpaaren in Baden und weiteren Schweizer Kurorten wie Gstaad oder St. Moritz.[286] In den 1970er-Jahren war der Cityball von Müllers Tanzclub Rot-Weiss-Baden ein Traditionsanlass in der Schweizer Tanzszene, auch Schweizer Meisterschaften im Standard- und Lateintanz fanden im Kursaal statt. 1991 feierte der Tanzclub mit viel Prominenz sein 25-Jahr-Jubiläum – im Kursaal.[287]

Das Kursaalgebäude diente ausserdem als Vereinslokal. Dies lässt sich am Beispiel der Fasnacht zeigen: Im Keller wurden Instrumente gelagert, hier fanden in den 1970er-Jahren auch Trommelproben statt. Zwischen den 1970er- und dem Ende der 1990er-Jahre gehörte der Maskenball des Fussballclubs Baden, der FC MABA, zu den wichtigen Anlässen während der Narrenzeit. Nach dem Umbau in den 1980er-Jahren wurde hierfür jeweils das ganze Stadtcasino geschmückt – vom Saal über das Restaurant bis zum «Au Premier»; eine Bar befand sich in der Tiefgarage. Zum Fasnachtsprogramm gehörten der Kinderball und das Schnitzelbankabsenden, organisiert durch die Spanischbrödlizunft Baden.[288] Für die lokale Bevölkerung war klar: Der Kursaal ist ihr Stadtsaal.

Tanzpaare an einem Anlass im Kursaal Ende der 1960er-Jahre. Links spielt das Live-Orchester, im Hintergrund beobachten die Preisrichterinnen und Preisrichter die Tanzpaare.

Theateridentität dank St. Gallen

Seit jeher gehörte auch das Theater zum sommerlichen Kulturangebot in der Stadt, von dem die einheimische Bevölkerung der ganzen Region Gebrauch machte. Doch: «Die Besucherfrequenz unserer Sommerspielzeit ist in den letzten Jahren zurückgegangen», schrieb die Autorin und Schauspielerin Rosmarie Keller-Borner 1976 in ihrem Artikel zum 50-Jahr-Jubiläum des St. Galler Stadttheaters in Baden.[289] Womöglich ahnte sie damals, dass dies die zweitletzte Sommersaison des Ensembles aus der Ostschweiz in Baden gewesen war. Die St. Galler Schauspielerinnen und Schauspieler mit Theaterleiter und Bühnenpersonal gehörten seit 1926 mit ihrem reichen Programm zu den Badener Sommern; Kurgäste wie Einheimische erwarteten ihre Ankunft jeweils sehnsüchtig. Bis 1951 traten sie im Sommertheater auf, ab 1952 im neuen Kurtheater. Auf dem Programm standen Sprechtheater, Tanz und Operetten.[290]

Wie kam es zu diesem Austausch, der insgesamt 51 Jahre dauerte? In Baden hatte man 1924 eine Theaterstiftung gegründet, mit dem Ziel, ein neues Theater zu errichten. Noch war nicht genügend Geld beisammen, auch der Standort für ein Theatergebäude stand zur Debatte, selbst ein Ensemble zu unterhalten, war nicht möglich. Das Sommertheater im Kurpark sollte jedoch während der Badesaison ein Programm bieten. Im Jahr 1925 suchte die zuständige Badener Kursaalgesellschaft nach einer Lösung für die Programmwünsche und kam mit dem Präsidenten der Stadttheater AG St. Gallen Ulrich Diem (1871–1957) in Kontakt. Dieser wiederum hatte gerade an verschiedenen Fronten zu kämpfen: Er ersuchte die Stadt St. Gallen um höhere Subventionen für sein Theater, dem es an Geld mangelte, und war mit organisatorischen Fragen befasst. Mit den Badenern einigte er sich rasch auf eine Sommerspielzeit auf eigenes Risiko (bis 1949, als die Theaterstiftung in Baden das Risiko übernahm). Im Jahresbericht 1925/26 der Stadttheater AG ist zu lesen, dass der Gastspielvertrag mit der Kursaalgesellschaft «die erstmalige Verwirklichung des seit langen Jahren brennenden, sozialen Postulates» gebracht habe: «Die Befreiung des Darsteller-Personals von den drückenden Sorgen der engagementslosen Sommermonate.»[291] Für Schauspielerinnen und Schauspieler war ein Vertrag mit St. Gallen nun attraktiv, da es sich um Ganzjahresengagements handelte. Das Theater St. Gallen erhoffte sich dadurch, die Qualität seines Ensembles zu verbessern.

Das Kurtheater als Werbesujet der 1970er-Jahre. Zu diesem Zeitpunkt gibt es eine Sommer- und eine Wintersaison.

Die bald etablierten Gastspielsommer mit über achtzig Vorstellungen in Baden dauerten anfänglich von Juni bis September, verkürzten sich dann aber in den 1970er-Jahren auf eine Spielzeit von Juli bis Anfang September mit rund sechzig Aufführungen.[292] Im Vorfeld des St. Galler Theaterneubaus von 1967 begannen sich die Diskussionen rund um die Rentabilität, aber auch um Sinn und Zweck der St. Galler Sommerspielzeit in Baden zu intensivieren. Eine Sommerspielzeit brachte nicht nur die positive ganzjährige Auslastung mit sich, sie äusserte sich finanziell und organisatorisch auch bald als zu aufwändig.[293] Dennoch wurde 1976 das 50-Jahr-Jubiläum der Sommersaisons in Baden gefeiert – trotz Teuerung im Nachgang zur Wirtschaftskrise ab 1973/74 und trotz dem Faktum, dass der Badener Kursommer an Bedeutung verloren hatte. Mittlerweile bestand das Theaterpublikum primär aus Einheimischen. 1977 fand die letzte Sommerspielzeit statt. Nach 51 Jahren wurde die Sommerspielzeit sistiert, stattdessen wurden St. Galler Produktionen zwischen Herbst und Frühling in den regulären Spielplan des Kurtheaters Baden eingebaut. Die Badener Kursommer mit Theater hatten ein Ende gefunden.[294]

Erinnerung an alte Zeiten

Ab Ende der 1960er-Jahre fanden die Nachmittagskonzerte des Kurorchesters nicht mehr nur im Kursaal statt, sondern auch im Bäderquartier, das 1963 ein modernes öffentliches Thermalbad erhalten hatte. Die Stadt Baden eröffnete hier 1969 mit der Städtischen Trinkhalle einen neuen Veranstaltungsort für Anlässe in den Bädern. Er sollte Kurgästen, aber auch Einheimischen dienen.[295] Hier veranstaltete der Kur- und Verkehrsverein wöchentliche Empfänge für die Kurgäste mit anschliessendem Altstadtbummel, auch Anlässe wie «Seniorentanz» standen auf dem Programm. Das Nachmittagskonzert des Kurorchesters fand in den 1970er- und 1980er-Jahren jedoch weiterhin im Kursaal statt. Um 1980 gab es kein Orchester mehr, nur noch den Pianisten Adone Grossi (1924–2010), der teilweise mit Violinisten auftrat. Ein Beitrag des Schweizer Fernsehens vom Oktober 1980 zeigt, dass er die Kurgäste – das waren nunmehr vor allem ältere Personen – begeisterte.[296]

Wie Baden kein Kurort mehr war und der Kursaal in der Folge seine Funktion als Zentrum des Kurlebens verloren hatte, begann sich die Erinnerungskultur zu intensivieren. 1975 fand das «Musiläum» statt, das nebst 100 Jahren Kursaal

Ein Paar schlendert durch den Kurpark, Fotoshooting des Kur- und Verkehrsvereins für eine Werbekampagne der 1970er-Jahre.

Gäste verweilen auf der Terrasse des Kursaals und blicken in Richtung Park, Fotoshooting für eine Werbekampagne der 1970er-Jahre.

und 100 Jahren Historisches Museum auch einer Reihe weiterer runder Zahlen gedachte: 300 Jahre Badener Theaterstätten, 150 Jahre Orchestergesellschaft Baden, 75 Jahre SAC Sektion Lägern, 75 Jahre Radfahrerbund und 50 Jahre Robert Blum als Dirigent der Orchestergesellschaft. Einer der Veranstaltungsorte im «Musiläum»-Rahmen war der Kursaal.[297]

Ein Jahrzehnt später, vom 23. August bis zum 1. September 1985, fand das vom Kur- und Verkehrsverein, namentlich Direktor Walter Wenger (1944–1993), organisierte Bäderfest statt. Sein Ziel: auf das Verkehrsproblem aufmerksam machen, mittelfristig das Bäderquartier vom Strom der Autos befreien und beidseitig der Limmat eine «Riviera» entstehen lassen.[298] Dazu sollte auch die Kurgeschichte der Stadt wieder in Erinnerung gerufen werden – mit dem «Grossen Badener Kurmusik-Festival» im Kursaal, an dem die Orchestergesellschaft Baden, das aufgestockte Kurorchester Adone Grossi, das Badener Vokalensemble und das Schülerensemble der Musikschule Baden auftraten. Das Motto: «2000 Jahre Bädertradition Baden/Ennetbaden». Eine Festzeitung informierte zum Programm und erinnerte mit dem Slogan «Baden – Kurort mit Kultur und Kurzweil» an die Essenz der Bäderstadt.[299] Wenger war beseelt davon, die Kurstadt Baden wiederaufleben zu lassen – und er hatte wirtschaftliche Argumente dafür. Die Wertschöpfung des Fremdenverkehrs betrage in Baden allein 50 Millionen Franken jährlich, sagte er 1989.[300] Das dreitägige Kurmusikfestival im Kursaal blieb danach bis 1995 ein fixer sommerlicher Programmpunkt und vermochte den Stadtsaal zu füllen.[301]

Musikalische Unterhaltung wurde ansonsten in der Trinkhalle geboten. Diese war 1989 um einen Glasanbau über der Limmat erweitert worden, der als Café und Restaurant betrieben wurde.[302] Das neu umgebaute Casino spielte für den Bädertourismus kaum mehr eine Rolle und warb mit Jeu de Boule, öffentlichen Konzerten und Lottoabenden vor allem um lokale und Tagesgäste.[303] Ab 1989 hatte im Nordflügel das «Joy» Bestand, das mit Bar und Dancing weiteres Publikum anzog.[304] Weiterhin versammelten sich auch Badener Vereine im Kursaal, denn sie erhielten bei ihren Anlässen eine Mietvergünstigung.[305]

Nach Wengers Tod 1993 übernahm Blandina Werren (*1960), die bereits seit 1989 beim Kur- und Verkehrsverein gearbeitet hatte, die Funktion als Kurdirektorin. Für sie stand nicht mehr das Wiederbeleben des Kurbetriebs nach alten Mustern

Das Salonorchester Romantica spielt im Rahmen des fünften Kurmusikfestivals 1989 im Kursaal.

Ein Anlass des Kurmusikfestivals 1990 im Garten des neu erweiterten Pavillons in den Bädern.

Im Rahmen des Bäderfests 1985 errichten die Organisatoren ein hölzernes Bad auf dem Kurplatz. Mit dem Fest sollte auf die Kurtradition Badens aufmerksam gemacht werden – und auf den vielen Autoverkehr bei den Bädern. Ein Teil des Fests fand im Kursaal statt.

im Zentrum, sondern die Aufnahme neuer Trends: Gäste waren nun Tagesgäste, die Wellness suchten, oder Businessleute, die einen kurzen Abstecher in die Bäder machten. Das Stadtcasino mit seinen Angeboten – Werren war Verwaltungsrätin der Aktiengesellschaft – war einer von zahlreichen Orten, die touristisch vermarktet werden konnten. Ab 1995 gab es keinen wöchentlichen Gästeempfang mehr, denn Wochengäste waren nunmehr rar.[306]

Die Stadtcasino Baden AG vermarktete sich in den 1990er-Jahren als Ort für Kongresse, mit abendlicher Pianomusik, Dancing und der Möglichkeit, den Stadtsaal für Konzerte zu mieten. Im öffentlichen Kurpark veranstaltete die Sterk Cine AG in den 1990er-Jahren und bis nach dem Umbau zum Grand-Jeu-Casino 2002 jeweils im Sommer ein Openair-Kino. Ab 1995 wurde dann das Automatencasino zu einem zentralen Magnet für die Gäste des Kursaals (siehe S. 185ff.).[307]

Die Band Rotosphere spielt im Mai 2017 im Rahmen der Jamsession am Bluesfestival Baden im Nordflügel. Gitarrist Nic Niedermann (rechts) ist auch verantwortlich für die Afterwork-Musikreihe.

Entertainment im Zeitalter der Events

In den 1990er-Jahren standen in Baden viele ehemalige Industriegebäude leer. Die Brachen der ehemaligen BBC und der Firma Merker waren jedoch nicht unbelebt: Auf dem BBC-Areal wurden in der «Halle 36» grosse Partys gefeiert, im «Kuba» an der BBC-Strasse 1 trafen sich Menschen aus der alternativen Kulturszene, an der Bruggerstrasse 37 gab es das «Merkwürdig» und das Jugendlokal «Merkker», im «Brennpunkt» gleich hinter dem Fabrikgeviert besuchte man die Bar oder Variétés.[308] Nach einer längeren Planungsphase entstand an diesen Orten neue Infrastruktur für Kultur und Unterhaltung – die «lange Nachtmeile» veränderte sich. Dazu schrieb die Journalistin Sabine Altorfer 2001: «Und wenn das Casino seine Grands Jeux spielt, Sterks Multiplex-Kino eröffnet wird und der Stadtsaal in den ‹Trafo› zieht, dann ist Badens Szene eine andere als vor wenigen Jahren.»[309] Der ehemalige Stadtsaal im Casino war schon seit Juli geschlossen, das neue Entertainment-Center Trafo seit August 2001 in Bau.[310] Hier sollte der neue Stadtsaal entstehen.

Mit Werbung einen Namen machen

Im Juli 2002, nur wenige Wochen nach dem Empfang der A-Konzession, öffnete das neue Grand Casino Baden im ehemaligen Kursaal seine Türen, ab November waren im Trafo-Multiplexkino Filme auf der Leinwand zu sehen, ab Mai 2003 konnten im Trafosaal Grossanlässe stattfinden. Das neue Trafo sei das «beste und aktuellste» Beispiel dafür, dass die Holding «das Umfeld des Casinos» pflege, sagte Verwaltungsratspräsident Peter Blöchlinger.[311] In Baden war man voller Hoffnung: Das neue Grand Casino werde die Region wirtschaftlich stärken, der Trafosaal sei ein würdiger Nachfolger für den Stadtsaal im ehemaligen Kursaal und werde «vor allem im sinfonischen Bereich als neuer Veranstaltungsort für Resonanz sorgen», war in den Badener Neujahrsblättern zu lesen.[312] Tatsächlich war das Grand Casino ein wirtschaftlicher Erfolg und die Räume im Trafo etablierten sich als Ort für Grossanlässe und zogen ein überregionales, bei Konferenzen auch internationales Publikum an.

Wie genau gestaltete sich aber das Angebot im ehemaligen Kursaal? Die A-Konzession war mit der Auflage verbunden, neben Poker, Roulette, Blackjack

Blick in den Nordflügel mit den Pokertischen Mitte der 2000er-Jahre. Baden war in dieser Zeit das «Pokermekka» der Schweiz.

Spieler pokern im «Au Premier» an einem Turnier im Jahr 2013. Zu diesem Zeitpunkt werden die Pokertische für einzelne Anlässe aufgestellt.

und Würfelspielen ein breites Angebot an Vergnügungsmöglichkeiten auszugestalten. Das ehemalige «Joy» war nach dem Umbau zum «Pokermekka» geworden,[313] zu dem Freunde des Kartenspiels aus der ganzen Schweiz nach Baden pilgerten und hier um Meistertitel spielten. Hier gab es nun keinen Platz mehr für Konzerte und Dancing. Auf der Südseite existierte im Parterre weiterhin das Restaurant, das von der lokalen Bevölkerung – die es noch immer den «Kursaal» nannte – besucht wurde. Für Familienfeste konnten Räume im «Au Premier» gemietet werden. Dieses Publikum begab sich indessen kaum in den Spielsalon. Dafür frequentierten Menschen aus dem Grossraum Zürich und darüber hinaus die Spielsäle, kehrten aber nur selten im Restaurant ein.[314] Viel mehr Platz für zusätzliche Angebote war im Gebäude nun nicht mehr vorhanden. Konferenzen, Sitzungen und Anlässe fanden im «Au Premier» statt. Um ein wirklicher Ort der Unterhaltung zu werden, brauche es einen Annexbau, war der Verwaltungsrat überzeugt. Das Projekt wurde 2010 aus verschiedenen Gründen «vorläufig» beerdigt (siehe S. 75).[315]

Trotz fehlender Möglichkeiten, ein ausgedehntes Unterhaltungsprogramm auszurichten, setzte die Werbung auf die reiche Abwechslung eines Abends im Grand Casino Baden: Die erste Kampagne trug den Titel «Einmal anders ausgehen» und zeigte prominente Männer, die sich im Smoking präsentierten; spätere Kampagnen nahmen dann nicht mehr den gehobenen Ausgang in den Fokus, sondern den Spielspass mit den Slogans «Verdammt spannend» (2004) und «Baden im Glück» (2006) – auf den Bildern waren Männer in ausgelassener Stimmung und im zweiten Fall sexistisch inszenierte Frauen zu sehen.[316] Diese Kampagne von 2006 führte zu öffentlichen Debatten und einer Rüge der Schweizerischen Lauterkeitskommission. Wirtschaftlich erwies sich die Publizität für das Grand Casino Baden jedoch als Erfolg.[317]

Unterhaltung als Ziel

Das Zeitalter der Events brach im Grand Casino Baden dann 2012 an: Zusammen mit der Werbekampagne und dem neuen Slogan «House of Entertainment» wurde der Club Joy im Nordflügel (wieder) eröffnet. Weichen mussten dafür die Pokertische, die von nun an nur noch für einzelne Turniere aufgestellt wurden. Das Badener «Unterhaltungshaus»

Frauen und Männer feiern an einer Casinoparty im «Au Premier» des Stadtcasinos Baden.

setzte sich zum Ziel, mit der «Mischung aus Spiel, Events und Gastronomie»[318] Gäste anzusprechen. Einerseits geschah dies durch bereits früher gut funktionierende saisonale Anlässe – zum Valentinstag ein Dinner, zu den Olympischen Winterspielen ein spezieller Spielanlass, zum Sommeranfang eine Party im «Au Premier», ein Christmas-Dinner mit Musik oder eine Silvesterparty im Club Joy mit Mitternachtsshow. Andererseits gab es bewusst auf Zielgruppen ausgerichtete Anlässe wie die Ladies Night mit Drinks, Chippendales und Spiel, Pokerturniere oder Lottonachmittage.[319]

Zwei kulturelle Formate etablierten sich in den 2010er-Jahren: die Afterwork-Musikabende, die jeweils donnerstags stattfanden und für die ab Ende 2013 der Badener Gitarrist Nic Niedermann (*1963) verantwortlich war, sowie Comedy-Anlässe, kuratiert vom australisch-schweizerischen Comedian Rob Spence (*1966). Ab 2016 wurde das Format mit Auftritten der Schweizer Comedy-Szene als «Baden lacht» beworben – und war jeweils rasch ausverkauft. In der Schweiz bekannte Comedians wie Stéphanie Berger (*1977), Stefan Büsser (*1985) oder Peach Weber (*1952) traten im Casino auf. Die Corona-Pandemie unterbrach die Wachstumsserie von fast 900 Events im ehemaligen Kursaal ab Februar 2020 jäh. Die Zeit wurde für den Umbau des Restaurants genutzt, das ab Ende 2020 neu ausgestattet «Plü» hiess. «Baden lacht» hingegen wurde unter Vorsichtsmassnahmen 2020 als auch 2021 durchgeführt. Ab 2022 normalisierte sich das Angebot gewinnbringend. Die «Mischung aus Spiel, Events und Gastronomie» war ein nachhaltiges Rezept.[320]

Kinder am Fasnachtsball 1953 warten gespannt darauf, was auf der Bühne passiert.

Im grossen Saal, dem Stadtsaal, feiern die Kinder 1991 Fasnacht.

Guggen treffen am 11. November 1994 zum Auftakt der Fasnacht im Casino ein.

Der Saal bietet den Schauplatz für den Fasnachtsball FC MABA, hier 1991.

Der Kursaal wird in der zweiten Hälfte des 20. Jahrhunderts für viele Vereinsaktivitäten genutzt: Hier nähen Mitglieder der Vereinigten Fasnachtsgruppen Baden Anfang 1993 im ersten Stock des Casinogebäudes die Verzierung für die Weite Gasse und die Badstrasse.

Illustrationen: Belebter Kursaal mit Park

Julien Gründisch

Kursaal und Kurpark waren darauf ausgerichtet, Veranstaltungen zu beherbergen, um Menschen damit Vergnügen zu bereiten und Austausch zu ermöglichen. Im Gegensatz zum lebendigen Treiben zeigen die historischen Bilder des Kursaals und des Kurparks nur sehr selten Menschen. Und die Veranstaltungsprogramme, die uns überliefert sind, enthalten kaum Bilder. Julien Gründisch hat sich die historischen Fotografien angeschaut und sie als Illustrator aus neuen Blickwinkeln mit Leben gefüllt.

1870 – Vor dem Bau des Kursaals und des Kurparks finden auf dem Haselfeld archäologische Grabungen statt. Hier befand sich einst ein *Vicus*, eine römische Siedlung. Unter anderem legen die Arbeiter einen Brennofen aus der Römerzeit frei.

1890 – Eine der Attraktionen im Kursaal ist das Antiquitäten-Kabinett – das erste Museum der Stadt. Die Sammlung, die hier zu sehen war, befindet sich heute im Historischen Museum Baden.

1890 – Im Kursaal gibt es ab 1887 einen Rösslispielapparat. Seither wird hier um Geld gespielt – ursprünglich nur mit kleinen Einsätzen.

1900 – Die Kurkapelle Baden spielt in der Konzertmuschel auf der Ostseite des Kursaals. Seit Bestehen des Kursaals und bis in die 1960er-Jahre hinein gehören ihre täglichen Auftritte in der Saison zum Programm.

1900 – Kurpark und Kursaal sind bis 1970 von einem Zaun umgeben. Wer sie besuchen möchte, bezahlt Eintritt – spezielle Anlässe ausgenommen.

1900 – Im Jugendstilsaal spielt die Kurkapelle, und Gäste finden sich zu Tanzveranstaltungen ein.

1920 – In den Konzertpausen spielen die Gäste Boule in einem der Salons – das Boule-Spiel war ab den 1900er-Jahren der Nachfolger des Rösslispiels.

1920 – Zum Vergnügungsangebot des Kurbetriebs gehört bis zum Bau des Kurtheaters das Sommertheater. In der Spielzeit gibt es hier mehrmals pro Woche Stücke zu sehen.

1930 – In der Küche im Untergeschoss des Kursaals herrscht in den Sommermonaten in der Saison Hochbetrieb.

1940 – Auch im purifizierten Hauptsaal von 1932 finden Konzerte statt. Auf der Konzertbühne findet die Kurkapelle Platz – oder ein Pianist.

1960 – Im Hauptsaal mit Bühne – hier nach dem zweiten Umbau von 1952 – finden neben Konzerten auch Konferenzen statt.

1997 – Im Automatencasino wird ab diesem Jahr eifrig Glücksspiel betrieben.

2010 – Menschen spielen Kubb. Der Kurpark ist ein Treffpunkt im Zentrum der Stadt Baden.

2023 – An der Badenfahrt 2023 befindet sich mitten im Kurpark und neben dem Stadtcasino die Kinder- und Jugendwelt.

Der Kursaal als Betrieb

Andrea Ventura

4

Ein Team arbeitet 1928 in der Küche im Untergeschoss des Kursaals. Der Kursaalbetrieb ist seit jeher personalintensiv. Im Hinter- und Untergrund wirkt eine Vielzahl von Mitarbeitenden zum Wohl der Gäste.

Der Kursaal als Betrieb beeindruckt durch seine Langlebigkeit. Diese beruht zum einen auf seiner Wandlungsfähigkeit, zum anderen auf dem Engagement der Stadt. Die Wandlungsfähigkeit wurde dadurch begünstigt, dass der Betrieb von Anfang an auf drei Beinen stand: Er war Kulturhaus, Stadtsaal und Casino zugleich. Im Lauf der Jahre und als Reaktion auf wechselnde Umstände verlagerte er sein hauptsächliches Standbein vom Kulturhaus zum Stadtsaal und schliesslich zum Spielcasino. Das Engagement der Stadt sicherte in finanziellen Notzeiten das Überleben des Kursaals: in seinen von Bauschulden geprägten Anfangsjahren 1875 bis 1893 und während seiner Ertrags- und Identitätskrise von 1970 bis 1995. Dieser Beitrag stellt den Kursaal als Betrieb ins Zentrum, der heute so rentabel ist wie nie zuvor. Und er erzählt vom wirtschaftlichen Auf und Ab des Unternehmens.

Ein Kulturhaus für Kurgäste

Bei seiner Gründung wurde der Kursaal in erster Linie als Kulturhaus für Kurgäste konzipiert. Er sollte ein vielfältiges, abwechslungsreiches Unterhaltungsangebot bereitstellen – hotelübergreifend, für den ganzen Kurort. Aus betrieblicher Sicht stellte sich die Frage, wie sich das Ganze finanzieren liess. Die Antwort: durch Verteilung der Kosten auf verschiedene Portemonnaies. Immer zur Kasse gebeten wurden die Nutzniessenden des Kursaals, Kurgäste und Badehoteliers, sowie sonstige Veranstaltungsbesucherinnen und -besucher. Wenn deren Beiträge nicht genügten, dann sprang die Eigentümerin ein und übernahm das Defizit: zunächst die Kurhaus-Gesellschaft AG, später die Stadt.

Das Modell der 1870er-Jahre kam ab den 1930er-Jahren aus mehreren Gründen ins Wanken. Attraktive Unterhaltungsangebote gingen an andere Anbieter über, beispielsweise das Kurtheater an die Theaterstiftung. Ausserdem zogen sich die Badehoteliers nach knapp vierzig Jahren aus dem Betrieb des Kursaals zurück und überliessen ihn ab 1932 wieder der Ortsbürgergemeinde. Die Ortsbürger steckten beim Kursaal im Zwiespalt zwischen Gemeinnutzen und Profitabilität. Als sich nach dem Zweiten Weltkrieg die zahlungskräftige Kundschaft veränderte und Einheimische statt auswärtige Kurgäste das Geld brachten, taten sie sich schwer damit, angemessen darauf zu reagieren.

Gemeinsame Einrichtungen für das Publikum

Zurück zu den Anfängen: 1865 entstand der Kurverein Baden. Dieser engagierte eine Kurkapelle, die zwischen Juni und Oktober aufspielte. Im ersten Vereinsjahr beliefen sich die Ausgaben auf fast 14 000 Franken, wovon die Hälfte an die Kurkapelle ging (7000 Fr.). Ausserdem leistete der Verein eine finanzielle Unterstützung ans Theater (500 Fr.), legte Geld für einen Musikpavillon zurück (335 Fr.), kaufte hundert Rohrsessel (250 Fr.), schaltete Inserate in auswärtigen und ausländischen Zeitungen (knapp 500 Fr.) und liess Drucksachen produzieren (350 Fr.). Finanziert wurde das Ganze über Kurtaxen (9300 Fr.) und Beiträge der Vereinsmitglieder (4000 Fr.). Auch das Rentamt der Ortsbürger und das Stiftsamt der Chorherren gaben Geld (300 bzw. 200 Fr.). Drei Jahre später hatten sich die Einnahmen kaum verändert, doch die Ausgaben waren gestiegen, da die Kapelle deutlich teurer geworden war (8700 Fr.) und sich der Posten für Inserate und Drucksachen verdoppelt hatte (1600 Fr.).[321]

Dieses Muster, die Kosten für kurörtliche Einrichtungen auf viele Beitragszahlende zu verteilen, zog sich weiter, auch nach der Eröffnung des Kursaals 1875. Einige Jahre später, als es um die Finanzierung des Betriebs an diesem neuen Ort ging, leisteten die Badehoteliers der Grossen Bäder eine Subvention, die sich aus der Anzahl Logiernächte berechnete. Anfang 1890 wurde der Vertrag zwischen den Hoteliers der Grossen Bäder und der Einwohnergemeinde Baden erneuert. Darin verpflichteten sich die Hoteliers, «freiwillig und für die Dauer von vier Jahren» sieben Rappen pro Logiernacht abzuführen. Im Gegenzug verpflichteten sich Stadtrat und Einwohnergemeinde, dafür zu sorgen, dass der Kursaalbetrieb trotz Defiziten ungeschmälert fortgeführt wurde. 1902 kam es zu Neuerungen in der Subventionsvereinbarung: Der Kreis der Zahler erweiterte sich auf alle Badehoteliers der Grossen und Kleinen Bäder, und die Verwendung der Gelder wurde zweckgebunden für die Vermarktung des Kurorts und die Rückzahlung von Schulden der Betreibergesellschaft.[322]

Ein Kurhaus mit Park ist teurer als gedacht

Musik und Werbung für den Kurort waren in den 1860er-Jahren nur der Anfang: Als Nächstes plante der Kurverein ein Kur- und Konversationshaus, das Badegästen aus allen Hotels als Treffpunkt und Versammlungsort dienen sollte. Als Projektträger wurde im Juni 1871 eine Aktiengesellschaft gegründet, die Kurhaus-Gesellschaft AG. Sie sollte mit einem Kapital von 300 000 Franken ausgestattet werden. Im Verwaltungsrat sassen der Hotelier Franz Joseph Borsinger vom Verenahof (1822–1905), der Stadtammann Joseph Zehnder, sein Amtsvorgänger Fürsprech Friedrich Bürli, der Kreisförster Emil Baldinger, der Gemeindeammann von Ennetbaden Getulius S. Schnyder, der Badearzt Albert Minnich und der Badener Architekt Adolf Blum. Präsident wurde der Hotelier Borsinger. Der Verwaltungsrat holte fachlichen Rat ein und liess die Anforderungen an das Gebäude sowie an den umgebenden Park zusammentragen. Auf der Basis dieser Spezifikationen schätzten Experten die zu erwartenden Erstellungskosten auf rund 250 000 Franken für das Gebäude und auf 50 000 Franken für Park, Garten und Gärtnerhaus. Im Architekturwettbewerb

Eine Postkarte aus der Zeit um 1900 zeigt den prächtigen Kursaal Baden.

machte das Projekt des Badeners Robert Moser den ersten Platz. Im Oktober erhielt Moser den Auftrag, die Planung seines Projekts voranzutreiben und eine genaue Kostenberechnung auf der Basis von verfeinerten Plänen (Massstab 1:50) vorzulegen (siehe S. 48ff.). Moser legte die gewünschte Kostenberechnung vor; sie fiel deutlich höher aus als erwartet. Die nächste Hiobsbotschaft kam mit den eingeholten Offerten für Erd-, Maurer- und Steinmetzarbeiten – dem grössten Brocken bei der Baurealisierung. Auch diese waren viel höher als geplant. Nach längeren Verhandlungen und massiver Preisdrückerei ging der Auftrag an die Firma Widmer und Wild aus Zürich. Anfang 1872 begannen die Bauarbeiten. Die folgenden zwei Jahre waren geprägt von Verspätungen im Baufortschritt, Überschreitungen bei den Baukosten und Auseinandersetzungen mit der Baufirma Widmer und Wild. Im Januar 1874 beendete der Verwaltungsrat die Zusammenarbeit mit der Baufirma.[323]

Der Verwaltungsrat rief zur Generalversammlung im November 1874 und präsentierte den Aktionären dort die Situation betreffend Neubau und Finanzierung. Nach neuesten Berechnungen würden sich die Gesamtkosten für Gebäude, Park und Land auf 749 000 Franken belaufen – statt der früher geschätzten 417 000 Franken, was einer Kostenüberschreitung von achtzig Prozent entsprach. Der Verwaltungsrat schlug ein dreiteiliges Vorgehen zur Finanzierung vor: Erstens sollten zusätzliche 475 000 Franken durch eine Obligationenanleihe beschafft werden, zweitens sollten die Ortsbürger das noch ausstehende Aktienkapital von 29 000 Franken übernehmen, und drittens sollte die Einwohnergemeinde für die neue Anleihe Bürgschaft leisten (für Zins- und Rückzahlung). Die Stadt liess sich Zeit mit der Antwort, doch Anfang April 1875 kam endlich die gute Nachricht. Die Einwohnergemeinde war bereit, die gewünschten Sicherheiten für die Anleihe der Kurhaus-Gesellschaft AG zu übernehmen. Allerdings wollte sie dafür einen von ihr ernannten Vertreter in den Verwaltungsrat entsenden. Ungeachtet der finanziellen Turbulenzen eröffnete das Kurhaus am 13. Mai 1875 mit einem Fest.[324]

Aktie der Kurhaus-Gesellschaft AG aus dem Jahr 1874. Das Aktienkapital von 300 000 Franken sollte für den Bau des Kursaals genügen. Dies war eine Fehleinschätzung.

Die Kurhaus-Gesellschaft AG geht in Konkurs

Die Kurhausgesellschaft nahm den Betrieb auf und engagierte zunächst einen Direktor, Ferdinand Schimon. Wenige Wochen nach seinem Stellenantritt kam es bereits zu Auseinandersetzungen, zuerst mit dem Servicepersonal und als Folge auch mit dem Verwaltungsrat. Der Verwaltungsrat entliess den ersten Direktor und schrieb die Kurhauswirtschaft für das Jahr 1876 zur Pacht aus. Im Februar 1877 erhielten die Aktionäre erstmals Einblick in die finanzielle Situation des Kurhauses: Es war ein Desaster. Der Betrieb hatte in den Jahren 1875 und 1876 ein Defizit von 77 000 Franken erwirtschaftet. Die Ortsbürgergemeinde übernahm einen grossen Teil des Defizits und schoss 50 000 Franken ein. Gleichzeitig war der Ausgang der gerichtlichen Auseinandersetzung mit der Baufirma Widmer und Wild wegen Konventionalstrafen und ausstehender Zahlungen immer noch ungewiss. Doch die Aktionäre waren (noch) nicht bereit, über eine Liquidation der Gesellschaft zu diskutieren.[325]

Im Mai 1877 waren die Geldnöte unübersehbar: Der Kassier der Gesellschaft musste Geld aus der eigenen Tasche vorstrecken, um die Gagen der Musiker zu bezahlen, die Aargauische Bank betrieb die Einwohnergemeinde auf die Zahlung der Obligationencoupons, der Pächter ersuchte um Erlass der Pachtzinsen für das laufende Jahr, und mehrere Badehoteliers erklärten sich ausserstande, längst fällige Kurtaxen abzuliefern. Eine letzte Versammlung der Aktionäre im Oktober 1877, an der mögliche Auswege aus der verfahrenen Situation diskutiert werden sollten, endete ohne Ergebnis, da zu wenige Aktionäre zur Beschlussfassung anwesend waren. Die Bank bestand auf der gerichtlichen Eröffnung des Konkurses.[326]

Der Konkurs war ein schwerer Schlag für die Einwohnergemeinde Baden, die sich zur Gewährung von Sicherheiten für die ausgegebenen Obligationen verpflichtet hatte. Ein zweiter schwerer Schlag folgte wenige Monate danach: die Zwangsliquidation der Nationalbahn im Jahr 1878. Auch für diese Gesellschaft hatte die Einwohnergemeinde Baden, zusammen mit anderen Städten, für ein Darlehen gebürgt, das nun fällig wurde. Damit nicht genug: Im Jahr 1885 kam es zu einem weiteren heftigen Konkurs im Badener Kurbetrieb. Dieses Mal betraf es die 1872 gegründete Aktiengesellschaft für eine neue Kuranstalt im «Hinterhof» (später Grand Hotel). Drei grosse Konkurse inner-

Ausschreibung der Obligationenanleihe der Ortsbürgergemeinde Baden im *Fremdenblatt* aus dem Jahr 1878 als Beilage zum *Badener Tagblatt*. Mit dem Geld finanzierten die Ortsbürger den Ankauf des Kursaals samt Park und Mobiliar aus der Konkursmasse.

4 3/4 % Anleihen der Ortsbürgergemeinde Baden

im Betrage von Fr. 525,000, (2296-Z)
eingetheilt in 300 Partial-Obligationen à Fr. 1000,
und 450 „ „ à Fr. 500.

Das Anleihen, auf die Dauer von 15 Jahren abgeschlossen, ist durch **doppelte Hypothek** sichergestellt und wird jährlich auf 31. März gegen Coupons verzinst.

Emissionskurs: pari.

Subscriptionen werden vom 1. Mai an von der **Bank in Baden** entgegengenommen und, so lange die disponible Summe ausreicht, in der Reihenfolge ihrer Anmeldung voll berücksichtigt werden.

Die Einzahlungen, welche jeweils für den vollen Betrag einer oder mehrerer Obligationen nebst Zins à 4 3/4 % vom 31. März 1878 an zu leisten sind, können nach Belieben der Subscribenten vom 15. Mai bis 31. August 1878 an der Casse der Bank in Baden geschehen, an welcher Stelle auch Prospekte und Subscriptionsscheine zum Bezuge bereit liegen.

Baden, den 30. April 1878. (1682

Bank in Baden.

halb weniger Jahre – das hiess: Geldgeber verloren ihr Geld, die Stadt häufte Schulden an. Private und öffentliche Finanzakteure waren in der Folge geschwächt.[327]

Der Kursaal wird zum gemeindeeigenen Betrieb

Im Januar 1878 berieten die Ortsbürger zwei Mal (am 15. und am 28.) über einen Antrag des Stadtrats, den Kursaal aus der Konkursmasse zu ersteigern und gleichzeitig die Garantieschuld der Einwohnergemeinde zu übernehmen. Im Gegenzug sollte die Einwohnergemeinde den Betrieb des Kursaals übernehmen und für allfällige Defizite aufkommen, Überschüsse würden ebenfalls ihr zufallen. Nachdem die Details geregelt waren, erhielt der Stadtrat die Vollmacht, ein Anleihen über 525 000 Franken aufzunehmen. Damit verbunden war der Auftrag, den Kursaal samt Park zu kaufen. Die Versteigerung fand am 30. Januar 1878 statt.[328]

Fünfzehn Jahre lang, zwischen 1878 und 1893, agierte die Stadt gleichzeitig als Eigentümerin und Betreiberin des Kursaals. Dabei gab es eine klare Aufgabenteilung zwischen Ortsbürger- und Einwohnergemeinde: Erstere sparte Geld an, um das Anleihen im Jahr 1893 zurückzuzahlen, und tätigte Investitionen in Gebäude und Anlagen; Letztere führte den Betrieb, verbuchte Überschüsse beziehungsweise Defizite und zahlte die Zinsen der Obligationenanleihe, circa 25 000 Franken pro Jahr. Den Ortsbürgern gelang es tatsächlich, im Lauf dieser 15 Jahre mehr als 360 000 Franken zur Seite zu legen. Ausserdem bezahlten sie 1881/82 den Bau eines Sommertheaters im Park (31 000 Fr.) und 1892 die Installation einer elektrischen Beleuchtung im Kursaalgebäude (12 000 Fr.). Auch für die Einwohnergemeinde wurden es teure Jahre, wie ein Blick in die Rechnung der Kurhausverwaltung aus dem Jahr 1880 verdeutlicht. Bei einem Umsatz von rund 40 000 Franken erwirtschaftete der Kursaal einen Überschuss von 19 000 Franken. Das war nicht schlecht, doch es genügte nicht, um die jährlichen Schuldzinsen zu begleichen. Die Einwohnergemeinde musste Geld zuschiessen, um die Differenz auszugleichen – Jahr für Jahr.[329]

Das Geschäftsmodell des Kursaals war in jenen Jahren einfach: Mit den Kurtaxen der Kurgäste, den Subventionen der Badehoteliers, Pachteinnahmen

Arbeiten im und für den Kursaal

Der Betrieb des Kursaals war personalintensiv und beruhte auf dem Wissen und Können vieler verschiedener Fachkräfte: Köche, Kellermeister und Servicepersonal für das Restaurant; Disponenten und Möbelrücker für den Saalbetrieb; Musiker mit Instrumenten für Konzerte, Tanzmusik und musikalische Einlagen im Theater; Theaterleute und Sängerinnen für Schauspiele, Operetten und Liederabende; Gärtner für die Pflege von Pflanzen und Tieren im Park und das Herstellen des Blumenschmucks für Innen- und Aussenräume – um nur die wichtigsten zu nennen. Arbeitsverträge aus dem Jahr 1901 geben einen Einblick in Aufgaben, Pflichten und Entlohnung des Personals und der Subunternehmer.

Für das Kurorchester engagierte die Betriebsgesellschaft einen Kapellmeister als Musikdirektor (siehe S. 116ff.). Arthur Möller verpflichtete sich 1901, ein Sommerorchester von zwanzig Mann (von Mai bis September) und ein Winterorchester von vierzehn Mann zu stellen. Die Musiker spielten täglich am Vor- und am Nachmittag, ausserdem an den drei Abenden pro Woche ohne Theatervorstellung. An zwei Abenden mit Theatervorstellung standen sie dem Theaterdirektor für musikalische Einlagen in seinen Veranstaltungen zur Verfügung. Der Musikdirektor erhielt eine Jahresgage von 30000 Franken für sich und die Musiker. Mit zwei Benefizkonzerten im Sommer konnte das Orchester seine Einnahmen aufbessern.

Für das Theater wurde ein Theaterdirektor verpflichtet, der mit seiner Truppe im Wechsel beide Bühnen in der Stadt bespielte, die eine im Sommertheater im Kurpark, die andere im Stadttheater am Theaterplatz. Oskar Moor, vormals Oberregisseur am Stadttheater Aachen, führte beide Theater auf eigene Rechnung und eigenes Risiko. Er und seine Leute mussten wöchentlich mindestens vier Vorstellungen bestreiten, je zwei pro Spielort. Die Kursaalbetreiber machten Vorgaben bezüglich Eintrittspreise, Spieltage und Spielzeiten. Bei Gefallen konnte der Theaterdirektor mit einem Saisonbonus von 3000 Franken rechnen. Er und seine Truppe durften ebenfalls mit Benefizvorstellungen ihr Einkommen aufbessern.

Unter den Kurparkgärtnern sticht Heinrich Studer hervor. Ab 1894 stand er dreissig Jahre lang im Dienst des Kursaals. Im erneuerten Anstellungsvertrag wurde vereinbart, dass er sich neben den üblichen Gartenarbeiten auch um Wege und Plätze kümmern sollte, ausserdem um den Weiher und die Grotte sowie um Enten und Schwäne. Im Gewächshaus sollte er Blütenpflanzen ziehen, um den Kursaal zu schmücken. Zudem musste er die Abtrittgruben von Kursaal und Sommertheater leeren und beim Aufhängen von Lampions und Laternen zur Beleuchtung des Parks in lauen Sommernächten mithelfen. Für diese Arbeiten bekam er ein Jahressalär von 2500 Franken plus ein Wohngeld von 450 Franken. Zudem durfte er überschüssige Blumen aus dem Gewächshaus auf eigene Rechnung verkaufen.[330]

Angestellte des Kursaals posieren 1898 als Gruppe im Atelier.

Der Lohnkutscher und Taxihalter Meier transportierte 1927 Gäste des Kursaals.

Gutbürgerliche Gäste präsentieren sich im Zweispänner vor dem Kursaal, 1891.

aus der Gastwirtschaft sowie Eintrittsgeldern wurden die Kurkapelle und die Gärtner bezahlt. Der Kursaal war nur im Sommerhalbjahr geöffnet, der Ganzjahresbetrieb wurde erst 1903 mit dem Einbau einer Heizung möglich.[331]

Hoteliers aus den Bädern pachten den Kursaal

1893 kam es zur Neuregelung von Finanzen und Betrieb. Die Ortsbürger zahlten die Anleihe von 1878 fristgerecht zurück. Sie verwendeten dafür zum einen das angesparte Geld, zum anderen fanden sie private Geldgeber, die ihnen ein neues, kleineres Darlehen über 225 000 Franken gewährten. Einer der Investoren war die Unternehmerfamilie Bebié aus Turgi. Die neuen Geldgeber gaben sich mit einem Zins von 3,75 Prozent zufrieden – einem Prozentpunkt weniger als bei der vorherigen Anleihe. Die Zinszahlungen schrumpften auf 8400 Franken pro Jahr. Im Jahr 1913 war der Fonds zur Amortisation der Kurhausschuld so weit gefüllt, dass das Anleihen von 1893 hätte zurückgezahlt werden können. Doch die Ortsbürger zögerten. Das Fondsvermögen war vorteilhaft angelegt und brachte seinerseits Zinseinkünfte. Daher tilgten sie in ihren Büchern die Kurhausschuld, liessen aber den Kurhausamortisationsfonds weiterlaufen.[332]

Ebenfalls im Jahr 1893 ging der Betrieb von der Stadt an eine Reihe von Pächtern über. Fast vierzig Jahre lang bewirtschafteten private Gesellschaften den Kursaal samt Park. Mitglieder dieser Gesellschaften waren ausnahmslos Badehoteliers von Baden und Ennetbaden, zeitweise alle, zeitweise nur gewisse. Die Pachtverträge erstreckten sich typischerweise über zehn Jahre und hielten neben dem Pachtzins Aufgaben und Pflichten der Pächter fest. Die Betriebsgesellschaften engagierten Fachkräfte und Subunternehmer, die es zur Führung des Kursaals brauchte: einen Geschäftsführer für Restaurant und Saal, einen Musikdirektor, einen Theaterdirektor, einen Chefgärtner, eine Verantwortliche für Administration und Buchhaltung sowie einen Redaktor für das *Fremdenblatt* und das Verfassen von Werbetexten. Sie alle unterstanden einem Kursaaldirektor, der den Geschäftsalltag vor Ort managte.[333]

Der Pachtzins betrug anfänglich 12 000 Franken (1893) und verdoppelte sich in mehreren Etappen

Der Fechtclub Baden posiert teilweise in Kampfmontur auf den Stufen zum Kursaal, 1909.

auf 25 000 Franken (ab 1929). In den Kriegsjahren zwischen 1914 und 1918 erliessen die Ortsbürger den Pachtzins oder gewährten eine Reduktion. In den ersten Pachtverträgen wurden neben dem Pachtzins auch die Finanzen der Betreiber detailliert geregelt, durch sogenannte Normalbudgets. Darin waren die Geldbeträge der zu erwartenden Einnahmen und Ausgaben einzeln aufgeführt, und zwar derart, dass die Rechnung mit einer schwarzen Null aufging. Die Betreiber sollten keine Überschüsse erzielen, sondern das Budget einhalten. Daher liegen für die Jahre zwischen 1898 und 1922 keine echten Betriebsrechnungen vor. Erst mit dem Pachtvertrag von 1921 wurden die Pächter in die unternehmerische Freiheit entlassen – und gleichzeitig verstärkt in die Pflicht genommen, sich an den Kosten für Unterhalt und Reparaturen zu beteiligen. Denn im Lauf der Jahre hatte es sich gezeigt, dass der Pachtzins nicht genügte, um notwendige Investitionen und Reparaturen zu bezahlen. Der Bau einer Parkeinfriedung (1900), diverse Neubauten inklusive Heizung, Musikpavillon und Gewächshaus (1903) sowie eine neue Beleuchtungs- und Heizanlage (1924) schlugen je mit mehreren zehntausend Franken zu Buche. Dazu kamen ab 1913 immer grössere Beträge für Unterhalt und Reparaturen. Die Finanzen der Ortsbürger wurden dadurch ordentlich strapaziert.[334]

Das Geschäftsmodell des Kursaalbetriebs entwickelte sich und wurde komplizierter, der Umsatz stieg. 1930 verzeichnete die Betriebsrechnung Einnahmen aus fünf bedeutenden Quellen: Die Kurtaxen machten den grössten Posten aus, gefolgt von Einzel- und Jahreseintritten, Nettoerlösen aus dem Restaurant und aus dem Spiel sowie den Subventionszahlungen der Badehoteliers. Auch die Ausgaben waren grösser und vielfältiger geworden. Das meiste Geld floss weiterhin ins Kurorchester, deutlich kleiner waren die Beträge für Reklame, *Fremdenblätter* und Drucksachen, für die Parkpflege und den Pachtzins.[335]

Der Kursaal war Vorreiter bei der Heiztechnik: der erneuerte Eingangsbereich mit Garderobe und raffiniert platzierten Heizungsrohren in der Theke, 1933.

Nach dem Umbau der grosse Krach

Nach längerem Drängen der Pächter begannen die Ortsbürger im Jahr 1929, sich mit der Renovation des Kursaals zu beschäftigen (siehe S. 65f.). Im August beschlossen sie den Ankauf einer Landparzelle, die den Kurpark zur Römerstrasse hin arrondierte. Im Dezember lag ein erstes Um- und Ausbauprojekt des Architekten Lebrecht Völki vor, mit Kostenschätzung. Diese war den Ortsbürgern zu hoch. Daher liessen sie das Projekt mehrfach überarbeiten. Die Diskussionen zogen sich hin bis zum September 1931, als ein abgespecktes Projekt bewilligt wurde. Die Umbaukosten waren mit 700 000 Franken veranschlagt. 250 000 Franken konnten die Ortsbürger selbst aufbringen, für den Rest nahmen sie einen Kredit auf. Bei ihren Kalkulationen spielten der neu zu erzielende Pachtzins sowie ein Anteil am zu erwartenden Bruttospielertrag eine grosse Rolle. Die Ortsbürger rechneten mit 35 000 bis 40 000 Franken Pachtzins und liebäugelten mit fünf bis zehn Prozent des Bruttospielertrags.[336]

Bei den Verhandlungen mit Vertretern der Badehoteliers über einen neuen Pachtvertrag kam das böse Erwachen für den Stadtrat. Im November 1931 lehnten die Pächter den Entwurf rundweg ab. Mehr noch, sie weigerten sich entschieden, überhaupt einen neuen Vertrag abzuschliessen. Bei dieser harschen Reaktion dürfte auch die wirtschaftliche Grosswetterlage eine Rolle gespielt haben: 1931/32 machte sich die Weltwirtschaftskrise in der Schweiz bemerkbar, auch in Baden. Nicht nur der grösste Steuerzahler und Arbeitgeber, der Elektrokonzern Brown, Boveri & Cie. (BBC), sondern auch der Fremdenverkehr litt unter der Krise; Kunden beziehungsweise Gäste blieben weg, Umsätze und Steuereinnahmen brachen ein. Ein Ende der Krise war nicht absehbar. Daher ist es wenig verwunderlich, dass die Badehoteliers keine Verpflichtungen für den Kursaalbetrieb mit seinen unsicheren Ertragszahlen eingehen wollten.[337]

Eine Zeichnung im Badener *Fremdenblatt* vom Mai 1930 zeigt ein Panorama der Bäderstadt mit der erst vierjährigen Hochbrücke über die Limmat.

Der Kursaal unter den Ortsbürgern

Ab 1932 betrieb die Stadt den Kursaal wieder selbst, dieses Mal die Ortsbürgergemeinde alleine. Ihre Kursaalkommission war in den Betrieb involviert und arbeitete eng mit dem Kursaaldirektor zusammen. Der Verantwortungsbereich für Führung und Leitung des Kursaals wurde im Lauf der Jahre schmaler, da ganze Aufgabengebiete nach und nach wegfielen. Zuerst ging die kurörtliche Reklame samt *Fremdenblatt* an den statutarisch neu aufgesetzten Kur- und Verkehrsverein Baden/Ennetbaden über (1937). Als Nächstes wechselte der Betrieb des Kurtheaters zur Theaterstiftung (1948). Und als Letztes wurde der Kurpark von der Einwohnergemeinde zunächst finanziell unterstützt und anschliessend ganz übernommen (1978). Beim Kursaal verblieben das Restaurant und der Saal, die Bar mit Dancing und Spiel sowie das ständige Kurorchester.[338]

Bis Ende der 1960er-Jahre funktionierte der Kursaalbetrieb ganz gut. Er konnte mit den regelmässigen Einnahmen die regelmässigen Ausgaben decken und darüber hinaus jährliche Zahlungen an den ortsbürgerlichen Kurfonds sowie finanzielle Beiträge an Bauprojekte und Renovationen leisten. Von diesen gab es zwischen 1932 und 1970 einige: der schon erwähnte Umbau des Hauptgebäudes plus Neubau des Musikpavillons im Jahr 1932, der Umbau des Nordflügels 1960/61, der Umbau des Officetrakts im Restaurant 1967/68 sowie die Renovation von Fassaden und Haupteingang ebenfalls 1968 – um nur die teuersten zu nennen.[339]

Unterbrochen wurden die guten Jahre durch den Zweiten Weltkrieg. Nach Kriegsausbruch im September 1939 verliessen die Kurgäste fluchtartig den Ort. Im Kursaal belegte der Luftschutz den grossen Saal, Konzerte wurden ins Restaurant verlegt. Dieses war weiterhin gut besucht, durch Einheimische und Passanten. Trotzdem: Die Überschüsse schrumpften, weitere Sparmassnahmen wurden notwendig. Die Kursaalkommission verkleinerte zunächst das ständige Orchester und erwog schliesslich, den Kursaal im Winter 1943/44 ganz zu schliessen. Nach längerer Diskussion stimmte die Ortsbürgerversammlung dem Antrag zu. Die Betriebsrechnung für das Jahr 1945 schloss bereits wieder mit einem Überschuss ab, der vollumfänglich in den Kurfonds floss.[340]

1968 schlitterte der Kursaal in die roten Zahlen. Zwei Jahre lang konnte er sein Defizit mit Geldern aus einem selbst angehäuften Betriebsfonds decken, doch 1970 war Schluss damit. Danach reihten sich die Defizitjahre lückenlos aneinander. Ende 1975 betrugen die kumulierten Betriebsverluste bereits 1 Million Franken. Die Eigentümerin, die Ortsbürgergemeinde, übernahm die Verluste zunächst in ihre Rechnung und schrieb sie jeweils nach zwei bis drei Jahren ab. Das blieb so – bis zur Schliessung des Kursaals für den Umbau 1986.[341]

Nur Kurgäste im Fokus

Die Kursaalkommission führte den Kursaal und seine Teilbetriebe auch nach 1960 mit Fokus auf den Kurgast, ganz der Tradition verpflichtet. Sonstige Besuchende, die sich ebenfalls im Kursaal aufhielten, fanden geringere Beachtung, ihre Bedürfnisse und Interessen stiessen auf weniger Echo. Dabei war eine grosse Umwälzung bei den Gästen im Gange. Es kamen zunehmend Besucherinnen und Besucher in den Kursaal, die gar nicht in den Badehotels abgestiegen waren. Und diese neuen, städtischen Besuchenden hatten ganz andere Bedürfnisse als die Kurgäste. Diese Unterschiede lassen sich am Beispiel des ständigen Orchesters veranschaulichen: Viele Besucherinnen und Besucher kamen wegen der Musik, aber die einen liebten moderne, flotte Tanzmusik am Abend und am Wochenende, während die anderen Morgenkonzerte und Musik zum Nachmittagstee schätzten (siehe S. 132ff.).

An der Veränderung der Einnahmen aus Kurtaxen (von Badegästen) gegenüber den Einnahmen aus Eintritten (von sonstigen Leuten) lässt sich diese Entwicklung ablesen. Seit den Anfängen waren die Kurtaxen der wichtigste Einnahmeposten für den Kursaal, doch das änderte sich nach dem Zweiten Weltkrieg. Ab 1948 brachten Besucherinnen und Besucher aus der Stadt dem Kursaal mehr Geld ein als die Gäste aus den Badehotels – und das blieb so. Nach dem Zweiten Weltkrieg verlagerte sich der Kursaalbetrieb auf sein zweites Standbein, den Stadtsaal.[342]

Grafik 1: Einnahmen des Kursaals aus Kurtaxen und Eintritten 1942–1984, in tausend Franken, gerundet, nominal. Ab 1948 waren die Einnahmen aus Eintritten höher als die Einnahmen aus Kurtaxen. Das heisst: Finanziell betrachtet wurden Besucherinnen und Besucher aus Stadt und Region zunehmend wichtiger, während Kurgäste an Bedeutung verloren. Quelle: StAB, E.37.1.13, Ortsbürgergemeinde, Rechnungen 1932–1984.

● Kurtaxen (in tausend Franken, gerundet, nominal)
● Eintritte und Abonnements (in tausend Franken, gerundet, nominal)

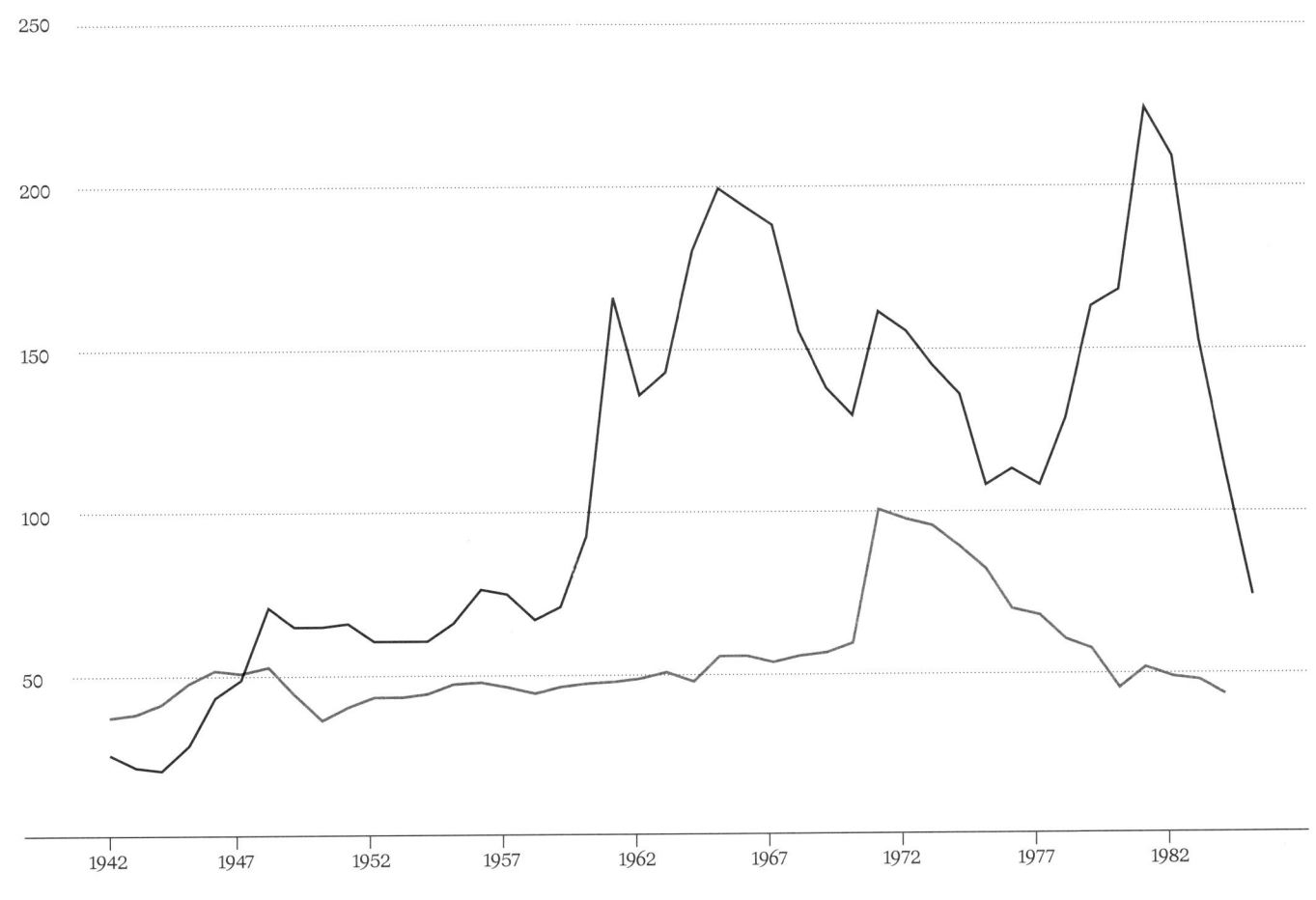

Der Stadtammann stolpert über den Kursaal und wird abgewählt

Am Samstag, 30. Oktober 1909, trafen sich die Badener Stimmberechtigten morgens um acht Uhr in der katholischen Kirche zu einer Versammlung der Einwohnergemeinde. Unter anderem sollten sieben Mitglieder des Stadtrats gewählt werden, dazu ein Stadtammann und sein Stellvertreter. Es brauchte drei Wahlgänge, bis der Stadtrat komplett war. Daher war der Vormittag schon weit fortgeschritten, bis es zur Wahl des Ammanns kam; einige Stimmbürger hatten sich in der Zwischenzeit entfernt. Das Resultat war eine Sensation: Der Amtsinhaber Arnold Reisse unterlag mit 531 Stimmen dem Herausforderer Josef Jäger mit 576 erreichten Stimmen; das absolute Mehr lag bei 569 Stimmen.[343] Was war passiert? Warum wurde der amtierende Stadtammann abgewählt?

Der Wahl vom Oktober war im Juli 1909 eine Pressekampagne vorausgegangen, in deren Zentrum der Kursaal stand. Josef Jäger, Redaktor und Stadtrat, verfasste mehrere kritische Artikel in seiner Zeitung *Schweizer Freie Presse*, in denen er die Art und Weise, wie die Casinogesellschaft (Pächterin des Kursaals) Rechenschaft über vergangene Geschäftsjahre ablegte, als ungenügend anprangerte. Den Stadtammann machte er verantwortlich für das Laisser-faire im gemeindeeigenen Betrieb und warf ihm vor, die Interessen der Casinogesellschaft über diejenigen der Stadt zu stellen. Die angegriffene Casinogesellschaft und politische Freunde des Stadtammanns setzten sich im *Badener Tagblatt* mit Leserbriefen zur Wehr. Darin verwiesen sie auf die Erfolge der Casinogesellschaft, auf die steigende Zahl von Kurgästen und Kurtagen seit 1901 und erklärten sich endlich bereit, die detaillierte Jahresrechnung inklusive Belegen zur Prüfung vorzulegen. Der Schriftwechsel in den Lokalzeitungen war geprägt von persönlichen Verunglimpfungen und Schmähreden, insbesondere zwischen Josef Jäger und Heinrich Lehner. Lehner hatte zwar kein politisches Amt inne, doch er war seit Jahren aktiv im Kur- und Verkehrsverein und sass als zweiter Vertreter der Ortsbürger zusammen mit Arnold Reisse im Aufsichtsgremium des Kursaals.[344]

Bei der Auseinandersetzung ging es vermutlich nur vordergründig um den Kursaal und seine Betreiber. Dahinter schwelte ein Konflikt in der städtischen Politik, in dem es um den Stellenwert des Kurbetriebs und seiner Akteure ging. Im ersten Jahrzehnt des 20. Jahrhunderts hatte sich der Elektrokonzern BBC zum wichtigsten Steuerzahler und Arbeitgeber der Stadt entwickelt. Damit wurden die Interessen von Industrie und zulieferndem Gewerbe immer wichtiger für die Politik, während die Anliegen des Kurbetriebs und der Badehoteliers an Bedeutung verloren. Am Wahltag 1909 ging es auch um eine Grundsatzfrage zum Selbstverständnis der Stadt: Weitermachen als Bäderstadt mit Arnold Reisse oder Neuausrichtung zur Industriestadt mit Josef Jäger?[345]

Blick zurück: Der erste Pachtvertrag des Kursaals mit einer Betriebsgesellschaft war 1893 für die Dauer von acht Jahren geschlossen worden. Damals waren alle Badehoteliers der Grossen und Kleinen Bäder dabei. Bei den Verhandlungen zum Folgevertrag im Jahr 1901 musste die Stadt erkennen, dass die Hoteliers wenig Begeisterung für eine Neuauflage zeigten. Viele hatten Mühe mit den darin festgehaltenen Bestimmungen zum Normalbudget oder mit einzelnen Budgetzahlen. Da die Stadt den Kursaal unbedingt verpachten wollte, stand sie vor einer schwierigen Situation. Da gelangten die Eigentümer der drei grössten Badehotels an den Stadtrat und boten an, zu dritt eine «neue» Casinogesellschaft zu gründen und mit dieser den Kursaal zu betreiben. Die Stadt nahm den Vorschlag an und schloss im Oktober 1901 einen Pachtvertrag mit den Herren Walter Amsler (Schiff), Joseph Borsinger (Verenahof/Schweizerhof) und Wilhelm Hafen (Grand Hotel), die sich zur Casinogesellschaft Baden formiert hatten. Die Aufsicht über die Gesellschaft sollte von einem Gremium ausgeübt werden, in dem Vertreter der Verpächterin und der Pächter sassen. Im konkreten Fall waren es fünf Männer: Arnold Reisse und Heinrich Lehner für die Stadt; Walter Amsler, Joseph Borsinger und Wilhelm Hafen für die Pächter.[346]

Josef Jäger war ein Zeitungsmacher und freisinniger Politiker aus Baden. 1890 liess er sich in den Stadtrat wählen. Er begeisterte sich für Neues, so auch für die Elektrizitätswirtschaft, und schrieb darüber in seiner Zeitung. Als Stadtrat erlebte er Gründung und Aufstieg des Elektrokonzerns BBC. Er war ehrgeizig und erkannte vermutlich in der seltsamen Konstituierung der Casinogesellschaft und der Verfilzung ihrer Aufsicht ab 1901 eine Gelegenheit, sich zu profilieren. Er versprach, als Stadtammann der lokalen Politik eine neue, zeitgemässe Ausrichtung zu geben.[347]

Die Auseinandersetzungen hatten auch ihr Gutes: In der Folge verbesserte sich die Situation für die Kursaalbetreiber und für den Stadtammann. Der Pachtvertrag von 1911, verfasst unter der Ägide Jägers, wies gegenüber den früheren Versionen deutliche Änderungen auf. Der Kursaalbetrieb wurde teilweise in die unternehmerische Freiheit entlassen: Ohne das Korsett eines Normalbudgets durfte er Gewinne oder Verluste ausweisen. Allfällige Überschüsse waren allerdings zwingend in einen Fonds abzuführen, für Unterhalt, Reparaturen, Renovationen und Umbauten des Gebäudes. Im Gegenzug erhielt die Eigentümerin einen höheren Pachtzins. Für den neuen Pachtvertrag liessen sich alle Badehoteliers aus Baden gewinnen, ab 1914 zudem diejenigen von Ennetbaden.[348]

1912 verbesserte sich auch die Situation des Stadtammanns: Aus dem Nebenamt wurde ein Vollamt. Das bedeutete ein höheres Salär und weniger Loyalitätskonflikte. Josef Jäger verstarb 1927 als bekannter Politiker auf nationaler, kantonaler und lokaler Ebene und nach 37 Jahren im Stadtrat, 17 Jahre davon als Ammann.

Tagblatt v. 12. Juli

— **Baden.** Casinogesellschaft. (Korr.) Herr Redaktor Jäger empfindet bekanntlich das Bedürfnis, von Zeit zu Zeit die Casinogesellschaft in seinem Blatt anzurempeln. Er tut das jeweilen in einer Art, daß man wohl oder übel gezwungen ist, zur Orientierung des mit den tatsächlichen Verhältnissen begreiflicherweise nicht näher bekannten Publikums darauf zu antworten, obwohl man aus naheliegenden Gründen mit ihm lieber sich nicht beschäftigen möchte. Seit zwei Jahren gibt ihm das Rechnungsdoppel, welches alljährlich dem Gemeinderat zugestellt wird, den erwünschten Anlaß, die Casinogesellschaft anzugreifen. —

Zweifelsohne hat die Tat der alten und der neuen Casinogesellschaft seit 1892 bis jetzt zum Fortschritt und zum allgemeinen Wohle der Stadt und des Kurortes mehr beigetragen, als die zersetzende, Haß und Zwietracht säende öffentliche und private Tätigkeit des Hrn. Josef Jäger von Herznach.

Eine unqualifizierbare Verdächtigung ist es, wenn er weiter behauptet, ich sei „seit Jahren gegen ein stattliches Advokatenhonorar gegen die durch den Gemeinderat zu wahrenden Interessen der Ortsbürgergemeinde zu Felde gezogen." In allen Fragen befand ich mich jeweilen in voller Uebereinstimmung mit meinem Collegen, Herrn Stadtammann Reiffe und diese Tatsache dürfte eine vollgültige Widerlegung der Jäger'schen Invektiven sein.

Wenn Hr. Jäger das Rechnungsdoppel publizieren will, so mag er das tun, sofern der Gemeinderat ihm dies gestattet. Andernfalls wäre die Publikation offenbar ein Mißbrauch gemeinderätlicher, nicht für die Oeffentlichkeit bestimmter Akten. Denn hier handelt es sich um einen Pacht, also um ein rein zivilrechtliches und nicht öffentlichrechtliches Verhältnis. Und mancher Pächter und Schuldner würde es sich wohl verbitten, wenn das Detail seiner Betriebsrechnung der Oeffentlichkeit übergeben würde. So z. B. muten wir auch dem Hrn. Jäger nicht zu, daß er das Detail seiner verschiedentlichen Transaktionen, Conversionen und sonstigen Schneggentänze in der „Fr. Pr." publiziere; und doch wäre gewiß diese Lektüre viel interessanter und amüsanter als diejenige der Betriebsrechnung der Casinogesellschaft Baden.

Baden, den 14. Juli 1909.
H. Lehner.

Artikel und Leserbrief im *Badener Tagblatt* vom 12. und 14. Juli 1909 (Ausschnitte): Beide positionieren sich vor der Stadtratswahl vom Oktober 1909 klar zugunsten der Casinogesellschaft. Der Fürsprech Heinrich Lehner stellt sich gegen den Zeitungsmacher und Stadtrat Josef Jäger.

Die Terrasse entlang der Ostfassade, bei schönem Wetter Hauptanziehungspunkt für einen Kaffee am Nachmittag mit Musik des Kurorchesters, aufgenommen 1947.

Ein Stadtsaal für Einheimische

Der Kursaal war nicht nur für die Kurgäste da, sondern auch für die Einheimischen. Diese konnten ihn jederzeit besuchen, entweder kostenlos (zu bestimmten Zeiten und Anlässen) oder gegen Bezahlung eines Eintritts. Nach dem Zweiten Weltkrieg lässt sich eine zunehmende Vereinnahmung des Kursaals durch Besucherinnen und Besucher aus Stadt und Region beobachten. Sie mieteten den Saal für ihre Vereinsanlässe und liessen sich vom Restaurant mit Speisen und Getränken versorgen, tanzten im Dancing und tranken Cocktails an der Bar. Es dauerte lange, bis die Eigentümerin (die Ortsbürgergemeinde Baden) Konsequenzen aus der veränderten Gästesituation zog. Erst Anfang der 1980er-Jahre lagen Konzepte für ein «Stadtcasino» vor, das auch als Gemeindesaal für Einheimische dienen sollte. Als neue Trägerschaft war eine Aktiengesellschaft vorgesehen. Diese Gesellschaft, die Stadtcasino Baden AG, renovierte und vergrösserte den Kursaal, der an Silvester 1988 neu eröffnete. Doch schon nach wenigen Monaten zeigte sich, dass der Betrieb nach neuem Konzept nicht funktionierte. Die Stadt und der Verwaltungsrat erarbeiteten einen Sanierungsvorschlag, den die Stimmenden allerdings 1991 ablehnten. Der Betrieb blieb konkursreif und war weiterhin von der Schliessung bedroht. Nach einer mehrjährigen Zitterpartie nahte endlich die Rettung: Ein Automatencasino im Nordflügel generierte ab 1995 genügend Überschüsse, um sämtliche Schulden samt aufgelaufener Zinsen zurückzuzahlen. Der Stadtsaal wurde später ins Trafo verlegt, da sich die Stadtcasino Baden AG erfolgreich für eine Konzession als Grand Casino beworben hatte und zusätzliche Flächen im Kursaalgebäude brauchte.

Da läuft was schief – Kritik eines Insiders

Wie bereits ausgeführt, kippte die Betriebsrechnung des Kursaals Ende der 1960er-Jahre bleibend in die roten Zahlen. Im Kontrollbericht der Schweizerischen Gesellschaft für Hotelkredit zum Geschäftsjahr 1970 wurde ein Defizit von etwas über 60 000 Franken konstatiert, nachdem schon die Vorjahre 1968 und 1969 defizitär gewesen waren. Kursaaldirektor Hans Finster wollte diesen Jahresbericht nicht für sich allein stehen lassen und verfasste zusammen mit einem Stammgast, Redaktor Rudolf Merker, einen ausführlichen Kommentar.

Ein Tanzpaar misst sich um 1960 an einem Turnier. Der Badener Tanzlehrer Alois Müller organisiert ab den 1950er-Jahren zahlreiche Tanzwettbewerbe mit hochkarätigen Teilnehmenden im Kursaal.

Darin beklagen die beiden Autoren die einseitige Fixierung der Rechnungsprüfer auf oberflächliche Kennzahlen und Erläuterungen: Das Defizit resultiere aus dem Auseinanderdriften von Aufwand und Ertrag. Tiefer liegende Ursachen für die Probleme des Kursaalbetriebs seien im Bericht nicht benannt worden. Solche ausführlicheren Erklärungen wollten Finster und Merker mit ihrem Kommentar nachliefern. Sie waren der Meinung, so wie die Kursaalkommission den Betrieb ausrichte, verfehle er die zahlende Kundschaft. Das Angebot orientiere sich weiterhin an den Bedürfnissen von Kurgästen und ignoriere die anders gelagerten Bedürfnisse von Einheimischen. Finster und Merker schrieben also 1970: «Wir vergessen, dass Baden heute eine dynamische, moderne Stadt ist und dass es gut verdienende Leute sind, die heute dem Kursaal das Geld bringen. [...] Für diese Leute ist ein Kurkonzert mit Operettenklängen und leicht dekadenten Weisen völlig witzlos, ebenso ein müdes Ballvergnügen an den Wochenenden im Saal, derweil nebenan in der Bar ein rassiges Orchester aufspielt.»[349] Zu diesem Grundproblem kamen weitere ungünstige Rahmenbedingungen, die den Kursaalbetrieb belasteten. Unter anderem beklagten die Autoren, dass die Gemeinde die gemeinnützige Rolle des Kursaals als städtischen Mehrzwecksaal ungenügend abgelte und sie den Kursaal verpflichte, weiterhin ein teures Orchester zu unterhalten, obwohl die Kurmusik konsumfreudige, jüngere Leute kaum anzog. Des Weiteren habe die Gemeinde Benutzungsgebühren für den grossen Saal erlassen, die zwar für städtische Vereine attraktiv waren, aber die Kosten nicht deckten; schäbige Innenräume mit veraltetem Mobiliar und ungenügender Technik würden zahlungskräftige Organisationen veranlassen, für ihre Veranstaltungen auf besser ausgestattete Säle auszuweichen.[350]

Anfang der 1970er-Jahre gelang dem Kursaal der Brückenschlag zwischen zwei Besuchergruppen, den Kurgästen und den Einheimischen, nicht mehr. Das war vorher anders gewesen. Der Kursaal war zwar hauptsächlich für Kurgäste gedacht, doch auch die einheimische Bevölkerung profitierte von ihm. Bereits im Pachtvertrag von 1893 wurde festgelegt, dass der Kursaal für den Kinderball an der Fasnacht und andere festliche Anlässe der Stadt gratis zu Verfügung stehe. 1901 wurde vereinbart, dass das Kurorchester sonntags auf dem Theaterplatz sowie bei festlichen Anlässen der Stadt spielen würde. Zudem war der Kurpark an zwei Abenden pro Woche öffentlich zugänglich. 1911 kam eine

Blick auf die Terrasse an der Nordseite des Kursaals, Bild eines Fotoshootings für eine Werbekampagne der 1970er-Jahre.

weitere Forderung dazu: Die Einwohnergemeinde durfte den Kursaal für ihre Versammlungen nutzen. All diese Leistungen erbrachte der Kursaal, ohne sie der Stadt in Rechnung zu stellen.[351]

Ideen und Vorschläge zur Neuausrichtung des Kursaalbetriebs

Hans Finster und Rudolf Merker machten diverse Vorschläge zur Verbesserung der Situation. Zum einen ganz konkrete dazu, wie sich die Ausgaben verringern und die Einnahmen steigern liessen. Zum anderen empfahlen sie, den Kursaal neu zu positionieren: als «Gemeindesaal gehobenen Stils». Potenziellen Kunden sollte es leicht gemacht werden, sich für den Kursaal Baden zu entscheiden und kostendeckende Preise zu bezahlen.[352]

Die Stadt liess sich Zeit für eine Reaktion. Als Erstes wies sie die städtische Planungskommission an, einen Bericht vorzulegen, um einen Prozess zur Überprüfung des Kursaalkonzepts einzuleiten. Im Februar 1974 lag dieser vor und wurde an interessierte Kreise verteilt. Der Bericht rekapitulierte die Gründe zur Neuausrichtung und entwarf mehrere denkbare Szenarien als Diskussionsgrundlage. Am Schluss empfahl er vier Varianten zur weiteren Bearbeitung und betonte die Notwendigkeit einer übergeordneten Kurortplanung.[353]

Danach vergingen mehrere Jahre mit Arbeiten zur Kurortplanung. Diese wies dem Kursaal eine eigenständige Stellung zu. Er sollte aufgewertet und zum «Kristallisationspunkt» des gesellschaftlichen Lebens für Stadt und Region gemacht werden. Anfang 1982 setzte der Stadtrat unter dem Vorsitz des Stadtammanns Viktor Rickenbach eine «Projektgruppe Neukonzeption Kursaal Baden» ein. Die Projektgruppe präsentierte im Schlussbericht die ausgearbeitete Vision vom «Stadtcasino», das als gesellschaftliches Zentrum für die Bevölkerung von Stadt und Region dienen sollte, als Begegnungsstätte für die Gäste des Kurorts sowie als Tagungs- und Versammlungszentrum. Der Bericht schlug vor, das Gebäude gründlich zu sanieren und schätzte die dafür notwendigen Investitionen auf 9 Millionen Franken. Eine neue Trägerschaft sollte die Ortsbürgergemeinde finanziell entlasten.[354] Der Kursaal blieb während der gesamten Planungszeit offen und produzierte regelmässig ein Defizit. Das Minus wurde von der Ortsbürgergemeinde

Im Werbeprospekt aus den 1980er-Jahren werden die Vergnügungsmöglichkeiten rund um den Badener Kursaal gezeigt.

jeweils ebenso regelmässig einige Jahre später abgeschrieben. Die Einwohnergemeinden Baden und Ennetbaden hatten den Kursaalbetrieb schon früher mit kleineren Jahresbeiträgen unterstützt (Baden ab 1932, Ennetbaden ab 1943). Im Jahr 1974 erhöhte die Einwohnergemeinde Baden ihre jährliche Zahlung kräftig um 30 000 Franken. Das zusätzliche Geld war für den Unterhalt des Kurparks bestimmt. 1978 übernahm die Einwohnergemeinde den Kurpark ganz und liess ihn ab da von städtischen Gärtnern pflegen.[355]

Das hoffnungsvolle Konzept «Neues Stadtcasino»

1984 legte der Stadtrat ein Konzept zur Sanierung des Kursaals vor. Es enthielt betriebliche und bauliche Massnahmen und sah die Übertragung des Kursaals an eine neue Eigentümerin vor. Im Januar orientierte die Projektgruppe alle interessierten Kreise. Anschliessend durchlief das Konzept den Weg durch die politischen Instanzen: von der Versammlung der Ortsbürgergemeinde über die Verhandlung des Einwohnerrats bis zur Urnenabstimmung der Badener Stimmberechtigten.

Das Sanierungskonzept enthielt folgende Kernsätze: Das Stadtcasino dient weiterhin als Begegnungsstätte für die Bevölkerung und ihre Vereine. Als Träger für den Betrieb wird eine gemischtwirtschaftliche Aktiengesellschaft gegründet (Public-private Partnership). Der Betrieb kann die notwendigen Fremdmittel verzinsen und amortisieren, grössere Gewinne darüber hinaus sind nicht anzustreben. Das bestehende Raumangebot wird durch Versammlungsräume unterschiedlicher Grösse ergänzt. Die Anbauten aus dem Jahr 1931 werden entfernt und allenfalls durch neue ersetzt, wobei die Symmetrie des Gebäudes zu berücksichtigen ist. Der Totalaufwand für die Sanierung wurde auf 14,5 Millionen Franken geschätzt.

Nach Jahren des Zuwartens ging es 1984 rasend schnell: Im Juni beschlossen die Ortsbürger, den Kursaal samt Park an die Einwohnergemeinde unter Auflagen abzutreten. Im Oktober stimmte der Einwohnerrat der Übernahme zu und bewilligte ein Baurecht für die noch zu gründende Betriebsgesellschaft, eine Beteiligung am Aktienkapital, einen Baukredit und ein Darlehen. Im November wurden Stimmbürgerinnen und Stimmbürger informiert

Titelbild des Berichts der städtischen Planungskommission 1974. Sie bejaht die Notwendigkeit einer Neukonzeption, schlägt vier Varianten zur vertieften Bearbeitung vor und empfiehlt die parallele Einleitung einer Kurortplanung.

und bekamen Gelegenheit, sich an einem Tag der offenen Tür selbst ein Bild vom Kursaal zu machen. Am 2. Dezember 1984 war es so weit: An der Urne stimmte eine Mehrheit der Vorlage zu.[356]

Crowdfunding mit städtischer Beteiligung für den Umbau

Gemäss Finanzierungsplan mussten 8 Millionen Franken von der Betriebsgesellschaft zusammen mit der Einwohnergemeinde Baden aufgebracht werden, die restlichen 6,5 Millionen Franken durch ein Bankdarlehen. Das Aktienkapital der Betriebsgesellschaft betrug 3 Millionen Franken. Die Einwohnergemeinde sollte die eine Hälfte übernehmen, private Geldgeber (Privatpersonen, Vereine, Dienstleistungsbetriebe, Industrie, Banken) die andere. Engagierte Badenerinnen und Badener schlossen sich daher zur «Aktionsgemeinschaft Pro Stadtcasino Baden» zusammen und lancierten einen Aufruf zur Zeichnung von Stadtcasinoaktien. In einem Brief warben sie dafür, möglichst zahlreich Aktien à 300 Franken zu zeichnen, weil so das Stadtcasino der Bevölkerung von Stadt und Region gehören würde. Sie hatten klare Vorstellungen davon, was die privaten Haushalte tun sollten: «Für jede Familie mindestens eine, wenn möglich zwei Stadtcasinoaktien.» Der Aufruf wurde rege befolgt, viele Badener Haushalte leisteten einen Beitrag. Auch Autorinnen des vorliegenden Jubiläumsbuchs sind seither Aktionärinnen der Stadtcasino Baden AG. Ebenso die Ortsbürger, die Aktien für 30 000 Franken erwarben.[357]

Für den Aktienkauf seitens der Banken und die Gewährung des Baukredits schlossen sich mehrere Finanzinstitute zu einem Konsortium unter Federführung der Gewerbebank Baden zusammen. Neben dieser waren zwei kantonal tätige Banken (Aargauische Kantonalbank, Aargauische Hypotheken- und Handelsbank) dabei sowie vier schweizweit operierende (Schweizerische Bankgesellschaft, Schweizerischer Bankverein, Schweizerische Kreditanstalt, Schweizerische Volksbank). Die sieben Banken zeichneten zusammen Aktien für 400 000 Franken, 100 000 Franken davon allein die Gewerbebank Baden. Zur Finanzierung der notwendigen 14,5 Millionen Franken trugen private Geldgeber aus Stadt und Region 1,1 Millionen Franken (Aktienkauf) bei, die Einwohnergemeinde 6,5 Millionen

Die Projektgruppe «Neukonzeption Kursaal Baden» präsentiert im Schlussbericht von 1982 die ausgearbeitete Vision «Stadtcasino» und schlägt vor, das Gebäude gründlich zu sanieren. Auch wird eine neue, gemischtwirtschaftliche Trägerschaft empfohlen.

Am 2. Dezember 1984 kommt es zur Abstimmung über die Neukonzeption Kursaal: Die Abstimmungsunterlagen bilden den Kursaal im Zustand des 19. Jahrhunderts ab. Darin legt der Gemeinderat der Einwohnergemeinde das Projekt zur betrieblichen und baulichen Sanierung des Kursaals vor, nachdem der Einwohnerrat es am 25. Oktober angenommen hat.

Franken (Aktienkauf, Beitrag an Ausbau Stadtsaal, Darlehen) und das Bankenkonsortium 6,9 Millionen Franken (Aktienkauf, Baukredit).[358]

Im Juni 1985 wurde die Stadtcasino Baden AG gegründet; die Statuten datieren vom 3. Juni, der Eintrag ins Handelsregister vom 18. Juni. In den Statuten war festgehalten, dass die Gesellschaft ein der Öffentlichkeit dienendes Casino mit dazugehörigen Nebenanlagen betreiben wolle. Zu diesem Zweck übertrug ihr die Einwohnergemeinde Baden ein bis zum 31. Dezember 2084 befristetes Baurecht auf ungefähr 118 Ar (11 800 m²) rund um das Gebäude auf dem Kurparkareal. Das Grundkapital war je zur Hälfte in Aktien der Serie A (für private Kapitalgeber) und der Serie B (für die Einwohnergemeinde Baden) unterteilt. Der Verwaltungsrat sollte aus fünf bis neun Mitgliedern bestehen, wobei die Aktionärsgruppen der Serien A und B je zwei Vertreter wählen würden, die Generalversammlung die restlichen. Im ersten Verwaltungsrat sassen unter anderen der Stadtammann Josef Bürge (*1941) und der Stadtplaner Hans Wanner (*1941) (beide als Vertreter der Einwohnergemeinde) sowie der Direktionspräsident der Gewerbebank Baden Kurt Graber (*1931). Verwaltungsratspräsident war der Spitaldirektor Edwin Müller (*1930).[359]

Neuer Betrieb im erneuerten Gebäude

Die erste ordentliche Generalversammlung der Aktionäre ging am 27. Juni 1986 im Kurtheater Baden über die Bühne. Dabei kamen die Knacknüsse der Sanierung auf den Tisch: der Kostenrahmen und das Parkhaus. Aufgrund einer verfeinerten Kostenschätzung rechnete der Verwaltungsrat inzwischen mit einem Mittelbedarf von 17 Millionen Franken, deutlich mehr als ursprünglich gedacht. Und der geforderte Parkhausbau verzögerte sich mehrfach. Zunächst aufgrund der Suche nach einem finanzkräftigen Partner und dann wegen Einsprachen gegen das Baugesuch. Einer der Einsprecher, der Verkehrsclub der Schweiz, zog den abschlägigen Entscheid der städtischen Behörden an den Kanton weiter. Erst im Jahr 1991 konnte das Parkhaus seinen Betrieb aufnehmen.[360]

Der Stadtrat beriet an seiner Sitzung vom 22. Dezember 1986 über ein neues Finanzierungskonzept. Der Zustand des alten Kursaalgebäudes war schlechter als angenommen, zudem galt es, die seit der ersten Kostenschätzung von 1984 aufgelaufene Teuerung zu berücksichtigen. Der Stadtrat diskutierte daher über ein Investitionsvolumen von 18,5 Millionen Franken. Dieser Betrag sollte durch ein

Der Brief der Aktionsgemeinschaft «Pro Stadtcasino Baden» vom 11. Dezember 1984 ruft die Bevölkerung auf, Aktien zu zeichnen.

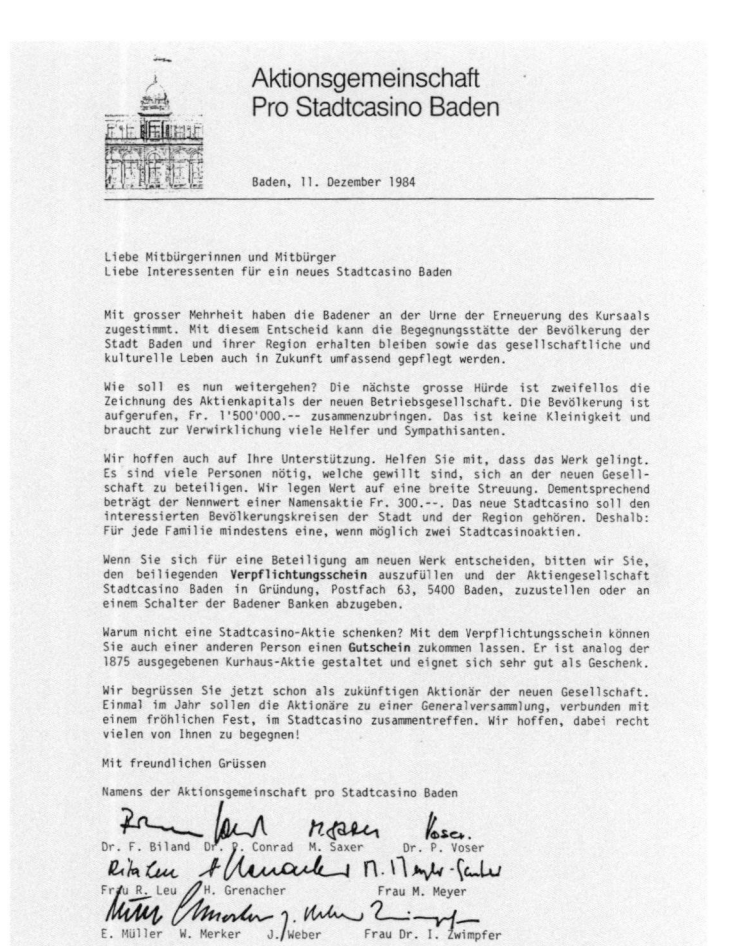

Aktienkapital von 5 Millionen Franken, einen Baubeitrag der Einwohnergemeinde von 3,5 Millionen Franken und ein Darlehen der Einwohnergemeinde von 3 Millionen Franken aufgebracht sowie die restlichen 7 Millionen Franken durch Bankkredite fremdfinanziert werden. Der Antrag an den Einwohnerrat lautete, einer Erhöhung des Aktienanteils der Einwohnergemeinde von 1,5 auf 2,5 Millionen Franken und einer Verdoppelung des Darlehens auf 3 Millionen Franken zuzustimmen. 1987 befürworteten die Aktionäre eine Erhöhung des Aktienkapitals, und der Einwohnerrat stimmte dem Vorschlag des Stadtrats zu. Auch die Ortsbürgergemeinde erhöhte ihren Aktienanteil um 21 000 Franken.[361]

Im November 1987 informierte der Verwaltungsrat in einem Brief an die Aktionäre über die Wahl des Pächters und kündigte eine ausserordentliche Versammlung im Januar 1988 an. Das Stadtcasino sollte an Martin Candrian (*1945) verpachtet werden, der erfolgreich das Bahnhofbuffet und die Restaurants im Hauptbahnhof Zürich betrieb. An der ausserordentlichen Generalversammlung der Aktionäre ging es um die Einzahlung des Erhöhungskapitals und die dazu gehörende Statutenänderung. Im Juni 1988 fand die dritte ordentliche Generalversammlung der Aktionäre – zum letzten Mal – im Kurtheater Baden statt. Der Pächter Martin Candrian stellte sich selbst und den neuen Betriebsdirektor Roland Plüss vor. Der Verwaltungsratspräsident war optimistisch, was Kosten und Zeitplan anging. «Die Kosten sind unter Kontrolle, mit Überraschungen ist nicht mehr zu rechnen.» Er kommunizierte den ehrgeizigen Eröffnungsplan: Aktionärstag am 28. Dezember, Tag der offenen Tür am 29. Dezember und Eröffnungsfeier mit Silvesterball am 31. Dezember 1988.[362]

Das Stadtcasino eröffnete wie geplant in den letzten Dezembertagen des Jahres 1988 und nahm seinen Betrieb auf. Die vierte ordentliche Generalversammlung der Aktionäre fand im Juni 1989 im Stadtcasino statt.[363]

Das Geschäftsmodell funktioniert nicht

Anderthalb Jahre nach Betriebsaufnahme zog der Verwaltungsrat im Juni 1990 Bilanz: Die Umsatzziele waren in den ersten Betriebsjahren nicht erreicht worden. Gründe dafür waren Schwierigkeiten aufgrund von Direktionswechseln, Mängel bei der Betriebsführung und Beeinträchtigungen durch die Parkhausbaustelle. Der Pächter Martin Candrian hatte grosse Verluste erlitten. Er konnte den vereinbarten Pachtzins von 550 000 Franken pro Jahr nicht aufbringen und steckte in Liquiditätsproblemen. Ohne Hilfe von aussen war die Wiedereröffnung nach den Sommerferien im August gefährdet. Das neu eröffnete Stadtcasino litt vermutlich auch unter den Nachwirkungen des Schocks, den die Fusion der BBC mit der schwedischen Asea in Stadt und Region ausgelöst hatte. Nach Bekanntgabe der Firmenzusammenlegung im August 1987 wurden bis im März 1988 erste Zahlen zu den geplanten Entlassungen bekannt. Die Rede war von gegen 2000 Arbeitsplätzen, die verloren gehen sollten. Vielen Leuten aus Stadt und Region war Ende der 1980er-Jahre kaum nach einem Besuch des Stadtcasinos zumute.[364]

Der Verwaltungsrat wollte die Schliessung des Betriebs unbedingt verhindern, da er einen irreparablen Schaden befürchtete. Er schlug vor, eine Betriebsgesellschaft zu gründen, die das betriebliche Risiko tragen sollte. Die Stadtcasino Betriebs AG wurde mit einem Aktienkapital von 2,5 Millionen Franken ausgestattet. Candrian brachte vierzig Prozent davon auf (teilweise durch Sacheinlagen), die Stadtcasino Baden AG sechzig Prozent. Die neue Betriebsgesellschaft wurde am 13. September 1990 im Handelsregister des Kantons Aargau eingetragen. Ein neuer Pachtvertrag zwischen der Stadtcasino Baden AG und der Stadtcasino Betriebs AG löste den alten Vertrag mit Candrian ab. Candrian verpflichtete sich, die in seiner Zeit als Pächter aufgelaufenen Betriebsverluste vollumfänglich zu tragen. Dafür wurden ihm Vorleistungen im Wert von knapp 1,2 Millionen Franken (darunter Kleininventar und Warenvorräte) angerechnet.[365]

Der Verwaltungsrat war der Auffassung, dass das Stadtcasino auf Erfolgskurs gebracht werden könne, wenn es gelänge, Fremdmittel (Darlehen und Bankkredite mit fester Verzinsung) durch Eigenmittel zu ersetzen. Das sollte durch eine Aktienkapitalerhöhung bewerkstelligt werden. Dafür benötigte der Verwaltungsrat die Zustimmung der Aktionäre und die Stadt als Mehrheitsaktionärin die Zustimmung des Einwohnerrats. Die Aktionäre stimmten an einer ausserordentlichen Versammlung im September 1990 der Kapitalerhöhung zu. Die Hälfte dieser Kapitalerhöhung sollte die Einwohnergemeinde tragen. Ebenfalls im September sicherte der Stadtrat der Stadtcasino Baden AG zu,

Im *Aargauer Volksblatt* vom 21. Oktober 1991 wird über Gründe und Folgen der verlorenen Abstimmung vom Vortag spekuliert.

Casino: «Jetzt isch es aber gründli i d Hose gange»

ku./ve. BADEN – Ernüchterung bei den rund 250 Aktionären, die gestern abend an die Aktionärsversammlung der Stadtcasino AG kamen: Mit beinahe stoischer Ruhe hörten sie sich die Kunde vom vielleicht schon baldigen Ende «ihres» Stadtcasinos an. Eine Rettung für den maroden Betrieb konnte der Verwaltungsrat auch gestern nicht präsentieren.

Verwaltungsratspräsident Sepp Bürge stellte zu Beginn klar, dass es an dieser Aktionärsversammlung nur darum gehen könne, nach der Casino-Abstimmung das Gespräch zwischen dem Verwaltungsrat und den 1700 Aktionären aufrechtzuerhalten, sie zu informieren und falsche Gerüchte zu begradigen. Bürge betonte einmal mehr, dass der Geschäftsgang zwar noch immer unter den Budgetvorstellungen, zumindest aber deutlich über dem Vorjahresresultat liege.

Trotzdem seien zusätzliche Anstrengungen notwendig, um einen Casino-Betrieb über das Jahr 1991 hinaus sicherzustellen. Für den Verwaltungsrat stünden deshalb vier Rettungsmöglichkeiten im Zentrum ihrer Diskussionen. Eine erste Sanierungsvariante geht von einer Weitervermietung von Teilen des Stadtcasinos aus; natürlich ohne Auszahlung einer Dividende für die Aktionäre. Einen Kapitalschnitt stellt die zweite Lösung dar. Indem neue (Haupt-)Aktionäre gefunden werden könnten, die sich in die Stadtcasino AG einkaufen und so das Aktionärskapital erhöhen würden, könnte der Casino-Betrieb zwar aufrechterhalten werden. Die Stadt wäre jedoch gezwungen, zur Offenhaltung des Stadtsaals jährlich sechsstellige Zuschüsse zu zahlen. Dazu brauche es Entscheide durch den Einwohnerrat, die dem Referendum unterliegen würden.

Als dritte Variante steht ein Verkauf im Baurecht zu einem höchstmöglichen Preis zur Debatte: Die Stadtcasino AG würde bestehen bleiben, die Aktien würden jedoch wertlos. Der Stadtsaal könnte in dieser Lösung «unter Umständen» für öffentliche Veranstaltungen offenbleiben, sofern der neue Besitzer keine anderen (Bestuhlungs-)Pläne habe. Das Positive daran: Der Betrieb könnte ohne Unterbruch weitergeführt werden. Als vierte mögliche Lösung kündigte Verwaltungsratspräsident Bürge den Konkurs der Stadtcasino AG an, was nicht nur das Ende der AG bedeuten würde, sondern auch mit der Schliessung des Tradiotionshauses verbunden sein müsste.

Harsche Kritik am Verwaltungrat

In der folgenden Diskussion wurde schon sehr bald der Vorwurf der Augenwischerei an die Adresse des Verwaltungsrats gerichtet. In den vergangenen Monaten habe er sich an eine Vorlage geklammert, die von Beginn weg zum Scheitern verurteilt gewesen sei. Das Votum wurde zwar vom Applaus zahlreicher Aktionäre begleitet, die Diskussionsrunde artete jedoch nicht zur befürchteten Schlacht am fehlenden Buffet aus. Denn unter den meisten Aktionären hatte sich Ernüchterung breitgemacht. Von keiner Seite wurde gestern die noch vor Monaten dementierte Ansicht, dass die Aktien keinen Wert mehr haben, angezweifelt.

Kurt Graber erklärte im Namen der Badener Banken, dass von ihnen keine weiteren Kredite für das Stadtcasino zu erwarten seien. Die Banken seien mit dem Kauf von Aktien im Wert von 400 000 Franken ihrer Sponsorenpflicht zur Genüge nachgekommen. Graber betonte zudem, dass sie von Anfang an der Ansicht vertreten haben, dass sie auf ihre Zinsen verzichten werde. Als Beleg las er einen entsprechenden Brief aus dem Jahre 1985 vor. Der von Peter Voser geäusserte Vorschlag, der die Banken zu einem Zinsmoratorium aufrief, sei deshalb unannehmbar.

Auch die Pensionskasse der Motor Columbus kündigte an, dass sie auf ihre Ansprüche nicht verzichten werde, da sie ihrerseits Verpflichtungen gegenüber ihren versicherten Mitgliedern wahrnehmen müsse.

Stadtrat Peter Conrad sagte, dass man endlich einsehen müsse, dass das betriebswirtschaftliche Konzept versagt habe. Realistisch sei heute einzig eine private Lösung, bei der die Stadt auf einen Teil ihrer Ansprüche verzichten müsse. Conrad weiter: «Wir müssen uns damit abfinden, dass unsere Aktien nichts mehr wert sind.» Denn: «Wir sind Pleite.»

Jurist Peter Blöchlinger stellte auch klar, dass die gestern in einem Leserbrief gemachte Feststellung, von seiten der Handwerker bestünden Forderungen, falsch seien. Betreibungsandrohungen seien zurzeit keine bekannt, ergänzte der Vizepräsident des Verwaltungsrats, Edi Müller. Bedrohlich werde erst der auf Ende Jahr fällige Hypothekarzins.

Aktionär Eugen Bättig kritisierte die Arroganz der Geschäftsführung, wie sie in einem AV-Interview von Leo Egloff zum Ausdruck gebracht worden war. Egloff hatte die Aktionäre aufgerufen, weitere Gelder für das Casino zur Verfügung zu stellen. Einwohner André Roth rief 200 Badener dazu auf, 1000 Franken in die Stadtcasino AG einzuwerfen; dies in Form einer Goodwill-Aktion, was von einem Raunen im Saal quittiert wurde.

Der sichtbar ungeduldiger Verwaltungsratspräsident Sepp Bürge kündigte zum Schluss an, dass schon bald eine ausserordentliche Aktionärsversammlung stattfinden werde, an der «Entscheide getroffen werden müssen».

Aktionäre im Gespräch. Foto: Andreas Kunz

---

dem Einwohnerrat einen entsprechenden Antrag vorzulegen. Ausserdem setzte er eine Arbeitsgruppe ein, um weitere Vorschläge zur Unterstützung des Stadtcasinos durch die Einwohnergemeinde zu erarbeiten. Die Arbeitsgruppe bestand aus zwei Mitgliedern des Stadtrats, zwei des Verwaltungsrats sowie dem Finanzverwalter der Stadt. Bereits im Januar 1991 – bevor die Gruppe ihre Arbeit abgeschlossen hatte – veranlasste der Stadtrat die Zahlung von 800 000 Franken an die Stadtcasino Baden AG als Überbrückungskredit. Damit konnte diese ihren Anteil am Aktienkapital der Betriebsgesellschaft finanzieren. Anfang September präsentierte die Arbeitsgruppe ihre Vorschläge an einer Orientierungsversammlung, am 10. September 1991 beriet der Einwohnerrat darüber. Er stimmte nach «langer, zum Teil konfuser Diskussion» den Anträgen den Stadtrats zu: Abschreibung des Überbrückungskredits von 800 000 Franken, Gewährung eines Darlehens von 5,5 Millionen Franken und ein jährlicher Betriebsbeitrag an den Stadtsaal von 300 000 Franken. Mit dem Betriebsbeitrag sollte unter anderem die Saalmiete für einheimische Vereine subventioniert werden.[366]

Die Stimmenden sagen Nein zum Sanierungsplan

Der Beschluss des Einwohnerrats zur Unterstützung der Stadtcasino Baden AG unterstand dem Finanzreferendum, das am 20. Oktober 1991 stattfand. Resultat: 1468 Ja gegen 3022 Nein – die Stimmenden lehnten den Sanierungsplan ab! Die Verantwortlichen standen vor einem politischen und finanziellen Scherbenhaufen.[367]

Der Verwaltungsrat schrieb an die Aktionäre und bekräftigte seinen Entschluss, das Stadtcasino weiterhin in Betrieb zu halten, insbesondere den Stadtsaal. Wiederkehrende finanzielle Verpflichtungen würden monatlich sichergestellt, während mit den Gläubigern Verhandlungen über Sanierungsmöglichkeiten liefen. Am Schluss des Briefs die bittere Erkenntnis: «Die Stadtcasino Baden AG ist mittelfristig nicht mehr in der Lage, den Betrieb des Stadtcasinos aus eigener Kraft weiterzuführen.» An der Aktionärsversammlung vom 5. November 1991 hagelte es heftige Kritik auf den Verwaltungsrat.[368]

Auch die Stadt suchte Lösungen aus der verfahrenen Situation. Sie wollte erstens eine Schliessung des Betriebs verhindern und zweitens dessen lang-

Der Bericht über die Aktionärsversammlung vom 5. November 1991 im *Aargauer Volksblatt* vom Folgetag zeigt, wie ratlos der Verwaltungsrat war. Er skizziert mögliche nächste Schritte und kündigt eine ausserordentliche Versammlung an, um Entscheide zu treffen.

fristiges Überleben sichern. Nachdem sich zwei Lösungsvorschläge mit Beteiligung von Badener Unternehmern zerschlagen hatten, gelang es anschliessend, einzelne Elemente für die Sanierung zu formulieren: Die Kosten für den Betrieb des Stadtsaals sollte die Einwohnergemeinde tragen, ein Pächterehepaar sollte die Gastronomie übernehmen und das sogenannte Nachtgeschäft (Bar, Dancing, Spiel) sollte ausgebaut werden. Ausserdem sollte der Verwaltungsrat personell neu besetzt werden.[369]

Der Einwohnerrat bewilligte im Dezember 350 000 Franken für den Saalbetrieb im Jahr 1992. Für die Erweiterung des Nachtgeschäfts fand sich in der Joy Management AG ein bewährter Partner. Deren Mehrheitsaktionär Alwin Kecht führte erfolgreich Diskotheken in Neuenhof und Aarau sowie das Dancing im Stadtcasino. Die «Badener Stube» im Nordflügel sollte mit Spielautomaten bestückt werden und hohe Erträge generieren. Alwin Kecht bot der Stadtcasino Baden AG einen Liquiditätsvorschuss von 250 000 Franken an, sofern die kantonalen Behörden den Spielautomatenbetrieb bewilligten.[370]

Am 19. März 1992 versammelten sich die Aktionäre im Stadtcasino. Sie genehmigten den Jahresbericht und die Jahresrechnung 1991, die mit einem Verlust von knapp 1,5 Millionen Franken abschloss. Josef Bürge, Hans Wanner und Kurt Graber traten aus dem Verwaltungsrat zurück. Als neuer Verwaltungsratspräsident wurde der Direktor der Schweizerischen Hotel-Treuhand Erich Walzer gewählt, der Badener Rechtsanwalt Peter Blöchlinger (1947–2015), der bereits seit 1990 im Verwaltungsrat sass, wurde als neuer Verbindungsmann zum Stadtrat bezeichnet.[371]

Die Jahre 1993 und 1994 waren von weiteren betrieblichen Verlusten und Auseinandersetzungen mit den Gläubigern geprägt. Per 1. Januar 1993 übernahm die Joy Management AG die Verantwortung für den Betrieb des Stadtcasinos, auch finanziell – damit war die Muttergesellschaft aus dem Schneider. Der Verwaltungsrat erreichte in langwierigen Verhandlungen mit den Gläubigern, dass die Rückzahlung der Darlehen aufgeschoben und die Zinsen weiterhin gestundet wurden. Gleichzeitig erwartete er ungeduldig die angekündigte Neureglementierung des Glücksspiels auf nationaler Ebene.[372]

Spielcasino im Kursaal und
Stadtsaal im Trafo

Am 7. März 1993 befürworteten die Schweizer Stimmberechtigten die Aufhebung des Spielbankenverbots. Im Januar 1995 prüfte der Aargauer Regierungsrat das Gesuch um Bewilligung eines Automatencasinos im Kursaal Baden und erteilte diese «auf Zusehen hin». Am 28. April desselben Jahres eröffnete das Automatencasino im Nordflügel. Bereits im Eröffnungsjahr resultierte ein Gewinn. In den Folgejahren 1996 und 1997 waren die erwirtschafteten Überschüsse so hoch, dass die Stadtcasino Baden AG alle ihre grundpfandgedeckten Darlehen vollumfänglich zurückzahlen konnte. Mehr noch: Erstmals in ihrer Geschichte zahlte sie fürs Jahr 1997 eine Dividende aus.[373]

Die guten Zahlen ermutigten den Verwaltungsrat, Vorkehrungen zu treffen, um für Baden eine vorteilhafte Position bei der angekündigten Zuteilung von Konzessionen für Spielbanken zu schaffen. Er plante Umbauten im bestehenden Kursaalgebäude sowie einen Erweiterungsbau für den Spielbetrieb. Die dafür notwendigen Investitionen wurden durch eine Verdoppelung des Aktienkapitals von 5 auf 10 Millionen Franken finanziert. In der Folge bekräftigte der Verwaltungsrat zusammen mit dem Stadtrat seine Absicht, in Baden ein Grand-Jeu-Casino zu eröffnen. Aus baulicher Sicht gab es dafür zwei Varianten: «Casino im Stadtsaal» versus «Casino im Annexbau». Die Verantwortlichen bevorzugten klar Ersteres, unter anderem, weil sich Baden mit dem historischen Gebäude im Park von der Konkurrenz mit ihren gesichtslosen Bauten in Gewerbegebieten abheben konnte. Damit verlagerte der Kursaal sein Gewicht nach den Veranstaltungen und der Gastronomie auf das Glücksspiel. Am 1. Juli 2000 wurde der Stadtsaal für Umbauarbeiten geschlossen, auch die restlichen Räume im Kursaal standen ab da nur noch beschränkt zu Verfügung. Ein Zelt im Park diente vorübergehend als Ersatz, dank Heizung war es sogar winterfest.[374]

Bereits im Frühjahr 1999 hatte die Stadtcasino Baden AG in Zusammenarbeit mit der Stadt Baden einen Ideenwettbewerb zum Neubau des Stadtsaals durchgeführt. Am 1. Juli lag der Bericht des Preisgerichts vor. Kurz danach ergab sich eine schnellere und preisgünstigere Möglichkeit, zu einem neuen Stadtsaal zu kommen: durch den Umbau einer früheren Industriehalle im Trafo. Deren Eigentümerin, die ABB Immobilien AG, war auf der Suche nach

Im Mai 2003 wird der Stadtsaal im Trafo mit einem Festbankett eröffnet.

einem langfristigen Mieter, nachdem sich ein Projekt zur Einrichtung einer Music Hall zerschlagen hatte. Am 24. Oktober 2000 stimmte der Einwohnerrat ohne Gegenstimme einem Antrag des Stadtrats zu, einen Kredit für den Innenausbau und die jährliche Raummiete zu gewähren. Am 26. November bekräftigten die Stimmenden den Entscheid an der Urne. Die Halle wurde auf Kosten der Einwohnergemeinde zum Stadtsaal umgebaut und eröffnete im Mai 2003.[375]

Von der Werkhalle zum Kultur- und Kongresszentrum

Der Stadtsaal wurde anfänglich von der Stadtcasino Betriebs AG bewirtschaftet, die alle Gastrobetriebe des Stadtcasinos führte. Roberto Scheuer (*1958), Geschäftsführer des Stadtcasinos seit 1994, gelang es, nicht nur das Restaurant, sondern auch das Saalgeschäft im Kursaalgebäude wieder aufblühen zu lassen. Er holte einheimische Vereine zurück und konnte auswärtige Veranstalter vom Stadtcasino überzeugen. Den Tatbeweis für die Leistungsfähigkeit des Betriebs erbrachte er Mitte der 1990er-Jahre, als sein Team ein Catering für tausend Plätze in den BBC-Hallen reibungslos über die Bühne brachte. 2003 verlagerte sich das Saalgeschäft samt Catering ins Trafo. Es war gelungen, die Kundschaft über die Umbauzeit 2000–2003 hinweg zu halten, dank des Zeltprovisoriums im Park. Nach dem Umzug war das Unternehmen imstande, Caterings für bis zu 3000 Personen anzubieten.[376]

2011 ergab sich eine neue Situation: Ein lokaler Investor plante im Trafo den Bau eines Hotels mit Wohnungen samt Restaurant und die Umnutzung von zwei grossen Werkhallen zu Eventlocations (Hallen 36 und 37). Zu diesem Zweck gründete er die Trafo Hotel AG. Diese neue Gesellschaft verband sich mit dem Stadtcasino zu einem Joint Venture. Zusammen gründeten sie die Trafo Baden Betriebs AG, die fortan alle Kongressaktivitäten im Trafogebäude – auch im Stadtsaal – bewirtschaften sollte. Im Jahr 2014 wurden die neuen Räume eröffnet und verdoppelten damit auf einen Schlag die verfügbare Fläche zur Durchführung von Anlässen. Scheuer hatte bereits 2011 als Geschäftsführer zur Trafo Betriebs AG gewechselt und baute dort das Geschäft auf, etablierte Marketing und

Verkauf (Räume und Gastronomie für Kongresse, Konferenzen, Events). Es folgten gute Jahre, bis 2017 das Hallengeschäft einbrach. Eine neue Strategie und ein neuer Geschäftsführer sollten die Trafo Betriebs AG wieder profitabel machen. Doch dann kam das Coronavirus und traf die Gesellschaft hart, sie musste in den Jahren 2020/21 ihren Betrieb wochenlang einstellen. Kunden stornierten bereits getätigte Buchungen, die Nachfrage brach komplett ein.[377]

Im Erdgeschoss des Nordflügels steht ab 1887 im mittleren Raum ein Rösslispiel (le Jeu aux petits chevaux).

Das Casino für Spielwillige

Das Spiel war seit den 1880er-Jahren im Angebot des Kursaals und lieferte zuverlässig einen positiven Beitrag zum Geschäftsergebnis, weit über hundert Jahre lang. Mitte der 1990er-Jahre wurde das Casino gar zum Retter des Kursaals. Die Schuldenlast nach dem grossen Umbau sowie die defizitären Teilbetriebe Restaurant und grosser Saal zogen den Kursaal jahrelang ins Minus. Das Automatencasino schaffte nicht nur den Ausgleich, sondern ermöglichte darüber hinaus die Rückzahlung der aufgelaufenen Schulden in Millionenhöhe. Der Spielbetrieb machte mit der Eröffnung des Grand Casinos im Jahr 2002 einen weiteren Riesensprung bei den Erträgen. Der Glücksspielmarkt in der Schweiz war und ist hart umkämpft. Um die Zukunft der Stadtcasino Baden AG zu sichern, entschied sich der Verwaltungsrat für eine Verbreiterung der Geschäftsbasis, durch Zukauf verschiedener Beteiligungen im In- und Ausland. Die Stadtcasino Baden AG betreibt seit 2012 mehrere Casinos, in der Schweiz und in Deutschland. Die neueste Akquisition ist eine Firma, die IT-Lösungen für Online-Spiele entwickelt und vertreibt. Nicht nur die Konkurrenz, auch der Gesetzgeber sorgte für neue Herausforderungen im Kursaalbetrieb: Der gesetzliche Rahmen für das Glücksspiel in der Schweiz veränderte sich in den vergangenen 150 Jahren mehrmals, zum Teil drastisch.

Vom Rösslispiel zum Ballspiel zum Roulette

Im Kursaal Baden wird nachweislich seit 1887 um Geld gespielt. Damals mietete ein Veranstalter, L. Goetschel aus Montreux, einen Raum für 500 Franken und stellte dort einen Rösslispielapparat auf. Er betrieb das Spiel mit eigenem Personal und auf eigene Rechnung, natürlich unter Beobachtung der Kursaalbetreiber. Was sie sahen, muss die Badener beeindruckt haben: Schon ein Jahr später kauften sie den Spielapparat und strichen die Überschüsse aus dem Spiel selbst ein. Die Erträge stiegen kontinuierlich: von 500 (1887) auf 5826 (1888) und weiter auf 16 362 Franken (1897). Auch in anderen Kursälen hielt das Rösslispiel dank Goetschels Einsatz Einzug. Der Kursaal Interlaken verpachtete 1893 den gesamten Spielbetrieb an dessen Firma.[378]

Der Rösslispielapparat (le Jeu aux petits chevaux) war ein mechanisches Wunderwerk aus Holz und

Detailbilder eines Rösslispielapparats im Schweizer Spielmuseum in La Tour-de-Peilz: Acht Blechpferdchen drehen im Kreis, bis eines zufällig zum Sieger gemacht wird. Der Apparat in Baden sah ähnlich aus.

Metall. Acht Blechpferdchen zogen in konzentrischen Kreisen ihre Bahnen, bis ein Zufallsmechanismus eines zum Sieger erkor. Wer auf das richtige Pferdchen gesetzt hatte, strich den Gewinn ein. Der Apparat war allerdings fehleranfällig, und es war nicht ganz klar, ob der Sieger tatsächlich zufällig ausgewählt wurde oder ob verdeckte Manipulation im Spiel war. Als Reaktion auf die zunehmende Kritik entwickelte der Hersteller ein gleichwertiges Spiel, bei dem ein Ball in einem rotierenden offenen Kessel mit 18 Fächern rollte, bis er in einem Fach liegen blieb. Das Spiel mit dem Ball (la Boule) war geboren. Einige Jahre lang wurden in Schweizer Kursälen beide Spiele gespielt, mit begrenzten Einsätzen. 1905 kam der Bundesrat zum Schluss, dass das «Boulespiel unbedingt vorzuziehen sei, weil es nicht durch einen verdeckten Mechanismus in Gang gesetzt wird, sondern vor den Augen des Publikums, und für jedermann kontrollierbar sich abwickelt». Baden engagierte für die Saison 1908 einen Spieledirektor, der persönlich für die gute und tadellose Führung der Spiele mit dem Ball haftete.[379]

Aus dem Boule-Spiel entstand das aufregendere Roulette mit höheren Gewinnen (bis zum 35-Fachen des Einsatzes): eine rollende Kugel in einem drehenden Kessel mit 36 Fächern. In der Schweiz darf Roulette mit beliebig hohen Einsätzen erst seit 2002 in Casinos mit A-Konzession gespielt werden – unter anderen in Baden.

Spielcasino polarisiert die Politik

1887 ordnete das Bezirksamt die Schliessung des Spiellokals im Kursaal an, gestützt auf das kantonale Verbot gewerblicher Glücks- und Hazardspiele von 1838. Der Badener Stadtrat rekurrierte gegen die Verfügung der Staatswirtschaftsdirektion beim Regierungsrat. Im Februar 1888 beschloss dieser, dem Rekurs stattzugeben und das Rösslispiel im Kursaal Baden zu dulden, allerdings mit Auflagen. Es musste in einem geschlossenen Raum stattfinden, der nur Kurgästen zugänglich und nur nachmittags während einiger Stunden offen war. Ausserdem wurde der Maximaleinsatz pro Spielrunde auf 1 Franken begrenzt. Der Regierungsrat liess sich bei seinen Erwägungen von Artikel 35 der damals geltenden Bundesverfassung (von 1874) leiten, der ausdrücklich die Einrichtung von

Acht Pferdchen in vollem Galopp auf der Rennbahn.

«Spielbanken» verbot. Und Kursäle waren keine Spielbanken, sondern eben Kursäle, die ihren Besucherinnen und Besuchern einen ganzen Strauss von Unterhaltungsmöglichkeiten offerierten, das Spiel war nur eine davon. Auch in anderen Kantonen ging es ähnlich: Die kantonalen Behörden duldeten in ihren Kursälen Glücksspiele als harmlose Vergnügen, beispielsweise der Kanton Bern im Kursaal Interlaken.[380]

Im März 1920 gelang Casinogegnern der Coup: Ihre Volksinitiative «für ein Verbot der Einrichtung von Spielbanken» wurde angenommen. Die Initiative verlangte ein Totalverbot des gewerbemässigen Geldspiels und die Schliessung bestehender Betriebe innerhalb von fünf Jahren. Im März 1925 schloss daher der Casinobetrieb in Baden seine Türen – die übrigen Teilbetriebe des Kursaals machten weiter wie zuvor. Die Schliessung war jedoch nur vorübergehend: Vier Jahre später, im März 1929, öffnete das Casino erneut. Die Fremdenverkehrsbranche hatte ihrerseits in der Zwischenzeit die Volksinitiative «Kursaalspiele» lanciert, die das Boule-Spiel in Kursälen unter bestimmten Auflagen erlauben sollte. Sie wurde im Dezember 1928 angenommen. Als Auflagen wurde unter anderem festgelegt, dass der Einsatz pro Spielrunde maximal 2 Franken betragen dürfe und dass ein Viertel der Roheinnahmen aus dem Spiel an den Bund abgeliefert werden müsse, zur Gutmachung von Elementarschäden oder Unterstützung gemeinnütziger Fürsorgeeinrichtungen (sog. Bundesviertel).[381] Seit 1920 werden Geldspiele in den Kursälen der Schweiz auf nationaler Ebene reguliert. Davor herrschte ein kantonaler Flickenteppich.

Glücksspiele als Einnahmequelle

Der harte politische Kampf um die Bewilligung von Glücksspielen im 19. Jahrhundert erklärt sich aus deren ökonomischer Bedeutung für die Betreiber, die Standortgemeinden und -kantone. Sie waren eine zuverlässig sprudelnde Geldquelle, zogen zahlungskräftiges Publikum an und schufen Arbeitsplätze. Kurorte und Kursaalbetreiber, die teure Einrichtungen für Kurgäste finanzieren mussten, konnten und wollten nicht darauf verzichten. Der Kurort Interlaken beispielsweise bestritt in den 1880er-Jahren mit den Einnahmen aus dem Rösslispiel vollumfänglich die Ausgaben

Ein Boule-Tisch im Spielsaal nach der Vergrösserung im Jahr 1912. Das Ballspiel (la Boule) löste das Rösslispiel ab und wurde ab 1908 in Baden gespielt.

für das Kurorchester. Auch in Baden machten die Einnahmen aus dem Spiel einen wichtigen Posten aus. Im Jahr 1892 betrugen sie knapp 8000 Franken. Zum Vergleich: Die Kurtaxen brachten 31 000 Franken ein, das Kurorchester kostete 16 000 Franken und die Verzinsung des Darlehens für den Kurhausbau 25 000 Franken.[382]

Im 20. Jahrhundert verlagerte sich die politische Auseinandersetzung auf die Anhebung des Maximaleinsatzes pro Spielrunde. Dieser war 1928 nominal festgesetzt worden auf 2 Franken – in einem Verfassungsartikel. Viel zu wenig, meinte die Branche, angesichts steigender Betriebskosten. In den 1950er-Jahren führte der Verband Schweizer Kursaal-Gesellschaften eine Informations- und Werbekampagne durch, mit dem Ziel, den Maximaleinsatz auf 5 Franken zu erhöhen. Mit Erfolg. Im Dezember 1958 nahmen die Stimmbürger die Vorlage an zur Änderung eines einzigen Wortes in Artikel 35 der Bundesverfassung: Aus «zwei» [Franken] wurde «fünf» [Franken]. Die Bruttospielerträge in Baden sprangen in der Folge von 50 000 bis 100 000 Franken auf 250 000 bis 500 000 Franken pro Jahr (siehe Grafik 2, S. 190).[383]

Anfang der 1990er-Jahre waren die Bundesfinanzen aus dem Gleichgewicht. Daher beschlossen die Eidgenössischen Räte im Herbst 1992 ein Sanierungspaket, das Massnahmen zur Generierung zusätzlicher Einnahmen enthielt. Die Einrichtung von Spielbanken innerhalb der Schweiz war eine davon. Es war Fachleuten und Behörden nicht entgangen, dass sich entlang der Schweizer Grenzen ausländische Spielbanken etabliert hatten, die sich gezielt an spielwillige Schweizerinnen und Schweizer richteten (am Bodensee, Genfersee und Luganersee). Die Absicht war, jene Millionenumsätze in der Schweiz zu behalten und vom Ertrag der Casinobetreiber ordentlich abzuschöpfen. Dazu mussten Spielbanken in der Schweiz zugelassen werden, und gleichzeitig sollte mit einer klugen Regulierung dafür gesorgt werden, dass keine unerwünschten Begleiterscheinungen auftraten (Spielsucht, Geldwäsche). Im Jahr 1993 wurde das Spielbankenverbot aufgehoben, im Jahr 2000 trat das neue Spielbankengesetz in Kraft. Die darin festgelegte Spielbankenabgabe spülte in zwanzig Jahren (von 2002 bis 2021) mehr als 7 Milliarden Franken in die Kassen von AHV/IV.[384]

Baden war Nutzniesser der Neuregelungen: Das Automatencasino, das 1992 von den kantonalen Behörden noch abgelehnt worden war, konnte 1995 realisiert werden. Es eröffnete im April mit hun-

Eine Menschengruppe steht um den Boule-Tisch, Fotoshooting für eine Werbekampagne der 1970er-Jahre.

dert Spielautomaten (Slotmaschinen) im Nordflügel, zusätzlich zu den Boule-Tischen. Finanziert und betrieben wurde das Automatencasino vom Unternehmer Alwin Kecht, der mit seiner Joy Management AG 1993 eingestiegen war und eine 49-Prozent-Beteiligung an der Spielbank Baden hielt. Dem VR-Präsidenten Peter Blöchlinger war es drei Jahre lang gelungen, dass die kreditgebenden Banken stillhielten. Doch Anfang 1995 sollte damit unwiderruflich Schluss sein. Das Automatencasino war nach der Eröffnung sofort profitabel und rettete damit die Stadtcasino Baden AG im allerletzten Moment vor dem Untergang. Das neue Automatencasino profitierte dabei von der zeitgleichen Schliessung aller Spielsalons in Zürich per 1. April 1995. Es konnte nicht nur einen erfahrenen Geschäftsführer übernehmen, sondern vermutlich auch einen Teil der Kundschaft. Der Casinobetrieb leistete 1995 einen Beitrag von 3,3 Millionen Franken an die Erfolgsrechnung der Stadtcasino Baden AG, im Jahr 1996 waren es 5,6 Millionen Franken. Die Casinoumsätze stiegen in den Folgejahren weiter an. Der ehemalige Geschäftsführer Ernesto Sommer schätzt, dass er Ende der 1990er-Jahre jährlich einen Bruttospielertrag (Total der Einsätze minus Total der ausbezahlten Gewinne) von 40 bis 45 Millionen Franken erzielte. Es liegen allerdings keine schriftlichen Quellen vor, mit denen sich diese Zahlen belegen lassen würden. Mit den üppigen Überschüssen der Tochter Joy Management AG konnte die Stadtcasino Baden AG sämtliche Darlehen samt aufgelaufener Zinsen zurückzahlen. 1998 war die Muttergesellschaft schuldenfrei – dank einer Lücke in der Gesetzgebung: Die Spielerträge aus dem Automatencasino fielen bis ins Jahr 2002 vollumfänglich den Betreibern zu (ohne Abzug einer Sondersteuer), allerdings erhob der Kanton eine pauschale Gebühr von 220 Franken pro Automat und Jahr, also 22 000 Franken pro Jahr. Auf den kleinen Erträgen aus dem Boule-Spiel war weiterhin das Bundesviertel fällig (siehe Grafik 2, S. 190).[385]

A-Konzession und Grand Casino

Nach den guten Erfahrungen mit dem Automatencasino beschloss der Verwaltungsrat der Stadtcasino Baden AG, sich für eine A-Konzession zu bewerben. Bereits Ende 1999 begann er, Vorbereitungen

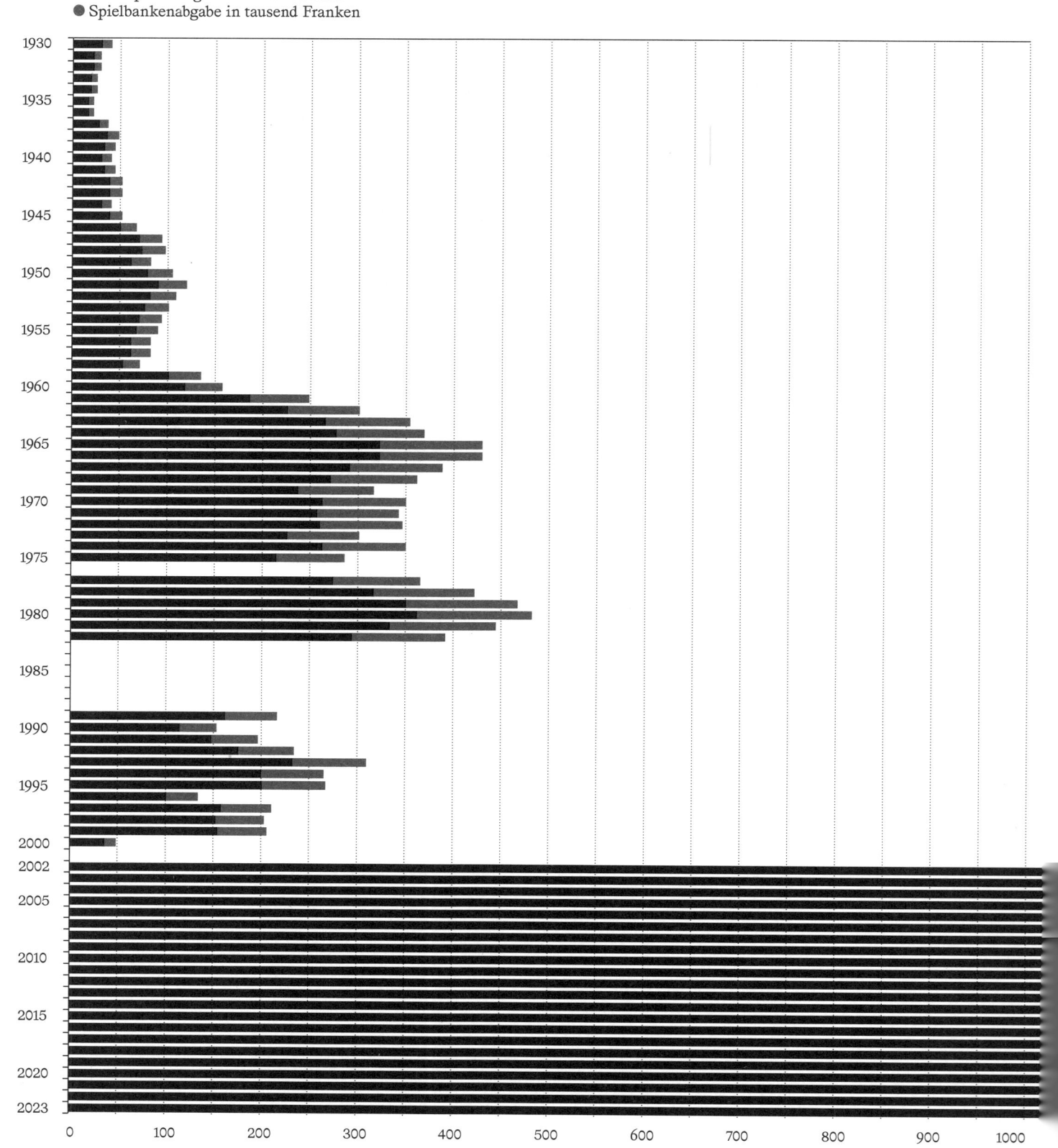

Grafik 2: Bruttospielerträge, Nettospielerträge und Sondersteuer 1930–2023 des Kursaals Baden bzw. der Stadtcasino Baden AG, in tausend Franken. Die Erträge 1930–2002 stammen aus dem Boule-Spiel, das mit einer Sondersteuer von 25 Prozent belastet wurde. Die Millionenumsätze aus dem Automatencasino zwischen 1995 und Mitte 2002 fehlen in der Grafik. Sie wurden nicht gesondert besteuert.

● Nettospielertrag in tausend Franken
● Spielbankenabgabe in tausend Franken

Grafik 3: Bruttospielerträge, Nettospielerträge und Sondersteuer 1930–2023 der Stadtcasino Baden AG, in Millionen Franken. Die Erträge wurden in mehreren Casinos erwirtschaftet: in Baden (Mitte 2002–2023), Davos (2012–2020) und Locarno (seit 2022) sowie in zwei Online-Casinos (seit 2019). Die darauf erhobenen Sondersteuern variierten; in gewissen Jahren betrugen sie mehr als 50 Prozent.

Quellen S. 190/191: StAB, E.37.1.13, Ortsbürgergemeinde, Rechnungen 1930–1948; E.21.24.10.4 und E.21.24.10.7, Stadtkanzlei, Kursaal, Kontrollberichte 1948–1967; D.32.1 und D.32.8, Ortsbürgergemeinde, Kontrollberichte Kursaal 1967–1975 und 1977–1982; E.22.32.6.1 Stadtkanzlei, Stadtcasino Baden AG, Spielbetriebsabrechnungen 1989–1992; E.23.32.03.227811 Stadtkanzlei, Stadtcasino Baden AG, Spielbetriebsabrechnungen 1993–2000. ASCB, Geschäftsberichte 2002–2023, Finanzkennzahlen.

● Nettospielertrag in Millionen Franken
● Spielbankenabgabe in Millionen Franken

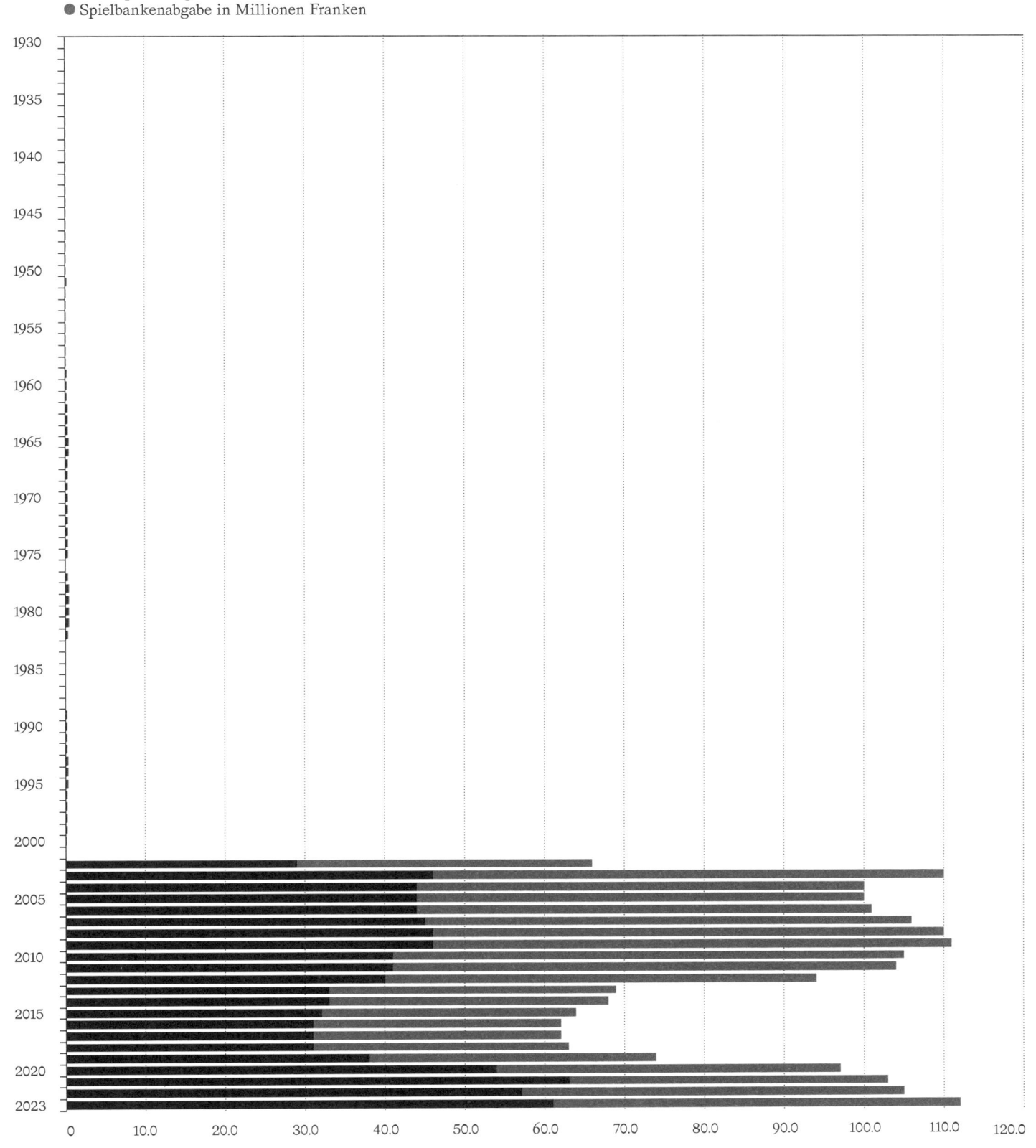

Ein Faltflyer für das Casino Baden zwischen 1995 und 2002, mit Bildern der Spielautomaten und Boule-Tische. Das Automatencasino rettete den Kursaal im allerletzten Moment vor dem Untergang.

für den Wettlauf um die begehrten Konzessionen zu treffen und beschloss den Umbau des Kursaalgebäudes. Die Arbeiten begannen bereits im Sommer 2000 – also vor den bundesrätlichen Entscheiden. Bewerbungsdossier und tatkräftiger Einsatz überzeugten, denn im Oktober 2001 informierte der Bundesrat, dass die Spielbank in Baden eine A-Konzession erhalten werde. Am 13. Juni 2002 wurde sie erteilt. Schon kurz danach, am 4. Juli 2002, eröffnete das Grand Casino Baden im historischen Kursaalgebäude. Zur Ausstattung gehörten 24 Spieltische, 260 Spielautomaten, 160 000 Jetons und mehr als 100 000 Spielkarten. Umbau und Equipment kosteten 65 Millionen Franken. Eine spezielle Herausforderung war die Anstellung von zusätzlichem Fachpersonal, vor allem ausgebildete Croupiers gab es keine in der Schweiz. Daher suchte die Geschäftsleitung in grossen Ballungsräumen in Deutschland nach geeigneten Kandidatinnen und Kandidaten.[386]

Das Spielbankengesetz sah vor, die Schweiz in verschiedene Räume zu unterteilen, die je nach wirtschaftlicher Leistungsfähigkeit mit Spielbanken des Typus A (Grand Casinos) oder B (Kursäle) bestückt wurden. Der Grossraum Zürich-Aargau war einer dieser Räume. Er sollte zwei Spielbanken erhalten, je eine pro Konzessionstyp. Bei der ersten Zuteilungsrunde ging die A-Konzession nach Baden, die B-Konzession nach Pfäffikon im Kanton Schwyz. Zürich ging leer aus. Insgesamt vergab der Bundesrat bei der ersten Runde sieben A- und zwölf B-Konzessionen.

Schon die ersten Betriebsjahre waren finanziell ein voller Erfolg für das Casino in Baden. Das Bruttospielergebnis betrug im zweiten Halbjahr 2002 54 Millionen Franken, im ersten vollen Betriebsjahr 110 Millionen Franken. In den ersten beiden Jahren war Baden die Nummer eins auf dem Schweizer Casinomarkt (gemessen am Bruttospielertrag). Danach verdrängte die wachsende Konkurrenz (Mendrisio, Montreux) Baden vom Spitzenplatz. Dem Grand Casino Baden gelang es, mit diversen Marketingaktionen zusätzliches, auch jüngeres Publikum anzuziehen. Im Jahr 2009 besuchten 476 000 Personen das Grand Casino in Baden; sie generierten den bisher höchsten Bruttospielertrag von 111 Millionen Franken (siehe Grafik 3, S. 191).[387]

Zwei Gäste und ein Croupier, aufgenommen im Rahmen einer Kampagne der 2020er-Jahre. Im ehemaligen Stadtsaal stehen seit 2002 die Spieltische des Grand Casinos Baden. Hier wird Amerikanisches Roulette gespielt.

Wachsende Konkurrenz, geografisch und im Internet

Der Markt des legalen Glücksspiels florierte und wuchs stetig. Auch die Spielbank Baden wollte ihren Anteil am Kuchen vergrössern und kaufte Kechts Anteile zurück. Sie übernahm die Joy Management AG und integrierte sie per 1. Januar 2010. Kecht zog sich zurück.[388]

Das Geschäft mit dem Glücksspiel war hoch profitabel und zog weitere Interessenten an, die ein legales Casino betreiben wollten. Daher entschied der Bundesrat, zwei zusätzliche Konzessionen auszugeben – schon vor Ablauf der Konzessionsdauer von zwanzig Jahren. Eine davon galt für ein A-Casino in Zürich. Die Stadtcasino Baden AG bewarb sich mit zwei Dossiers für den Betrieb eines Casinos in Zürich, doch sie schaffte es nicht. Der Bundesrat vergab 2011 die Konzession an einen Mitbewerber aus Zürich. Die Badener taxierten den Entscheid als sachlich unverständlich und vermutlich politisch motiviert. Die Folgen des neuen Casinos in Zürich waren ab 2012 in Baden zu spüren: Der Spielertrag sank deutlich (siehe Grafik 3, S. 191).[389]

Ausserdem verlagerte sich das Angebot von Glücksspielen zunehmend ins Internet. Daher begannen im Jahr 2016 Arbeiten an einem neuen nationalen Geldspielgesetz, das auch Regeln für den Betrieb von Online-Casinos enthalten sollte. Um der Gesetzgebung genügend Zeit einzuräumen, wurden bereits erteilte Konzessionen bis Ende 2024 verlängert. Baden lancierte das Projekt JackPots, ein Online-Spiel ohne Geldeinsatz. Damit wollte das Grand Casino Kundinnen und Kunden auch im Internet an sich binden. 2018 reichte die Stadtcasino Baden AG Bewerbungen für zwei Online-Casinos ein: eine für das Grand Casino Baden, die andere für das Casino Davos. Beide wurden bewilligt, und im Jahr 2019 konnten jackpots.ch (für Baden) und casino777.ch (für Davos) aufgeschaltet werden.[390]

Die Online-Casinos kamen gerade rechtzeitig auf. 2020/21 fegte die Corona-Pandemie in mehreren Wellen über die Schweiz. Diese trafen das Stadtcasino hart: Es musste alle seine Betriebsräume mehrfach für einige Wochen schliessen. Darüber hinaus konnte es nicht mit Härtefallgeldern des Bundes rechnen, da es mehrheitlich in öffentlichem Besitz war. Die Online-Casinos hingegen machten gute Geschäfte und konnten das Gruppenergebnis mit ihrem Beitrag verbessern. 2021 erwirtschaftete jackpots.ch denselben Bruttospielertrag wie das Grand Casino: 46 Millionen Franken.[391]

Grafik 4: Die Gruppenstruktur der Stadtcasino Baden AG Ende 2002. Die Muttergesellschaft zerfällt in die Teile Gastro/Kongresse, Spiel und Parkhaus. Sie hält unterschiedlich grosse Beteiligungen an den drei Tochtergesellschaften. Quelle: ASCB, Geschäftsbericht 2002.

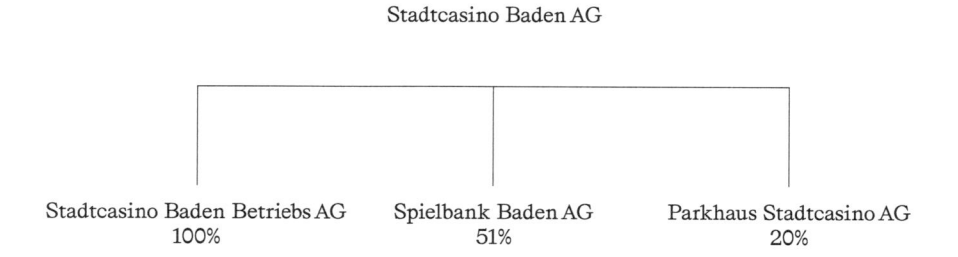

```
                        Stadtcasino Baden AG
         ┌──────────────────────┼──────────────────────┐
Stadtcasino Baden Betriebs AG   Spielbank Baden AG    Parkhaus Stadtcasino AG
           100%                       51%                     20%
```

Ebenfalls 2021 beschloss der Verwaltungsrat, sich bei der nächsten Konzessionierungsrunde zu beteiligen. Im Jahr danach reichte er insgesamt vier Gesuche ein: für ein A-Casino in Baden, ein B-Casino in Locarno und zwei Online-Casinos. Unter Letzteren tobte inzwischen ein heftiger Verdrängungswettbewerb, was die Marketingkosten explodieren liess. Der Werbeaufwand der Stadtcasino Baden AG stieg von 2,8 Millionen im Jahr 2018 auf 14 Millionen Franken im Jahr 2022, was einer Verfünffachung entspricht. Das und der erhöhte Investitionsbedarf führten dazu, dass die ausgezahlten Dividenden schrumpften (von 30 Fr. pro Aktie im Jahr 2021 auf 10 Fr. in den Jahren 2022 und 2023).[392]

Verbreiterung der Geschäftsbasis mit neuen Konzessionen

Die Stadtcasino Baden AG entwickelte sich zwischen 2002 und 2023 von einer Aktiengesellschaft mit Mehrheitsbeteiligung an einer Spielbank zu einer Konzerngesellschaft mit mehreren Tochtergesellschaften und diversen Beteiligungen. Bis 2010 ging es bei den strukturellen Umbauten um die Einhegung finanzieller Risiken und Verbesserungen von internen Abläufen, danach um die Verbreiterung der Geschäftsbasis. Nach dem abschlägigen Entscheid des Bundesrats zum Konzessionsgesuch für Zürich im Jahr 2011 beschloss der Verwaltungsrat, die angestrebte Verbreiterung auf anderem Weg zu erreichen.[393]

Im Jahr 2012 übernahm er das B-Casino in Davos. Ausserdem beteiligte er sich an Konzessionierungsverfahren in Deutschland, Österreich sowie Liechtenstein und ging eine strategische Partnerschaft mit der deutschen Gauselmann-Gruppe ein. 2013 erhielt die gemeinsame Tochtergesellschaft Merkur Spielbanken Sachsen-Anhalt den Zuschlag für den Bau und Betrieb von zwei Casinos, eines in Leuna-Gütersdorf, das andere in Magdeburg. Die Casinoprojekte in Wien und Vaduz hingegen zerschlugen sich in den folgenden Jahren aus unterschiedlichen Gründen.[394]

2018 begann der Verwaltungsrat, das Casino Davos wieder zu verkaufen. Es war nicht gelungen, die erwarteten Erträge zu erwirtschaften. Im selben Jahr boten sich neue Möglichkeiten zur Diversifikation, diesmal ins Internet und in die

Grafik 5: Die Gruppenstruktur der Stadtcasino Baden AG Ende 2023. Die Muttergesellschaft besitzt Spielbanken in Baden und Locarno (Grand Casino Baden, Casinò Locarno), ist beteiligt am Betrieb des Trafos sowie an Spielbanken in Sachsen-Anhalt und an einer Firma für virtuelle Automatenspiele in Bayern. Die Grand Casino Baden AG ihrerseits besitzt ein Parkhaus und eine Softwareentwicklungsfirma; ausserdem ist sie an der Tourismusorganisation der Region Baden beteiligt. Quelle: ASCB, Geschäftsbericht 2023.

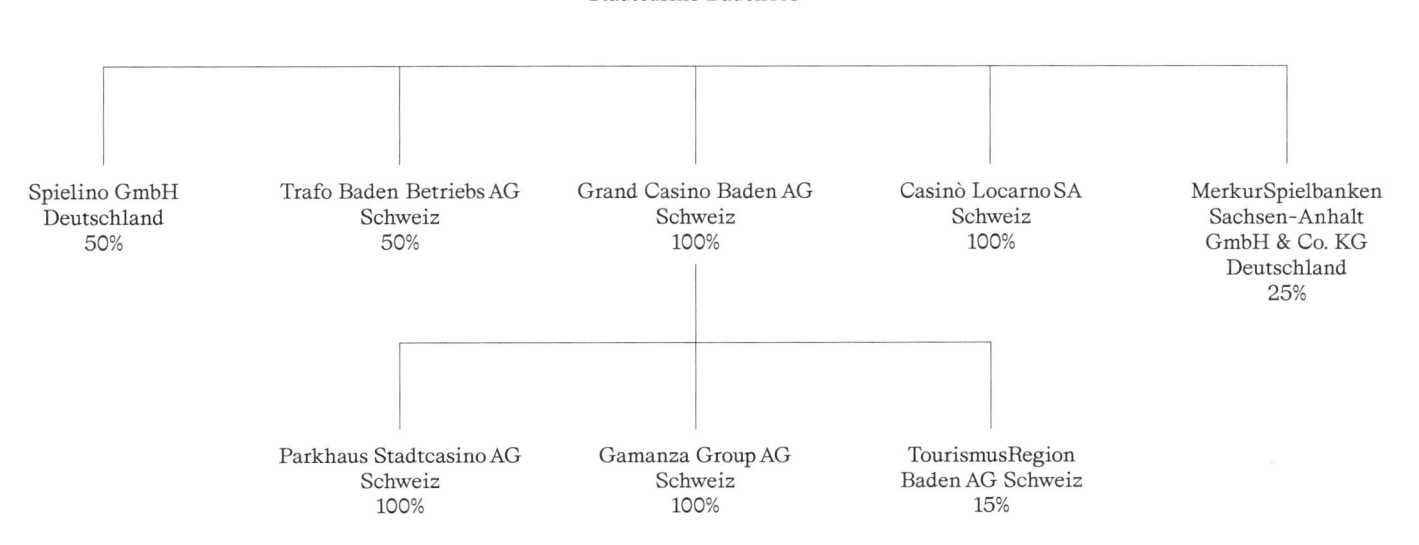

```
                              Stadtcasino Baden AG
   ┌─────────────┬──────────────────┬──────────────┬──────────────┬─────────────┐
Spielino GmbH  Trafo Baden      Grand Casino    Casinò        MerkurSpielbanken
Deutschland    Betriebs AG      Baden AG        Locarno SA    Sachsen-Anhalt
50%            Schweiz          Schweiz         Schweiz       GmbH & Co. KG
               50%              100%            100%          Deutschland
                                                              25%
                                 ┌──────────────┬──────────────┐
                           Parkhaus         Gamanza        TourismusRegion
                           Stadtcasino AG   Group AG       Baden AG Schweiz
                           Schweiz          Schweiz        15%
                           100%             100%
```

Softwareentwicklung. Der Verwaltungsrat erwarb Anteile an der Gamanza-Gruppe, die Online-Spiele und dafür notwendige technische Plattformen entwickelt. Die Firma hatte sich in Baden als Entwickler von jackpots.ch eingeführt. Der Verwaltungsrat baute die Beteiligung schrittweise aus bis zur vollständigen Übernahme im Jahr 2021.[395]

2022 kamen neue Beteiligungen hinzu, als wichtigste diejenige am Casinò Locarno, zudem an der Neugründung Spielino/Spielglück GmbH in Bayern, die mit virtuellen Automatenspielen Geld verdienen wollte, und an der hiesigen Vermarktungsorganisation TourismusRegion Baden. Die Beteiligungen der Stadtcasino Baden AG präsentieren sich Ende 2023 wie folgt: Grand Casino Baden 100 Prozent, Casinò Locarno 100 Prozent, Trafo Baden Betriebs AG 50 Prozent, Spielino/Spielglück (D) 50 Prozent, Merkur Spielbanken (D) 25 Prozent, TourismusRegion Baden 15 Prozent. Das Projekt in Bayern wurde Anfang 2024 wieder eingestellt, als Reaktion auf unvorteilhafte Veränderungen im wirtschaftlichen und regulatorischen Umfeld.[396]

Einen vollen Erfolg hingegen verbuchte die Stadtcasino Baden AG bei den Bewerbungen um neue Casinokonzessionen in der Schweiz für die Jahre 2025 bis 2044. Die Gesellschaft bewarb sich mit mehreren Dossiers und erhielt den Zuschlag für ein A-Casino in Baden, ein B-Casino in Locarno und für zwei Online-Casinos. Weniger erfreulich entwickelte sich die Konkurrenzsituation: In Winterthur zieht ab 2025 ein drittes A-Casino im Wirtschaftsraum Zürich-Aargau Spielwillige an.

Bildstrecke: Arbeiten im Kursaal

Claude Bühler

Den Betrieb im Grand Casino Baden ermöglichen die Menschen im Facility Management, in der Gastronomie oder in der Administration. Viele von ihnen arbeiten hinter den Kulissen und dann, wenn die Gäste nicht da sind. Sie warten, flicken, reinigen und organisieren, sodass das «House of Entertainment» seinem Namen gerecht werden kann. Die Stadtfotografin Claude Bühler hat die Crew im Sommer 2024 begleitet.

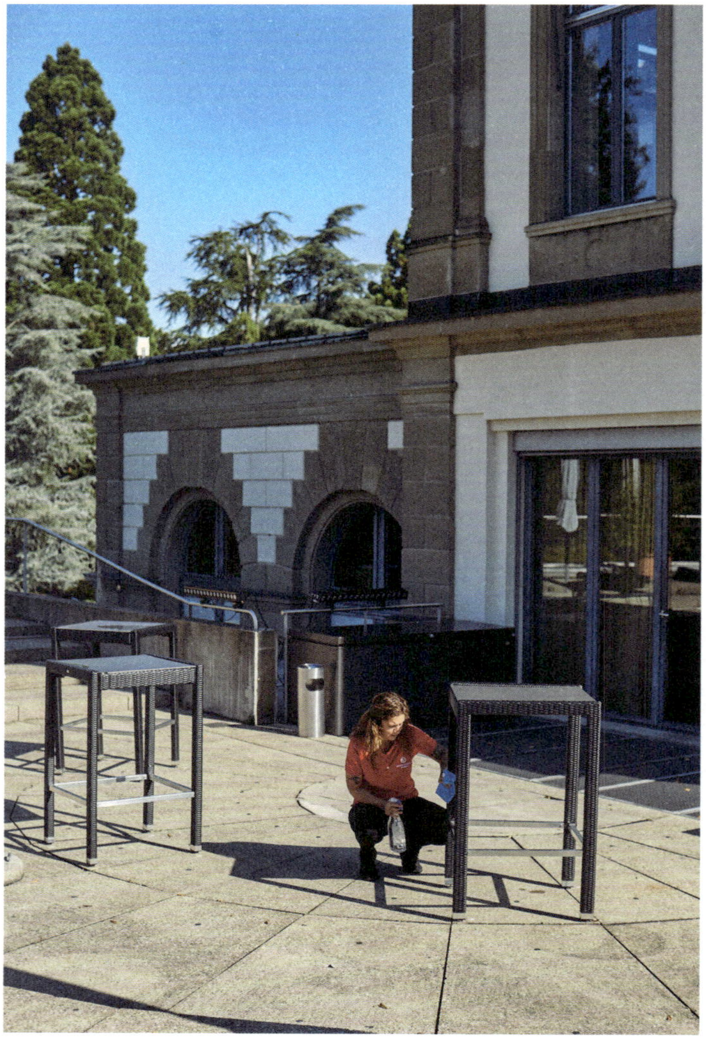

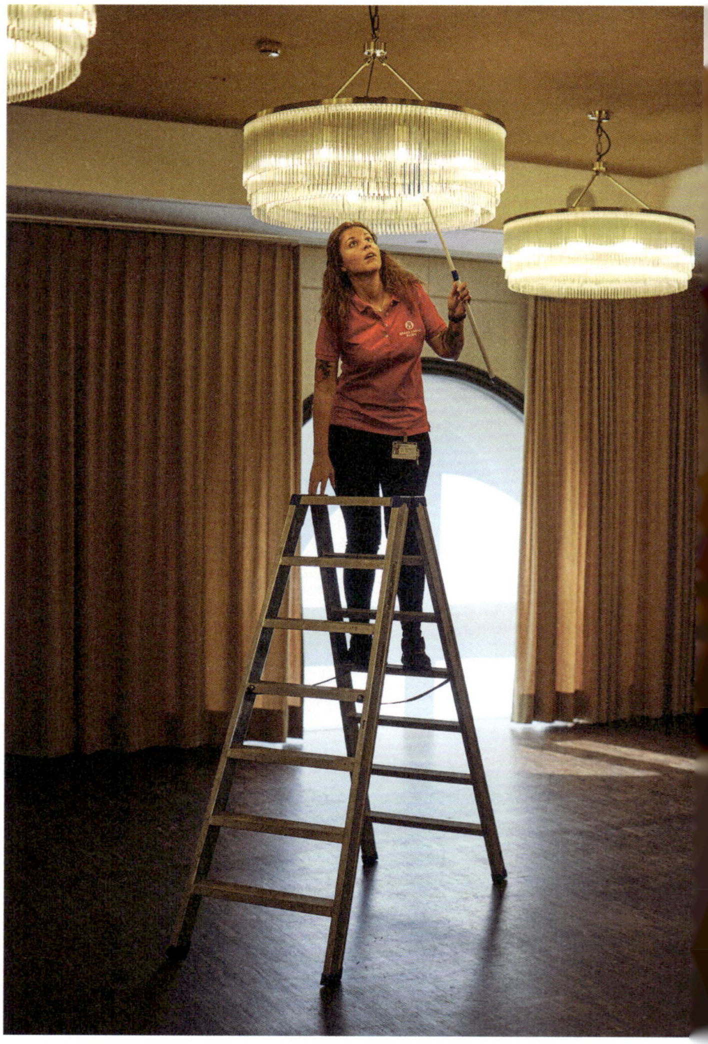

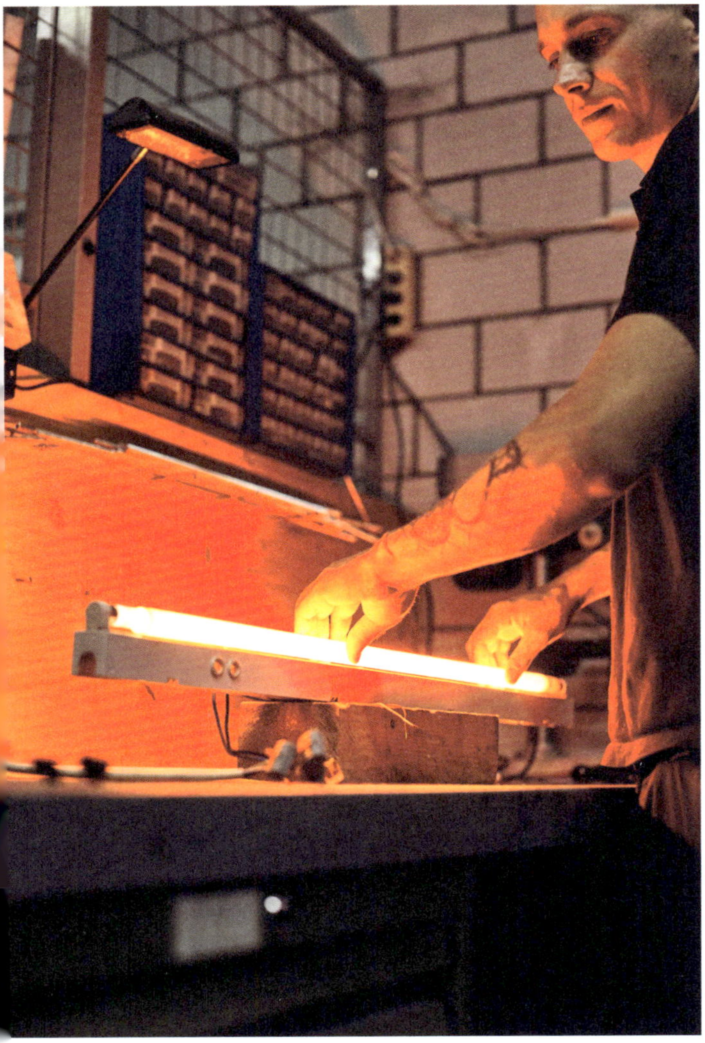

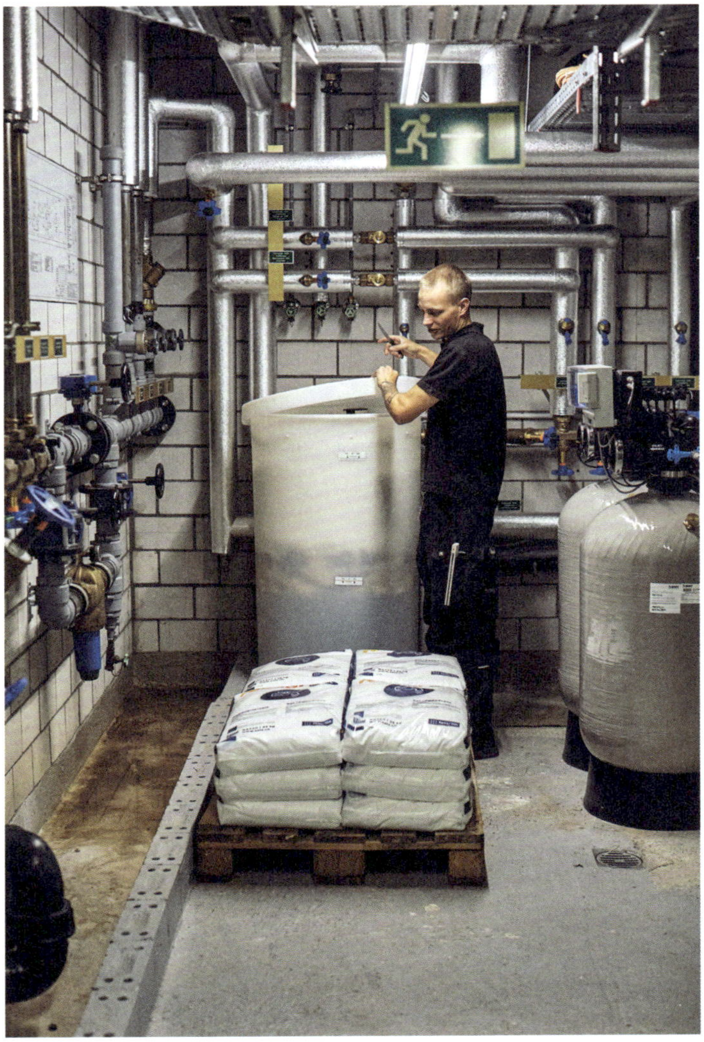

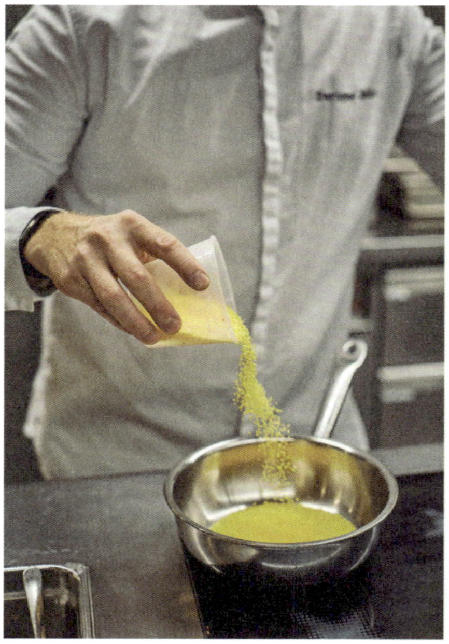

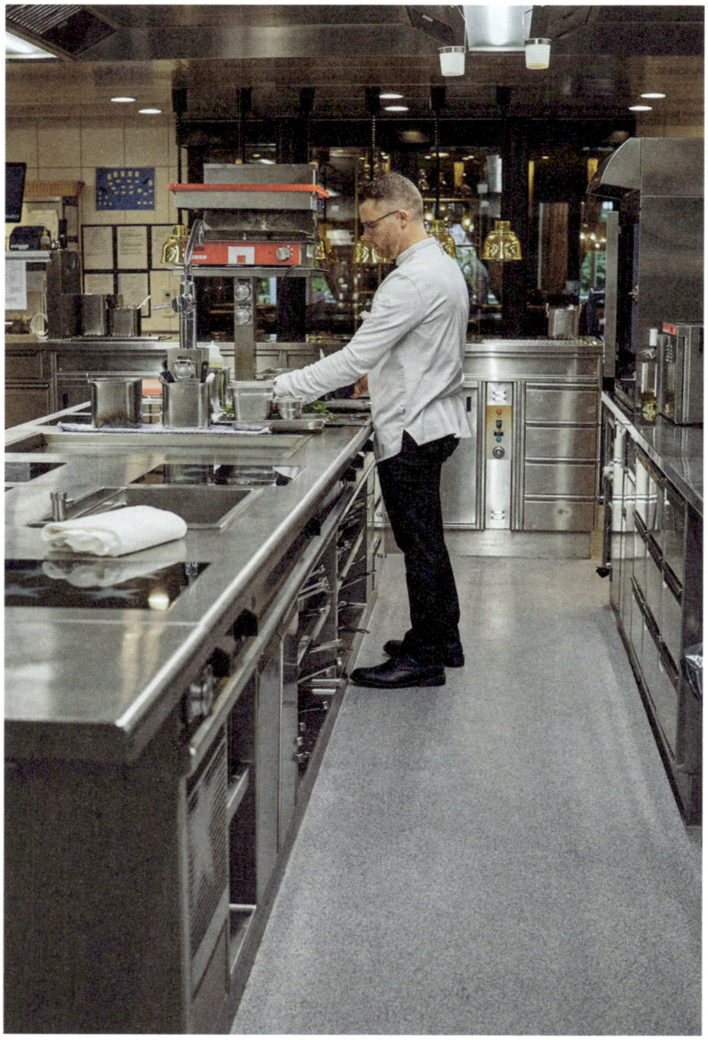

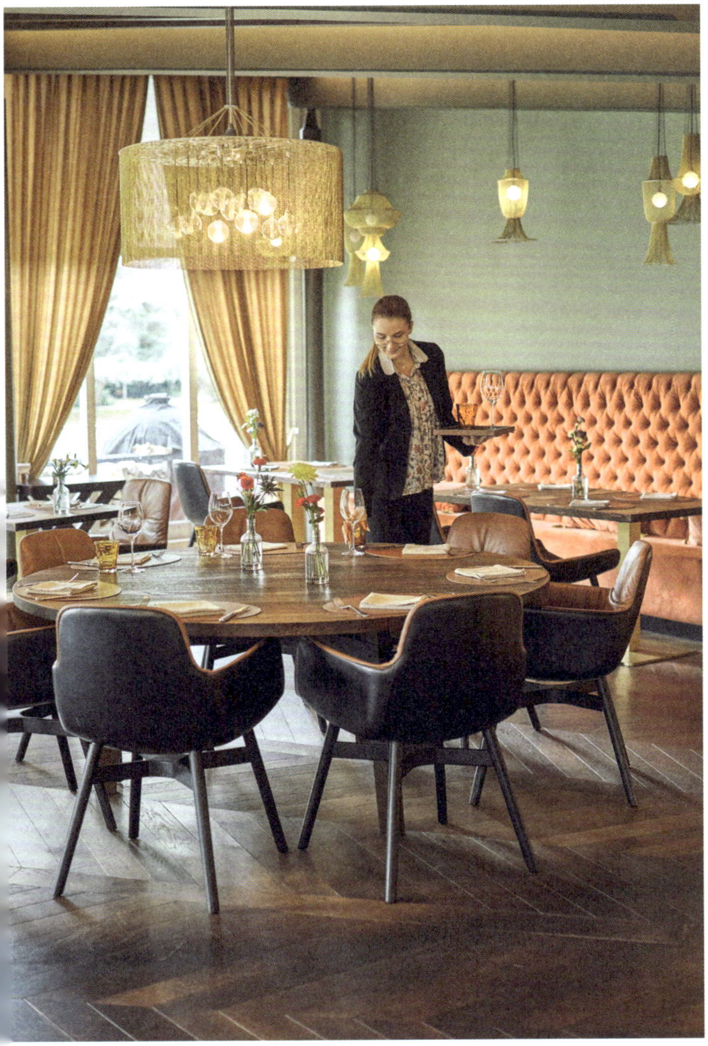

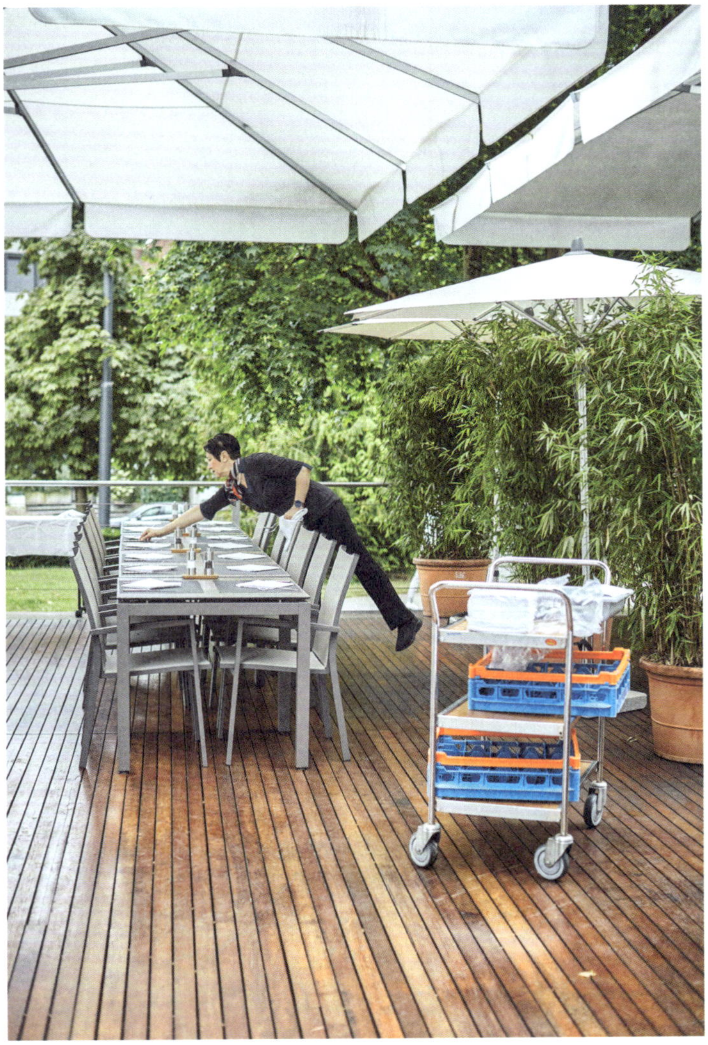

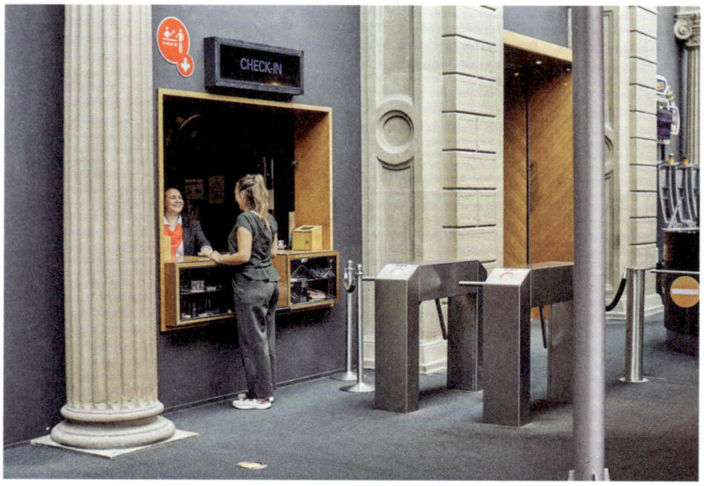

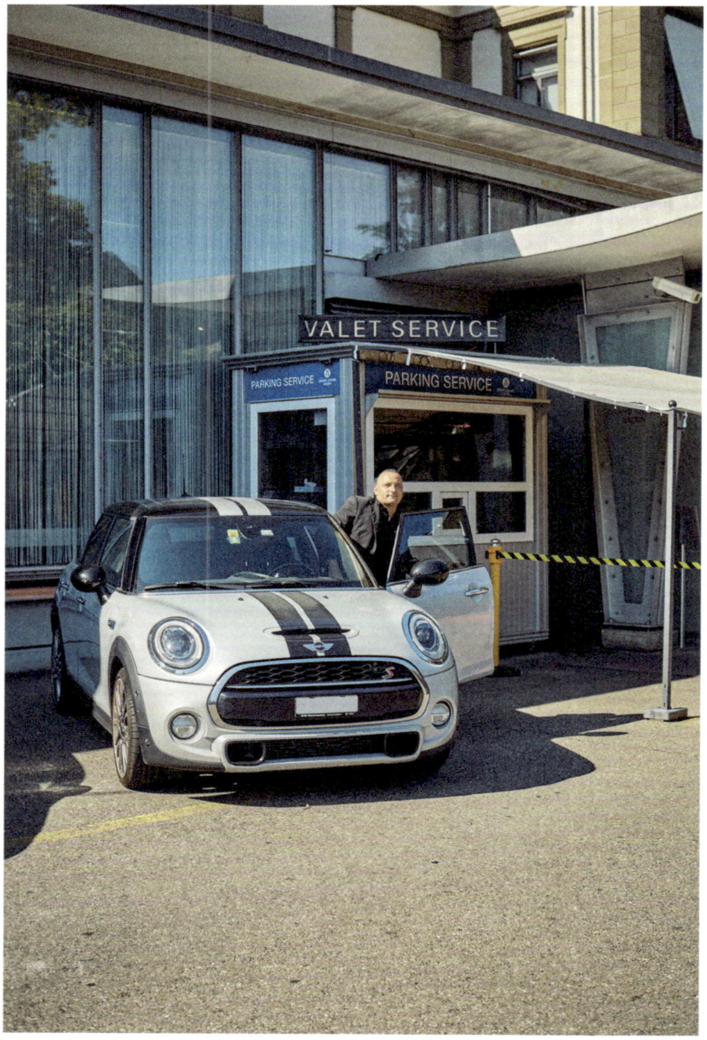

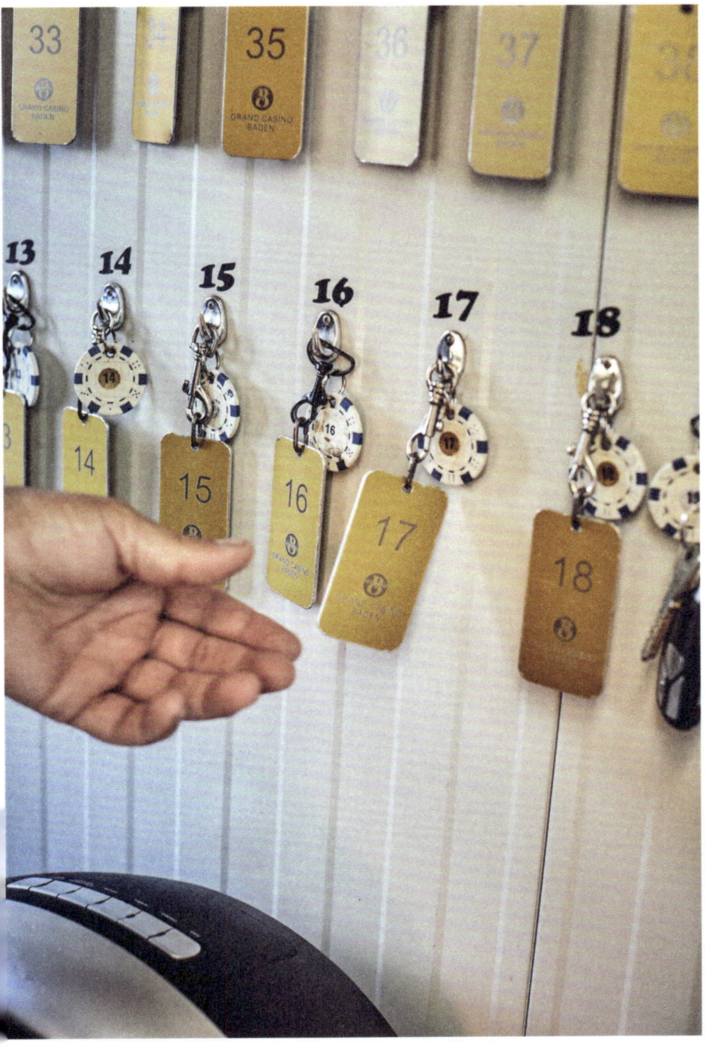
33
35
GRAND CASINO
BADEN
37
13
14
15
16
17
18
14
15
16
17
18

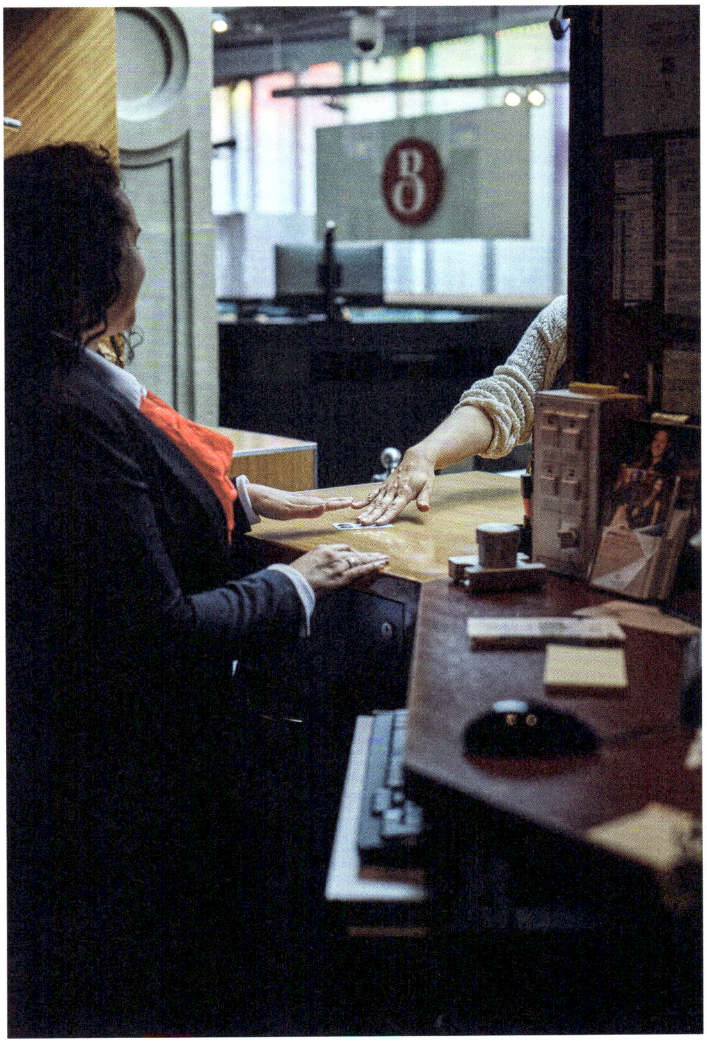

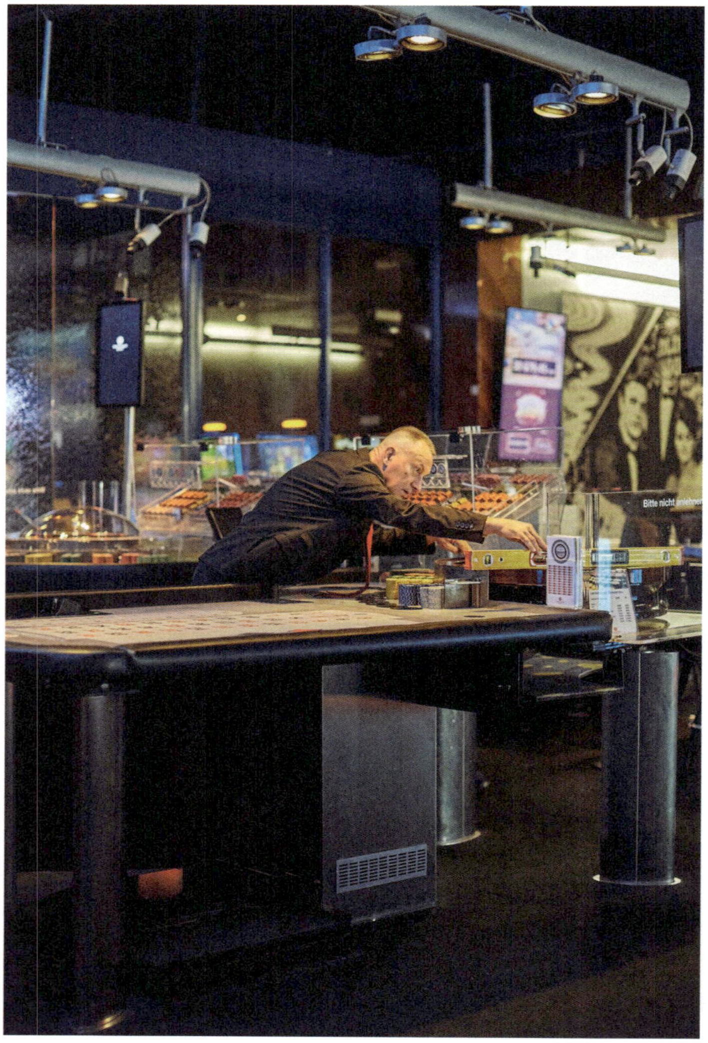

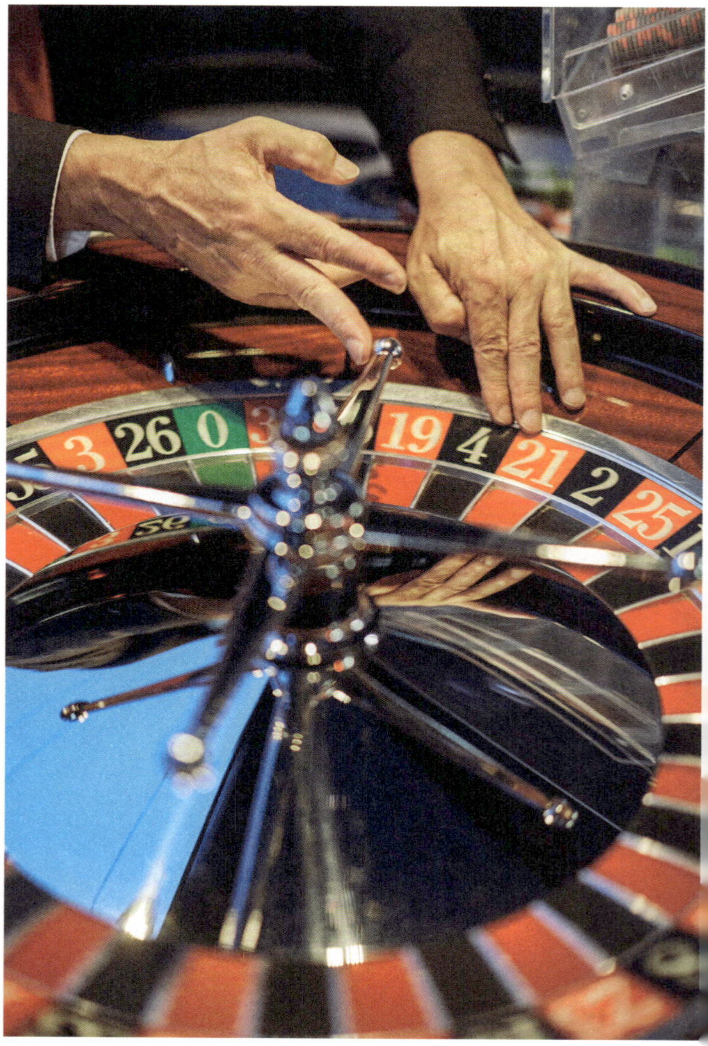
3
26
0
19
4
21
2
25

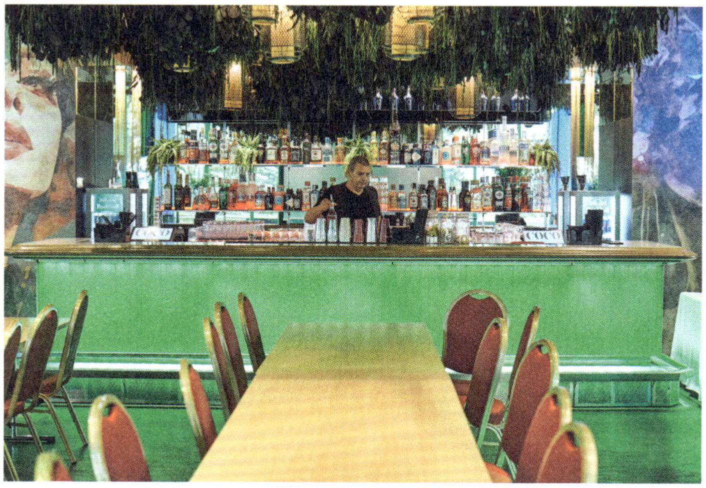

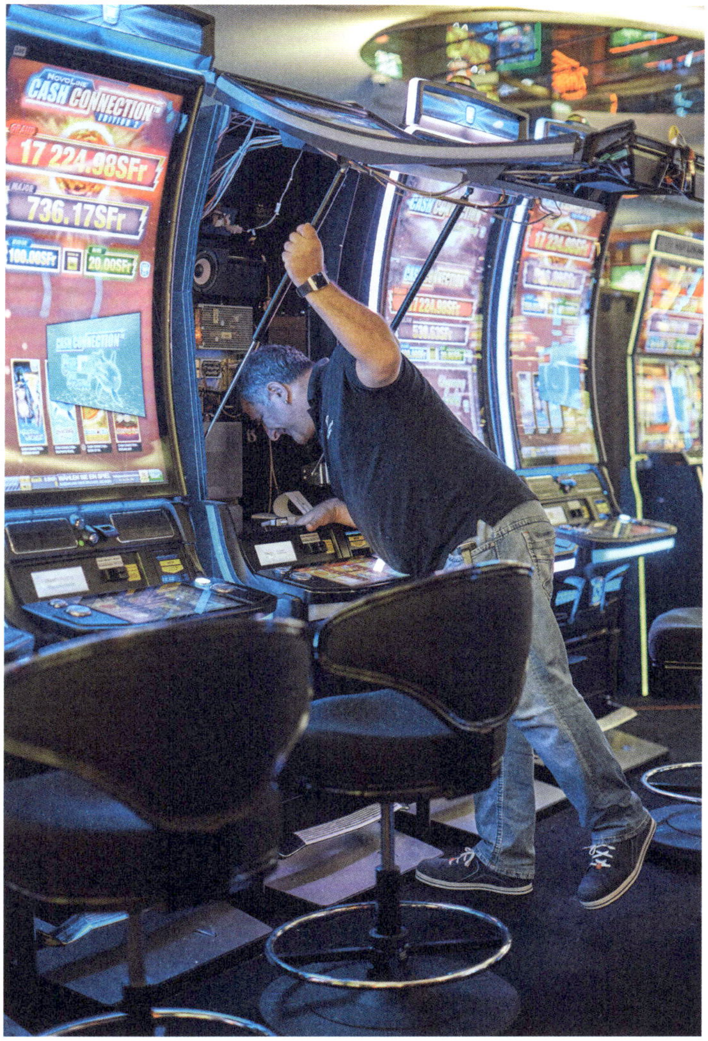
CASH CONNECTION
17 224.98SFr
736.17SFr
100.00SFr
20.00SFr

Bleibt Baden eine Kurstadt?
Bruno Meier

Am 1. Januar 2023 hat die TourismusRegion Baden AG ihre Tätigkeit aufgenommen. Sie soll unter dem Label Kultur- & Bäderstadt den Tourismus in Baden voranbringen. Getragen wird sie von den wichtigen Stakeholdern rund um Bäder, Casino und Trafo, der Gewerbevereinigung citycom und dem Verein kulturaktiv, dem Zusammenschluss der Kulturorganisationen in der Stadt. Wird damit eine neue Ära eingeläutet für Baden als Tourismusort?

Bezeichnenderweise steht im Label die Kultur vor den Bädern. Die Zeit, in der sich die Stadt ihre Identität fast völlig aus den Bädern ableitete, ist schon lange vorbei. Und dennoch: Das heutige Konzept des Zusammenspiels des Thermalbads mit den Hotels, dem Casino, dem Stadtsaal mit den Trafohallen und dem städtischen Kulturangebot im Allgemeinen könnte man als eine Neuinterpretation des Kurkonzepts des 19. Jahrhunderts ansehen. Natürlich war der Kern eines Kuraufenthalts seit Anbeginn der Besuch der Bäder, der Gesundbrunnen. Das gesellschaftliche und kulturelle Umfeld besass aber schon seit dem Mittelalter eine grosse Bedeutung für Baden und die Kurorte überhaupt. Auch Theater und Musik waren Teil davon. Das 19. Jahrhundert hat dieses Umfeld mit Kursälen, Kurtheatern, Casinos und Kurpärken in eine neue Form gepackt. Der Bäderort Baden, noch um 1850 wichtigster Tourismusort der Schweiz, hat dieses Konzept mit im internationalen Vergleich leichter Verspätung ebenfalls umgesetzt. 150 Jahre ist dies her.

Baden ist eine kleinräumige Stadt, die Distanzen zwischen Klus, Limmatknie und dem Martinsberg sind gering. Und doch hat sich die Stadt in den letzten 150 Jahren im Wechselspiel zwischen drei Polen entwickelt, räumlich wie inhaltlich. Am Anfang, in römischer Zeit, stehen die Thermen im Mittelpunkt. Die mittelalterliche Stadt wird im 13. Jahrhundert in der Klus gebaut, in Fussdistanz zu den Bädern, aber räumlich doch klar getrennt. Mit der Gründung der BBC 1891 wächst der dritte Pol, ebenfalls in Fussdistanz, der indessen in kürzester Zeit die zwei historischen Kerne zumindest in wirtschaftlicher Hinsicht in den Schatten stellt. Kursaal, Kurtheater und Kurpark stehen quasi in der Mitte dieser drei Pole. Konnten sie in den letzten 135 Jahren seit der Gründung der BBC auch eine Mittlerfunktion einnehmen?

Die 150-jährige Geschichte des Kursaals zeigt verschiedene Facetten dieses Wechselspiels. Trotz der überragenden wirtschaftlichen Bedeutung der Industrie hat sich der Kurort nach dem heftigen Einbruch 1914 weiterentwickeln können. Doch die Ära des mondänen Kurorts war vorbei, die Sprengung des Grand Hotels im Jahr 1944 war augenfälliges Mahnmal dafür. Der Kurort wurde medizinalisiert, das Angebot verkleinert. Die Neuinvestitionen in ein öffentliches Thermalbad in den 1960er-Jahren zeigen aber den Glauben an eine mögliche Zukunft. Die Industrie, per se Antithese zur Kur, versetzte dem Kurort nicht den Todesstoss, sie hat ihn in der öffentlichen Wahrnehmung aber stark zurückgestuft. Die Thermen sind sinnbildlich hinter den Fabrikhallen verschwunden. Die Industrie war dem Kurort auch räumlich nahe gerückt. Die Geschäftshäuser der Motor Columbus und der NOK wurden in der unmittelbaren Nachbarschaft von Kurpark und Kursaal erstellt. Selbst das BBC-eigene Hotel Du Parc entstand noch nach 1980 gleich um die Ecke. Die Identität Badens als Kurort ging weitgehend verloren. Aus den Kur-Badenfahrten wurden die Volksfest-Badenfahrten. 1923 in einer Krisenzeit gegründet, um den unter Druck geratenen Kurort wieder in die öffentliche Wahrnehmung zu rücken, haben sie sich zu grossen Kulturfesten entwickelt, die wenig mit der Bädertradition zu tun haben. Welche Bedeutung hatten Kursaal und Kurpark in dieser Entwicklung, welche Rolle spielten diese?

Die Beiträge in diesem Buch zeigen eindrücklich, wie sich der Kursaal im Lauf der Zeit wandeln musste. Er war bis zum Ersten Weltkrieg gesellschaftliches und kulturelles Zentrum des Kurorts, konnte diese Funktion in der Zwischenkriegszeit aber immer weniger wahrnehmen, aus dem einfachen Grund, weil sich die klassische Badekur und damit auch das Publikum verändert und auch verkleinert hatten. Bezeichnenderweise gaben die Hoteliers als Pächter im Jahr 1932 den Kursaal zurück in die Hände der Eigentümer.

Die Koexistenz mit der Industrie schien möglich, brachte teils sogar neues Publikum und neue Kundschaft. Und die Nachkriegszeit mit dem beispiellosen Wirtschaftsaufschwung nach 1950 hätte eine gute Ausgangslage für eine Weiterentwicklung sein können. Der Neubau des Kurtheaters im Jahr 1952 zeigt jedoch, dass sich etwas verändert hatte. Das Theater behielt zwar im Namen den Bezug zur Kur, entwickelte sich angesichts der immer weniger werdenden Kurgäste aber zum Theater für die Region. Das rasche Wachstum der Region im Sog der BBC schuf ein neues, einer bildungsbürgerlichen Kultur zugeneigtes Publikum. Theaterstiftung und Theaterverein bildeten den Rahmen. Und der Kursaal veränderte sich parallel dazu mehr und mehr zum Stadtsaal für die Einheimischen. Damit hatten Kursaal und Kurtheater ihre ursprüngliche Bedeutung verloren. Implizit schwand damit in der öffentlichen Wahrnehmung auch der Bezug zu den Bädern.

Die Jahrtausendwende hat die drei Pole in mehrerlei Hinsicht in Bewegung gebracht. Die BBC büsste in der Folge der Fusion zur ABB 1988 an Bedeutung für die Stadt ein. Das Industrieareal wurde sukzessive geöffnet, hat mit dem Multiplexkino, dem Stadtsaal im Hochspannungslabor und letztlich mit den Trafohallen auch Funktionen übernommen, die einst im Kursaal zu Hause waren. Parallel dazu wandelte sich der Kursaal zuerst zum Automatencasino und schliesslich zum Grand Casino und konnte sich so letztlich eine neue Zukunft erarbeiten. Das Kurtheater nahm mit Umbau und Erweiterung vor Kurzem neuen Schwung auf, der Kurpark wird sanft saniert und kann als grüne Lunge der Stadt eine wichtige Funktion einnehmen. Und die Bäder sind nach dem Fast-Kollaps um die Jahrtausendwende mit der neuen Therme aus dem Dornröschenschlaf erwacht. Der einstige Nukleus wird wieder öffentlich wahrgenommen und besucht. Einzig die Ungewissheit um den Verenahofkomplex steht einer positiven Zukunft noch im Weg.

Bäder und Kultur haben sich in diesem Sinn neu gruppiert. Der Tagestourismus hat die mehrwöchige Badekur abgelöst. Die Theatergängerin kombiniert ihren Ausflug nach Baden allenfalls mit einem Besuch des Thermalbads oder eines Heissen Brunnens. Der Glücksspieler im Casino ist vielleicht im hauseigenen Musikclub anzutreffen. Den Kongressgästen in der Trafohalle bietet die Stadt ein kulturelles Rahmenprogramm. Im besten Fall profitiert die Hotellerie davon. Und für all dies wirbt die neue TourismusRegion Baden AG. Willkommen in der Kurstadt Baden von heute.

Chronik

1810
Eröffnung Kurhaus Wiesbaden. Es ist der erste zu diesem Zweck erstellte Bau im deutschsprachigen Raum; er wird 1905 abgebrochen.

1824
Eröffnung des «Konversationshauses» Baden-Baden nach den Plänen von Friedrich Weinbrenner (1766–1826). Es gilt als eines der prunkvollsten Gebäude seiner Art.

1859
Eröffnung Kursaal Interlaken. Er ist der erste Kursaal der Schweiz.

1862
Erste Nennung der Kurkapelle Baden im *Tagblatt für die Bäder zu Baden in der Schweiz*. 1867 wird der erste Kapellmeister erwähnt, 1967 tritt der letzte Kapellmeister ab.

1865
Der erste Kurverein entsteht, 1906 und 1936 folgen weitere Vereinsgründungen. 1998, 2001 und 2022/23 wurde die Tourismusorganisation wiederum erneuert.

1866
Von Gottfried Semper (1803–1879) liegt ein erstes Projekt für ein «Conversationshaus» und eine Parkgestaltung vor.

1868
Caspar Joseph Jeuch (1811–1895) legt neue Pläne für ein stark redimensioniertes Park- und Kursaalprojekt vor.

1868/69
Architekt Bernhard Simon (1816–1900) baut in Bad Ragaz den ersten Kursaal der Schweiz in einem Badekurort.

1871
Aus einem offenen Architekturwettbewerb mit 23 Eingaben geht der Badener Architekt Robert Moser (1833–1901) als Sieger hervor und wird mit der Ausführung seines Entwurfs beauftragt.

1872
Archäologische Grabungen auf der Fläche des späteren Kurparks. Bereits zuvor gab es einzelne kleine Untersuchungen. Auf dem Plateau befand sich einst ein römischer *Vicus*.

1875
Eröffnung Kursaal am 13. Mai. Zweieinhalb Jahre später geht die Eigentümerin, eine Aktiengesellschaft, in Konkurs. Im Kursaal ist ab 1876 auch das Antiquitäten-Kabinett untergebracht, das spätere Historische Museum Baden. Seit 1913 befindet sich dieses im Landvogteischloss.

1878
Der Kursaal geht an die Stadt Baden über, die dafür einen Kredit aufnimmt. Die Einwohnergemeinde betreibt den Kursaal und begleicht die Kreditzinsen; die Ortsbürgergemeinde spart und kann den Kredit zurückzahlen.

1880
Auf der Terrasse des Kursaals entsteht ein erster Musikpavillon.

1881
Beschluss zum Bau eines Sommertheaters nach Plänen von Otto Dorer (1851–1920).

1886
Die Kurhauskommission Baden startet einen Versuchsbetrieb mit elektrischer Beleuchtung in Kursaal und Kurpark.

1891
Gründung der Brown, Boveri & Cie. (BBC) in Baden durch Charles E. L. Brown (1863–1924) und Walter Boveri (1865–1924).

1892
Elektrifizierung des Gebäudes und der Parkbeleuchtung durch die BBC.

1893
Eine Gesellschaft von Hoteliers aus den Bädern pachtet den Kursaal. Die Verpachtung wird mehrfach verlängert.

1899
Bau eines Eisengitterzauns als Einfriedung rund um den Kurpark. Der Eintritt ist nun kostenpflichtig.

1903
Bau der «Fontaine Lumineuse», eines beleuchteten Brunnens.

1924
Gründung Verband Schweizer Badekurorte in Baden. Er besteht heute noch unter dem Namen Heilbäder + Kurorte Schweiz.

1926
Erste Saison des Theaters St. Gallen in Baden. Das Ensemble wird bis 1977 fünfzig weitere Sommersaisons in Baden gastieren.

1928
Das Gärtnerhaus der Villa Burghalde wird zerlegt und am Nordrand des Kurparks neben dem Kurtheater wieder aufgebaut, wo es bis heute steht.

1932
Nach einem Streit mit den Pächtern betreibt die Ortsbürgergemeinde fortan den Kursaal auf eigene Rechnung.
Umbau und Erweiterung des Kursaals nach Plänen von Lebrecht Völki. Purifizierung von Haus und Saal kommen nicht gut an. Gleichzeitig Umgestaltung des Parks durch die Landschaftsarchitekten Gebrüder Mertens.

1934
Eröffnung des zur modernen Kurbrunnenanlage erweiterten Trinkpavillons in Rheinfelden nach den Plänen von Heinrich A. Liebetrau (1858–1930); es ist das grösste Bäderobjekt der Zwischenkriegszeit in der Schweiz. 1843 war in Rheinfelden Salz entdeckt worden, Rheinfelden wurde mit den Solbädern zum Badekurort.

1939
Wettbewerb zum Bau eines neuen Kurtheaters. Es gewinnt die Ennetbadenerin Lisbeth Sachs (1914–2002).

1951
Abbruch des alten Sommertheaters.

1952
Umbau des Saals durch Architekt Hans Hofmann (1897–1957) in Zusammenarbeit mit den Badener Architekten Bölsterli und Weidmann. Im gleichen Jahr Eröffnung des neuen Kurtheaters nach Plänen von Lisbeth Sachs.

1969
Eröffnung der neuen städtischen Trinkhalle im Bäderquartier. Wie vor 1875 finden wieder einige Gästeanlässe nicht mehr im Kursaal, sondern im Limmatknie statt.

1970
Beginn jährlich wiederkehrender Betriebsdefizite des Kursaals. Nach grossen Verlusten sucht und findet die Stadt ein neues Geschäftsmodell. Der Kurpark wird autogerecht umgestaltet. Ein neuer Eingang sowie Parkplätze an der Haselstrasse entstehen.

1975
Teilweiser Umbau des Restaurants Français in eine «Stadtbeiz» durch die Architekten Eppler und Maraini.

1979
In diesem Jahr erscheinen im *Badener Wochenprogramm*, dem Nachfolger des *Fremdenblatts* respektive *Gästeblatts*, zum letzten Mal Namenslisten der Kurgäste. Diese Verzeichnisse gab es seit 1830.

1985
Das Konzept «Neues Stadtcasino» samt Kreditvorlage nimmt alle politischen Hürden. Neue Eigentümerin wird die Stadtcasino Baden AG. Im gleichen Jahr wird vom 23. August bis zum 1. September das Bäderfest gefeiert, unter anderem mit dem Kurmusikfestival im Kursaal respektive Stadtsaal.

1987/88
Umbau und Erweiterung des Kursaals durch Egli & Rohr Architekten.

1988
Eröffnung Stadtcasino an Silvester. Zweieinhalb Jahre später scheint eine Rückzahlung der Kreditschulden ausser Reichweite: Der Betrieb ist konkursreif.

1989
Das Dancing Joy im Nordflügel des Stadtcasinos öffnet seine Tore. Mit dem Umbau zum Grand Casino wird es geschlossen, 2011 als Club Joy wieder eröffnet, ab 2023 heisst es «Coco».

1990
Landschaftsarchitekt Albert Zulauf (1923–2021) legt den «Idealplan Kurpark» vor, ein gartendenkmalpflegerisches Pionierwerk.

1992
Abschluss einer ersten Umgestaltungsetappe des Kurparks nach dem Idealplan.

1995
Bewilligung von Geldspielautomaten im Kursaal durch den Kanton. Nach drei Jahren ist der Betrieb schuldenfrei.

1999
Wettbewerb für einen neuen Stadtsaal neben dem Kursaal. Siegerprojekt von pool Architekten wird nicht ausgeführt, weil eine neue Lösung mit einem Stadtsaal im Trafo (nach Plänen von Burkard Meyer Architekten) möglich wird.

2000
Noch vor dem Erhalt der Casino-A-Lizenz beginnt der Umbau des Kursaals in eine Spielbank.

2002
Eröffnung Grand Casino im Kursaal, nachdem sich Baden erfolgreich um eine Spielbankenkonzession beworben hat.
Projekt für eine bauliche Erweiterung des Spielbetriebs durch Architekt Max Dudler (*1949). Dagegen regt sich Widerstand (Kurparkinitiative). Nach jahrelangem Rechtsstreit bekommt die Stadtcasino Baden AG Recht, verzichtet aber gleichwohl auf eine Realisierung.

2003
Aktualisierung des Park-Idealplans von 1990.

2007–2009
Zweite Erneuerungsetappe des Parks nach dem Idealplan.

2010–2012
Erneuerung der Innenarchitektur.

2019
Eröffnung des Parkbistros im ehemaligen Trafohäuschen an der Parkstrasse. Es ist in den Sommermonaten geöffnet.

2020
Renovation und Erweiterung des Kurtheaters ist abgeschlossen.
Während der Pandemie Neugestaltung und Umbenennung des Restaurants in «Plü».

2023
Das Casino erhält die Konzession für den Betrieb der Spielbank für weitere zwanzig Jahre.
Im Park müssen acht Baumriesen gefällt werden.

2025
Jubiläum «150 Jahre Kursaal Baden».

Regulierung des Geldspiels

Bei der Regulierung von Geldspielen bewegt sich die Gesetzgebung seit jeher in einem Spannungsfeld. Weltanschauliche Argumente für oder gegen die Zulassung von Glücksspielen vermischen sich mit handfesten finanziellen Interessen unterschiedlicher Akteure. Im 19. Jahrhundert fanden die Kantone je ihre eigene Lösung für das Dilemma; es herrschte ein föderaler Flickenteppich. Im 20. Jahrhundert gelang es, eine schweizweit gültige Regelung für Spielbanken zu finden. Erst im 21. Jahrhundert konnten die Regeln auf Geldspiele aller Art ausgedehnt werden: Spielbankenspiele, Lotterien, Sportwetten, Pokerturniere, Geschicklichkeitsspiele – ob physisch in einem Raum oder online im Internet.[397] Es folgt eine knappe Chronologie der Entwicklung des gesetzlichen Rahmens für Geldspiele in der Schweiz und im Aargau (kursiv):

1838 verbietet der Kanton Aargau Lotterien und Glücksspiele mit der Begründung, der Grosse Rat sei «der Überzeugung, dass die Errichtung von Lotterien und andern Glücksspielen den Hang zu einem arbeitslosen Gewinn verbreite, dadurch dem wahren Gewerbefleiss abträglich sei und zugleich die Moralität und häuslichen Verhältnisse derjenigen Bürger, welche sich einer solchen Spielsucht hingeben, in hohem Grade gefährde, [ ]». Daher beschliesst er unter anderem: «Das Halten von Glücks- oder Hasardspielen als Gewerbe, öffentlich oder geheim, ist verboten [ ].»[398]

1866 scheitert das Referendum für ein schweizweites Verbot von gewerbsmässigen Glücksspielen.[399]

1874 tritt die zweite Bundesverfassung in Kraft. Sie enthält in Artikel 35 ein Verbot von Spielbanken. Doch Kursäle und Standortkantone umgehen in der Folge das Verbot mit dem Argument, Kursäle seien keine Spielbanken. Kantonale Behörden dulden Glücksspiele in ihren Kursälen unter (kantonal unterschiedlichen) Auflagen. Mehrere Anläufe für eine schweizweite Regelung scheitern.[400]

1920 fordert eine Initiative das totale Spielbankenverbot, wobei unter «Spielbank» jegliches gewerbliche Glücksspiel verstanden wird, auch jenes in Kursälen. Bestehende Einrichtungen dürfen ihren Betrieb fünf Jahre lang weiterführen. Die Initiative ist erfolgreich, und der Casinobetrieb in Baden muss im März 1925 eingestellt werden.[401]

1928 schlägt eine Gegeninitiative der Fremdenverkehrsbranche eine neue Regulierung für Kursaalspiele vor. Nach der Annahme der Initiative kann der Kursaal Baden 1929 den Spielbetrieb unter Auflagen wieder aufnehmen.[402]

1958 legen starke Interessenverbände aus dem Tourismus einen Vorschlag vor, den Maximaleinsatz pro Einzelspiel von 2 auf 5 Franken zu erhöhen. Bereits Jahre vor der Abstimmung lancieren die Befürworter eine Informationskampagne. Der Bundesbeschluss wird angenommen.[403]

1992 erlaubt das aargauische Wirtschaftsgesetz das Aufstellen von Geldspielautomaten – unter Auflagen: ausschliesslich in Gastwirtschaften und Spiellokalen, maximal ein Apparat pro Betrieb. Der Badener Rechtsanwalt Jan Kocher (*1940) reicht eine Motion im Grossen Rat ein, um die Begrenzung der Anzahl Automaten für konzessionierte Spielbanken aufzuheben. Die Motion wird mit überwältigendem Mehr überwiesen. Bezüglich Lotterien gilt weiterhin das Gesetz von 1838 (Kantonsverfassung, Paragraf 55).[404]

1993 wird auf Betreiben der Tourismusbranche über die Aufhebung des Spielbankenverbots in der Bundesverfassung abgestimmt. Neue Regelungen über Spielbanken und ihre Konzessionierung sollen in ein Bundesgesetz kommen, während der Umgang mit Spielautomaten weiterhin Sache der Kantone ist. Die Vorlage wird angenommen.[405]

1995 beschliesst der Regierungsrat im Januar, das Gesuch der Spielbank Baden für den Betrieb eines Automatencasinos auf Zusehen hin zu erteilen.[406]

1998 beschliesst die Bundesversammlung das Bundesgesetz über Glücksspiel und Spielbanken. Es regelt das Glücksspiel um Geld oder andere geldwerte Vorteile sowie die Konzessionierung, den Betrieb und die Besteuerung von Spielbanken. Das Gesetz unterscheidet zwischen Grand Casinos (A-Konzession) und Kursälen (B-Konzession). Es tritt am 1. April 2000 in Kraft.[407]

1999 nehmen Volk und Kantone eine neue Bundesverfassung an. Artikel 106 regelt den Umgang mit Geldspielen. Der Bund erlässt Vorschriften über Geldspiele, erteilt Konzessionen für den Betrieb von Spielbanken und erhebt eine ertragsabhängige Spielbankenabgabe, die der AHV/IV zugutekommt. Die Kantone sind zuständig für Bewilligung und Beaufsichtigung von Spielautomaten, Sportwetten und Geschicklichkeitsspielen.[408]

2000 beschliesst der Grosse Rat das Gesetz über den Betrieb von Geschicklichkeitsspielautomaten und die Kursaalabgabe (Spielbetriebsgesetz).[409]

2012 nehmen die Stimmenden den Bundesbeschluss über die Regelung der Geldspiele zugunsten gemeinnütziger Zwecke an. Er schreibt das Lotteriemonopol der Kantone in der Bundesverfassung und die ausschliessliche Verwendung der Gewinne für gemeinnützige Zwecke fest. Das Gesetz gilt sowohl für Glücksspiele (Lotterien, Wetten, Spielbankenspiele) als auch für Geschicklichkeitsspiele.[410]

2018 wird die Geldspielgesetzgebung auf Online-Anbieter ausgedehnt. Das nationale Geldspielgesetz regelt den Betrieb von Geldspielen aller Art, verpflichtet Anbieter zu Abgaben zugunsten von AHV/IV, Sport, Kultur und sozialen Zwecken und sperrt den Internetzugang von Online-Anbietern, die keine Schweizer Konzession haben. Der Punkt «Sperre des Internetzugangs» veranlasst bürgerliche Jungparteien, das Referendum zu ergreifen – ohne Erfolg.[411]

2020 beschliesst der Grosse Rat das Geldspielgesetz des Kantons Aargau. Es löst das Spielbetriebsgesetz aus dem Jahr 2000 ab sowie das Gesetz über Lotterien und Geldspiele von 1838.[412]

Anhang

Anmerkungen

1. Beeler, Geburtswehen, 42.
2. Mylius/Wagner, Baulichkeiten, 1.
3. Tissot, Tourismus. Die allgemeine Definition von Tourismus in Bezug auf die Schweiz nennt die Alpenbegeisterung sowie die Eisenbahn als Ursachen für dessen Entstehung. Ausgeklammert wird in dieser Definition der «Bädertourismus», also die Reise der Menschen zu den europäischen Heilbadeorten. Diese Bäderreisen der Oberschichten zum gesellschaftlichen Vergnügen zwecks Vernetzung und zur körperlichen Erholung existieren seit dem Mittelalter, vgl. hierzu die umfangreiche Forschungsliteratur zu den europäischen Badeorten des Mittelalters und der Neuzeit, zusammengefasst von: Schaer, Aqua, 32, Fussnote 22.
4. Schumacher, Freizeit, 133–141.
5. Eidloth, Geographie, 18: «Das Bad wurde zum bevorzugten Treffpunkt des Hofes, des Adels und eines exklusiven Grossbürgertums und übernahm zunehmend die Funktion fürstlicher Sommerresidenzen […].»
6. Knoll, Kulturgeschichte, 102–108.
7. Zur Wandlungs- und Anpassungsfähigkeit der Kurorte insbesondere im 20. Jahrhundert vgl. Seegers et al., Kurorte, 11–30.
8. Zur Kulturgeschichte des Reisens und den Reisemotiven vgl. Knoll, Kulturgeschichte, sowie Bauerkämper et al., Welt.
9. Der St. Verenaquelle in Baden wurde eine der weiblichen Fruchtbarkeit zuträgliche Wirkung zugesprochen. Erstmals explizit beschrieben wird dies von Alexander Sytz (oder Seitz, 1470–1545). Schaer, Aqua, 84.
10. Die Definition stammt von Schumacher, Freizeit, 133–141.
11. Baden besass ab 1847 die erste innerschweizerische Eisenbahnverbindung nach Zürich, Yverdon ab 1855 die erste Verbindung der Westschweiz nach Morges, in Rheinfelden erfolgte der Anschluss an die Bahnlinie auf der linksrheinischen, schweizerischen Seite erst im Jahr 1875. Die Bözbergbahn verband den Verkehr zwischen der Strecke Paris–Basel–Rheinfelden–Zürich–Wien. Der deutschbadische Bahnhof «bei Rheinfelden» wurde bereits 1856 eröffnet. Er gewährleistete die Verbindung Konstanz–Schaffhausen–Waldshut–Rheinfelden–Basel. Dass die Badegäste aus Paris eine direkte Fahrkarte Paris–Rheinfelden lösen konnten und die Züge von Paris in Rheinfelden hielten, ist allerdings eine Legende. Leemann, Rheinfelden, 232ff.
12. Müller, Grand Hotel, 73–77. Zu den elektrischen Lampen: STAB, Protokoll des Gemeinderates, 23.3.1887, 63. Besten Dank an Andreas Steigmeier für den Hinweis.
13. Knoll, Kulturgeschichte, 105ff.
14. UB UZH, Kurorte-Sammlung, Bro 28, Bad Ragaz: Büchlein «Ragaz Pfäfers mit 85 Ansichten», um 1900.
15. UB UZH, Kurorte-Sammlung Bro 38a, St. Moritz: Broschüre Bad St. Moritz im Engadin, um 1910.
16. Furter et al., Stadtgeschichte, 6.
17. Auderset, Yverdon-les-Bains.
18. Eidloth, Geographie, 28. Baden-Baden gehört zusammen mit zehn weiteren europäischen Bäderorten zum UNESCO-Weltkulturerbe Great Spa Towns of Europe. Diese befinden sich in Deutschland (Baden-Baden, Bad Ems, Bad Kissingen), Tschechien (Karlsbad, Franzensbad und Marienbad), Belgien (Spa), Frankreich (Vichy), Grossbritannien (Spa), Österreich (Baden bei Wien) sowie Italien (Montecatini). Diese Städte entwickelten sich vom frühen 18. Jahrhundert bis in die 1930er-Jahre hinein um ihre natürlichen Thermalquellen herum zu blühenden, international bekannten Destinationen mit kurörtlicher Infrastruktur wie Bädern, Kurhaus/Kursaal, Trinkhallen, Fitnessräumen und Grand Hotels sowie Gärten, Casinos, Theater, Therapie- und Gemeinschaftsräumen. UNESCO World Heritage Centre 1992–2024, World Heritage List, The Great Spa Towns, online whc.unesco.org/en/list/1613/ (28.8.2024).
19. Für einen zusammenfassenden Überblick zur Kurorte-Sammlung der Universitätsbibliothek Medizin Careum, Universität Zürich, sowie zu ihrer Entstehung vgl. Reis, Bade, 26–34.
20. TourismusRegion Baden AG, Bäderstadt, online deinbaden.ch/de/erleben/baederstadt-thermalwasser (14.7.2024).
21. Schweiz Tourismus, Reiseziele: Yverdon-les-Bains, online www.myswitzerland.com/de-ch/reiseziele/yverdon-les-bains/ (14.7.2024). Hier steht: «[…] Badekurort […] mit […] Tradition als Zentrum der Heilkunst, wie Ruinen römischer Thermen belegen». Das ist so allerdings nicht korrekt. Es gibt keine Ruinen, es sind römische Götterfiguren, die in den Quellen gefunden wurden, wie Corinne Sandoz, Kuratorin am Musée d'Yverdon et région, präzisiert.
22. Schaer, Aqua, 31.
23. Die römischen Heilbäder wurden im Unterschied zu den gewöhnlichen öffentlichen oder privaten Bädern als *Aquae* bezeichnet. Als europäische Kurstädte mit Wurzeln als *Aquae* gelten: Aachen, Aix-les-Bains, Baden AG, Baden bei Wien, Baden-Baden, Wiesbaden, Vichy und Bath, vgl. Eidloth, Geographie, 16.
24. Vgl. hierzu Corinne Sandoz, Musée d'Yverdon et Région, Yverdon-les-Bains, patrimonie thermal et minéral, online musee-yverdon-region.ch/yverdon-les-bains-patrimoine-thermal-et-mineral/ (5.8.2024), sowie Schüle, tourisme thermal, 99.
25. Zu den Funden von St. Moritz-Bad vgl. Rageth, St. Moritz. Die Funde werden auch in den Werbeprospekten des 19. Jahrhunderts erwähnt. UB UZH, Kurorte-Sammlung, Bro38a, St. Moritz.
26. In der Statistik von Dr. med. H. Keller zur Wasserqualität werden Schweizer Quellen mit jenen im Ausland verglichen. Gemäss dieser Aufstellung ist die Wasserqualität von Baden und Yverdon-les-Bains u. a. vergleichbar mit Lavey und Schinznach sowie Aachen und Baden bei Wien. Verband Schweizer Badekurorte, Badekurorte. UB UZH, Kurorte-Sammlung, «Schweizer Bade-Kurorte und ihre Heilquellen».
27. Schüle, tourisme thermal, spricht von der Entdeckung des Thermalbäder-Tourismus im 18. Jahrhundert und zeichnet die Anstrengungen der Beteiligten sowie der Stadt minuziös nach.
28. UB UZH, Kurorte-Sammlung, Bro 38a Yverdons-les-Bains, Broschüre: «Thermal-Kurort Yverdon», um 1920, 6.
29. «Kasino», in: Meyers Großes Konversationslexikon (6. Auflage, 1905–1909), digitalisierte Fassung im Wörterbuchnetz des Trier Center for Digital Humanities, Version 01/23, online www.woerterbuchnetz.de/Meyers (27.5.2024). «Kasino» bzw. «Casino» ist im Deutschen erst im 19. Jahrhundert in Gebrauch und wurde dem Italienischen entnommen. Vgl. auch «Kasino», in: Pfeifer, Wolfgang et al.: Etymologisches Wörterbuch des Deutschen (1993), digitalisierte und von Wolfgang Pfeifer überarbeitete Version im DWDS, online www.dwds.de/wb/etymwb/Kasino (27.5.2024).
30. Théâtre Benno Besson, Histoire, online www.theatrebennobesson.ch/histoire (14.7.2024).
31. Knoll, Kulturgeschichte, 93.
32. Kicherer, Baden-Baden, 22–84.
33. Aargau Tourismus, Bäderkanton Aargau, Medienmitteilung zur Kampagne vom 22.10.2022.
34. Müller, Schinznach-Bad; Herzig, Zurzach.
35. Gottschall, Gästebücher, 50.
36. Hunziker/Hoegger, Kunstdenkmäler, 262. Bedeutende Innovation und ein Wettbewerbsvorteil waren, dass jedes Zimmer des Erweiterungsbaus über ein eigenes Bad verfügte.
37. Das Wasser der Kapuzinerquelle (Blum'sche Quelle) wurde lange von der Brauerei Feldschlösschen als Mineralwasser genutzt, ein Teil des Wassers floss in die Trinkhalle. 1987 wird festgehalten, dass die Quelle nicht mehr den Hygienestandards entspricht; sie wird aus dem Betrieb gezogen. Leemann, Rheinfelden, 97.

38 Hunziker/Hoegger, Kunstdenkmäler, 268f.
39 1932 soll die Kurbrunnenkommission nach Bad Tölz (Bayern) gereist sein, um die monumentale Trink- und Wandelhalle von Heinz Moll (1899–1989) zu besichtigen. Deren Grundriss und architektonische Gestaltung soll Rheinfelden als Vorbild gedient haben. Fricktaler Museum, Ausstellungstext 2010.
40 Just, Wasser, 27; Leemann, Rheinfelden, 250–263. 2009/10 wurden Trinkhalle und Konzertsaal restauriert. Hunziker/Hoegger, Kunstdenkmäler, 268f.
41 Auch in Baden spielte die Truppe des St. Galler Stadttheaters während der Kursaison von 1926 bis 1977, zuerst im Sommertheater im Kurpark, ab 1952 im Kurtheater. Keller, 50 Jahre. Vgl. auch den Beitrag von Ruth Wiederkehr auf S. 135f. in dieser Publikation.
42 UB UZH, Kurorte-Sammlung, Bro 38a, Bad Ragaz: «Führer für Ragaz-Pfäfers und Umgebung, bearbeitet von Dr. Jäger, Sanitätsrath, und F. Kaiser, Reallehrer. Herausgegeben vom Kurverein Ragaz», 1884, 13.
43 Kursaal Engelberg AG, Geschichte, online www.kursaalengelberg.ch/geschichte (22.8.2024). Der Architekt war Arnold Cattani (1846–1921), ein Schüler von Gottfried Semper.
44 Hohmeister, Mensch.
45 Siehe u.a. in: Mallgrave; Nerdinger/Oechslin.
46 Mallgrave, Semper, 258.
47 Nerdinger/Oechslin, Semper, 7.
48 Ebd., 299.
49 Nerdinger/Oechslin, Semper, 345; sowie Hunziker, Jeuch.
50 Casutt, Architekturwettbewerb, 500.
51 Rucki/Huber, Architektenlexikon, 493; sowie Reinle, Architektur.
52 Furter/Schoeck, Architekturführer, 47, 68, 142.
53 Hess, Badenfahrt, 199.
54 Fricker, Geschichte, 482, FN 2.
55 Furter et al., Stadtgeschichte, 256.
56 Nerdinger/Oechslin, 352ff.
57 Original-Korrespondenz im gta Archiv, zit. nach: Nerdinger/Oechslin, 425.
58 gta Archiv, zit. nach: Nerdinger/Oechslin, 425.
59 Nerdinger/Oechslin, 427.
60 Hoegger, Kunstdenkmäler, 248; sowie Nerdinger/Oechslin.
61 Hoegger, Kunstdenkmäler, 258.
62 Heyer, Gärten, 192–209.
63 Coenen, Kurhäuser, 237f.
64 Coenen, Kurbäder, 210.
65 Rucki/Huber, Architektenlexikon, 298.
66 Hunziker, Jeuch.
67 Nerdinger/Oechslin, 427.
68 StAB, B.03.10, zit. nach Nerdinger/Oechslin, 427.
69 StAB, E.35.1.1, Wettbewerbsprogramm.
70 Hoegger, Kunstdenkmäler, 252.
71 Stamm machte seine Ausbildung an der École des Beaux Arts in Paris und wirkte dort später als freier Architekt. Mitte der 1870er-Jahre wurde er Stadtbaumeister im elsässischen Sélestat, wo er ein repräsentatives Œuvre schuf. Siehe online www.Archi-Wiki.org, Biografische Daten Jean Jacques Stamm (19.8.2024).
72 StAB, N.11.3.
73 StAB, E.35.1.1, Jurybericht.
74 Hoegger, Kunstdenkmäler, 252.
75 Die meisten Pläne finden sich im Stadtarchiv Baden (StAB, P.01.3.54); ein kleinerer Teil im Nachlass im gta Archiv, 25-02.
76 Laurenti wirkte später auch beim Figurenprogramm an der Hauptfassade des Bundeshauses und am Berner Münster mit, siehe u.a. Stückelberger, Künstlerische Ausstattung, 191.
77 StAB, B.03.10, Protokoll Kurhausgesellschaft, hier noch zit. nach Hoegger, 253.
78 Altorfer, Dorer.
79 Hoegger, Kunstdenkmäler, 260.
80 Ruoff, Promenadenwesen, 140.
81 Hoegger, Kunstdenkmäler, 253.
82 gta Archiv, 25-02-21/38.
83 Albert Zulauf und Partner, Kurpark, Idealplan.
84 Schweizerische Bauzeitung, 25 (1901), 276.
85 Rucki/Huber, Architektenlexikon, 387.
86 Schweizerische Bauzeitung, 25 (1901), 276.
87 Die Projektierung der Schiefen Brücke ist in den Quellen dem Ingenieur Getulius Kellersberger zugewiesen. Allerdings findet sich im Nachlass von Robert Moser eine frühe Fotografie der Brücke, was darauf schliessen lässt, dass Moser in die Gestaltung der Pfeiler und der Fahrbahn einbezogen war. Siehe: Kantonale Denkmalpflege, Kurzinventar Ennetbaden, INV-ENN904; sowie: gta Archiv, 25-F:P-1.
88 Münzel, Moser, 554.
89 Schweizerische Bauzeitung, 25 (1901), 276.
90 Münzel, Moser, 554.
91 Curjel, Moser, 549.
92 Die Nachlässe aller vier Generationen der Architektenfamilie Moser befinden sich im gta Archiv.
93 Im StAB finden sich im Nachlass von Jeuch auf 1880 datierte Pläne für den Musikpavillon, der allerdings in abgeänderter Form realisiert wurde, weshalb die Urheberschaft nicht ganz klar ist: StAB, N.11.3.5.
94 StAB, B.01.09 und B.01.10, Protokolle Ortsbürgergemeinde.
95 Baugesuchsarchiv der Stadt Baden, Dossier 533.
96 Münzel, Theatergebäude, 33. Münzel schreibt, das Theater sei von der Architekturfirma Dorer & Füchslin entworfen worden. Diese Firma wurde jedoch erst 1889 gegründet, als Adolf Füchslin dem Ruf seines Freundes Otto Dorer nach Baden gefolgt war. Die beiden nahmen gemeinsam erfolgreich am Wettbewerb für die Bauten der Landesausstellung 1883 teil (nicht realisiert). Dorer begann seine selbstständige Tätigkeit in Baden 1884. Siehe: Rucki/Huber, Architektenlexikon, 147f.
97 Rucki/Huber, Architektenlexikon, 147f.
98 Münzel, Theatergebäude, 33. Mosers Pläne für die Vergrösserung des Sommertheaters befinden sich im gta Archiv. Erste Pläne sind bereits auf das Jahr 1893 datiert. gta Archiv, 25-013.
99 Otto Dorer junior war zu jener Zeit bereits ein altgedienter Fachmann. Er soll Lisbeth Sachs beim Theaterprojekt freie Hand gelassen haben. Dorer baute mit der Bezirksschule Burghalde 1927 das erste konsequent moderne Gebäude in Baden. Weitere Häuser im Stil des Neuen Bauens folgten. Siehe Affolter, Architekturführer, 174.
100 Dieser Absatz basiert auf Furter, Kurtheater, 18ff.
101 Furter/Schoeck, Architekturführer, 72.
102 Stoffler, Ammann, 244f.
103 gta Archiv, 2-0813 bis 2-0815.
104 Müller, Grand Hotel, 196.
105 Rucki/Huber, Architektenlexikon, 553.
106 StAB, E.35.1.1, Gutachten Prof. Bluntschli vom 30.12.1909.
107 StAB, E.35.1.1.
108 Ebd.
109 StAB, B.01.10, Protokoll vom 18.11.1914.
110 StAB, B.01.10, Auszug aus dem Protokoll des Gemeinderates Baden vom 11.1.1923.
111 StAB, B.01.10, Schreiben Moser an den Präsidenten der Casinogesellschaft vom 19.7.1919.
112 StAB, B.01.10, Auszug aus dem Protokoll des Gemeinderates Baden vom 5.7.1920.
113 StAB, B.01.10, Schreiben von Karl Moser an Bauverwalter Keller vom 22.12.1922.
114 StAB, B.01.10, Auszug aus dem Protokoll des Gemeinderates Baden vom 11.1.1923.
115 Furter/Schoeck, Architekturführer, 36.
116 Beispielsweise die Erneuerung der Beleuchtungsanlage 1923, der Küche und der Kühlanlagen 1924 oder die Anschaffung von neuem Mobiliar 1925, siehe: StAB, B.01.14, Protokolle Ortsbürgergemeinde.
117 StAB, B.01.14, Protokoll Ortsbürgergemeindeversammlung vom 8.7.1930.
118 Rucki/Huber, Architektenlexikon, 554.
119 Furter/Schoeck, Architekturführer, 45.

120 NZZ, 9.4.1953, 5.
121 Der Bund, 9.4.1953, 5; sowie: Die Tat, 9.4.1953, 9.
122 StAB, E.21.24.10.10, Pressedossier zur Wiedereröffnung 1952, Bericht Bauern- und Bürgerzeitung.
123 Ursprünglich sollte ein Wettbewerb durchgeführt werden, wovon Hofmann als externer Berater – einmal mehr – abgeraten hatte. Die Zusammenarbeit mit dem lokalen Architekturbüro Bölsterli und Weidmann war eine Auflage der Ortsbürgerkommission, die aber gleichwohl von allen Beteiligten gelobt wurde; siehe: StAB E.21.24.10.10, Protokoll Stadtkanzlei 1348a vom 14.8.1951.
124 Luchsinger/Rentsch, Hofmann, 102.
125 gta Archiv, 32-03, Schreiben von Willi Furrer an Hans Hofmann vom 26.9.1952.
126 Basler Nachrichten, 2.4.1953.
127 Pressedossier zur Wiedereröffnung des Kursaals, siehe: StAB, E.21.24.10.10.
128 Zusammenstellung der Kosten im Bericht der Städtischen Planungskommission zum Kursaal Baden, Februar 1974, 10. Sowie: Dossier zum Personalhaus, siehe: StAB, E.31.3.61.4.2902.
129 Planungskommission, Bericht Kursaal, 14.
130 Ebd., 21f.
131 StAB, D.01.1a, Protokoll der Ortsbürgergemeinde vom 15.12.1975.
132 StAB, D.01.1a, Protokolle der Ortsbürgergemeinde.
133 Stadtcasino Baden AG, Festpublikation zur Wiedereröffnung 1988, 18ff.
134 Baumeister, Zeitschrift für Architektur, 3 (1990), 33.
135 Gespräch mit Hans Rohr vom 15.7.2024.
136 Ebd.
137 Blöchlinger, Kursaal, 37f.
138 Die Stadtcasino Baden AG erteilte uns nur Einsicht in die Bau- und Planungsakten bis ins Jahr 1985 (dem Gründungsjahr der AG). Dieser Absatz stützt sich daher auf Aussagen beteiligter Architekten, auf Literatur und Presseartikel.
139 Beispielsweise von Verwaltungsratspräsident Peter Blöchlinger an einer Medienkonferenz vom 3.3.1999: «Wesentliches Kriterium für die Eignung als Spielbank stellen die Tradition, die Pracht und die Atmosphäre eines Saales dar.» StAB, E.23.22.78.11.
140 Badener Tagblatt, 30.11.2023, online.
141 Blöchlinger, Kursaal, 72; sowie: StAB, E.23.22.78.11, Manuskript Blöchlinger Medienkonferenz 1999.
142 Blöchlinger, Kursaal, 37; sowie: NZZ, 18.12.2007.
143 ATB, Akten zum Kurpark Baden: Protokoll des Gemeinderates der Stadt Baden vom 5.8.1985.
144 Albert Zulauf, Idealplan, 8.
145 Ebd.
146 Bucher, Landschaftsgarten, 43–46.
147 Ruoff, Promenadenwesen, 140.
148 Frei, Bestand, 8–27.
149 Albert Zulauf, Idealplan.
150 Saxer, Kurpark.
151 Tele M1 vom 31.10.2023.
152 Roth, Hinschied.
153 ASLA, gm_541_1.
154 Albert Zulauf, Idealplan.
155 StAB, E.35.1.1.
156 StAB, Y.Per.I.114, Fremdenblatt, 4.5.1941.
157 ETH-Bildarchiv, Com_FC01-5400-033.
158 Nach: Albert Zulauf, Idealplan.
159 Bundesamt, ISOS.
160 ATB, Akten zum Kurpark Baden: Protokoll des Gemeinderates der Stadt Baden vom 19.1.1987.
161 ATB, Akten zum Kurpark Baden: Protokoll des Gemeinderates der Stadt Baden vom 17.2.1986.
162 ATB, Akten zum Kurpark Baden: Protokoll des Stadtrates der Stadt Baden vom 19.3.1990.
163 Sigl/Frei-Heitz, Kenntnis, 41.
164 Ebd., 40–45; Schubert, Zulauf, 59.
165 Zulauf, Kurpark Baden, 40.
166 Berger Burger et al., Umgestaltung, 60–68.
167 Gespräch mit Maximilian Kindt vom 16.8.2024.
168 gta Archiv, 2-0814 M 1/3.
169 ABB, Kurpark, Baugesuche und Plätze.
170 StAB, Y.Per.I, Analyse der Fremdenblätter während der Existenz der Namenslisten. Sie wurden jeweils ab Ostern bis spätestens Ende Oktober publiziert.
171 StAB, Y.Per.I.56, Fremdenblatt 1885 enthält erstmals einen Hinweis auf die Möglichkeit einer Winterkur, da einige der Hotels dafür ausgerüstet seien.
172 Schaer, Bäder, 59.
173 StAB, Y.Per.I.15, Fremdenblatt 13.8.1844; Fricker, Geschichte, 478. Überblick zu den Ausflugszielen: Münzel, Entdeckung, 72–81.
174 Vgl. hierzu Gredig et al., Salonorchester. Die Kurorchester der Schweiz sind bislang nur exemplarisch erforscht. Eine Überblicksdarstellung fehlt, siehe ebd., 7. Für Baden gibt es eine Überblicksdarstellung: Loepfe, Walzern, 36–43.
175 StAB, V.14.4.50, Referat zur Gründung des Verkehrsvereins 1906. Es betont die Bedeutung der ersten Gründung des Kurvereins. Hier wird vielleicht irrtümlich das Jahr 1862 genannt, der Verein selbst ist erst ab 1865 nachvollziehbar existent, die Literatur nennt durchgehend 1865 als Gründungsjahr. 1906 und 1936 folgen weitere Vereinsgründungen. 1998 entstand der Verein Baden Tourismus, ab 2001 übernahm die Stadt Baden die Funktion des Informationsbüros, der Verein war für das Marketing zuständig. 2005 wurden alle Aufgaben in die Hände der Stadt Baden gelegt, und der Verein wurde aufgelöst, per Anfang 2023 wurde das Tourismusmarketing in der Tourismus-Region Baden AG wieder privatisiert. Vgl. StAB, Bestand V.14, darin V.14.4.51, Rückblick 25 Jahre Zürcher, V.14.4.56, Typoskript von Uli Münzel, 50 Jahre Kur- und Verkehrsverein, 4.11.1986; StAB, E.31.2.5.4.1, Statuten 1974 und Neustrukturierung 1996/97. Einen Überblick zur Geschichte bietet auch Streif, Zweck, 69–76.
176 StAB, Y.Per.I.32, Fremdenblatt, 13.6.–29.9.1861.
177 StAB, Y.Per.I.33, Fremdenblatt, 18.5.–30.9.1862.
178 StAB, Y.Per.I.31, 36, 41, Fremdenblatt, Stichproben 27.6.1861, 28.5. und 29.9.1865, 15.5. und 1.8.1870.
179 StAB, Y.Per.I.47, Fremdenblatt, 8.6.1876. Eröffnung gemäss Matter, Museum, 7, am 11.7.1876.
180 Vielen Dank an Hugo Doppler, Jonas Huggenberger und Kurt Zubler für ihre wertvollen Hinweise für diesen Abschnitt. Foto: Historisches Museum Baden, Q.12.1.580. Die Datierung des Bilds ergibt sich durch die Shabbatlampe (HMB, PN 0251), der vorderen der zwei Deckenlampen, die 1891 erworben wurde. Das Bild war bislang auf 1888 datiert.
181 HMB, Inv. 646. Es handelt sich dabei um ein Geschenk von Robert Jeuch-Rohn, Baden, und um einen Nachdruck der Vedute aus dem Jahr 1829.
182 Überblick zur Museumsgeschichte aus den Jahren 1942, 1976 und 1999: Matter, Museum, 3–35; Münzel, 100 Jahre, 45–52; Müller-Howald, Chronik, 48–52; Zubler, Ausgegraben, 92–113.
183 Zu den Funden und Interventionen grundlegend (inkl. Literatur): Schaer, aqua, 123 (Funde), 124 (Ausstellung) und 184–199 (Interventionen). Im 20. und 21. Jahrhundert gab es auf dem Gebiet des Kurparks zahlreiche weitere archäologische Interventionen, z. B. beim Abbruch des Sommertheaters 1951.
184 Argovia 3 (1862–1863), XX–XXII. Hierbei handelt es sich womöglich um KAAG, B.863.1.
185 Fricker, Geschichte, 3, 22, 25ff. Diverse Pläne hierzu befinden sich u. a. im Archiv AS, Dossier Baden.
186 Schweizerisches Landesmuseum, Baden, Haselfeld, Römerstrasse, evang. Pfarrhaus, Grabungen Schweizerisches Landesmuseum, 1893, lokalisiert 665 650 / 259 250.
187 Drack, Töpfereifunde, 9–14, schreibt kurz über 1872 und länger über die Sondierungen von 1941; Anzeiger für schweizerische Alterthumskunde 8 (1896–1898), 30; Doppler, Vicus, insb. 18–22; Zubler, Ausgegraben, 92–99. Es fanden im 20. und 21. Jahrhundert weitere Grabungen

188 Die Brückenmodelle wurden anscheinend von Michael Egger 1649/50 geschaffen; sie sind heute im Historischen Museum Baden erhalten, Inv.-Nr. 2075, 2076, 4028.
189 HMB, Inv.-Nr. 1 1876–1886 mit Nachträgen bis zum Jahr 1890.
190 StAB, Y.Per.I.56, Fremdenblatt, 3.5.1885.
191 StAB, Y.Per.I.76, Fremdenblatt, 2.4.1905.
192 Vgl. z. B. Münzel, 100 Jahre, 49. Das Museum im Landvogteischloss wurde am 6.7.1913 eröffnet.
193 Wiederkehr, Lebenswelten, 217.
194 Privatarchiv Hugo Doppler, Baden, Broschüre «Baden», o. J. (ca. 1900), 5.
195 Bärtschi/Dubler, Eisenbahnen, Abs. 2, Die Bauperiode 1850–1870.
196 Fricker, Geschichte, 480–484, Zitate S. 480 und 482.
197 StAB, Y.Per.I.46, Fremdenblatt, 15.5.1875. Überblick zu Kundschaft: Ventura, Stadt Teil 1, 38ff.
198 Swistoval, KPI 1875–2009, online www.swistoval.ch, sowie LIK-Teuerungsrechner 2009–2023, online www.lik-app.bfs.admin.ch/de/lik/rechner (27.5.2024).
199 StAB, Y.Per.I.51, Fremdenblatt, 6.5.1880.
200 StAB, Y.Per.I.66, Fremdenblatt, 22.4.1895 und 15.4.1900.
201 Die redaktionelle Ausgestaltung des Blatts veränderte sich von Jahr zu Jahr und mit den jeweiligen Herausgebern bzw. Verantwortlichen; Rezensionen und Gedichte sind ab den 1900er-Jahren vorhanden, ein Fortsetzungsroman z. B. im Jahrgang 1920, vgl. StAB, Y.Per.I.71, 76, 82, 88, 93, Jahrgänge 1900, 1905, 1910, 1915, 1920.
202 Übersichten bieten z. B. Gredig et al., Salonorchester, oder Engeler, Unterhaltungsmusik, 60–65.
203 Z. B. StAB, Y.Per.I.46, 51, 56, Fremdenblatt, 3.8.1875, 12.6.1880, 2.7.1880, 16.6.1885.
204 StAB, Y.Per.I.71, Fremdenblatt, 15.4.1900.
205 StAB, Y.Per.I.82, Fremdenblatt, 30.10.1910.
206 StAB, Y.Per.I.46, 51, 76, 82, Fremdenblatt, 25.6.1875, 12.6.1880, 9.9.1880 (im selben Sommer zahlreiche Benefizkonzerte für Kurorchesterdirigent Kick), 11.6.1905, 27.3.1910, 10.7.1910, 30.10.1910.
207 StAB, Y.Per.I.92, Fremdenblatt, 1.8.1891.
208 StAB, Y.Per.I.71, 88, 93, Fremdenblatt, für «Illumination», 1.8.1900, 1.8.1915, 1.8.1920, «Venetianische Nacht»: 28.8.1880.
209 Wiederkehr, Lebenswelten, 217–221.
210 StAB, Y.Per.I.51, Fremdenblatt, 6.6.1875. Stadtmusikverein z. B. 2.5.1880.
211 StAB, V.14.4.51, Zürcher, 25 Jahre, 6.
212 StAB, N.99.164898, Unterlagen zum alten Stadttheater inkl. Flugblatt zur Gemeindeversammlung 7.12.1928.
213 StAB, Y.Per.I.66, Fremdenblatt, 19.8.1895.
214 StAB, Y.Per.I.76, Fremdenblatt, 8.5.1905.
215 StAB, Y.Per.I.88, Fremdenblatt, 4.4.1915, enthält eine Liste von zehn Ausflugszielen.
216 Z. B. StAB, Y.Per.I.41, Fremdenblatt, 2.8.1870.
217 Hintermann, Vindonissa-Museum, 17–24; De Capitani, Nationalmuseum.
218 Stichproben 1870 bis 1915, Nennungen u. a. in: StAB, Y.Per.I.41, 56, 61, 66, 71, 76, 88, Fremdenblatt, 15.5.1870, 18.10.1885, 17.5.1890, 1.8.1895, 15.4.1900, 11.6.1905, 31.10.1915. Zum Wintersport: Busset/Marcacci, Sport. Tennisplätze: StAB, V.14.4.51, Zürcher, 25 Jahre, 14.
219 Überblicksdarstellung: Münzel, 150 Jahre, 51–55.
220 StAB, Y.Per.I.1–134, Fremdenblatt, Jahrgänge 1830–1961; StAB, V.14.4.130, Wochenprogramm, Jahrgänge 1968–1995; Jahrgänge 2020–2024, Herausgeber Thomi Bräm, online www.badenaktuell.ch/ausgaben/ (26.6.2024). Zur Erneuerung des Gästeblatts 1962: StAB, V.14.4.129.
221 StAB, Y.Per.I.41, 46, 56, 81, 118, 123, Fremdenblatt, erwähnte Inserate zum Beispiel 1.8.1870, 25.6.1875, 5.7.1885, 10.7.1910, Jahrgang 1945 mit französischen Artikeln des *club français* des Kaufmännischen Vereins u. a., italienische Artikel 9.4.1950.
222 Jaeger, 25 Jahre, 23–28.
223 StAB, Y.Per.I.33, Fremdenblatt, 18.5.–30.9.1862.
224 StAB, Y.Per.I.36, Fremdenblatt, 28.5.–29.9.1865.
225 StAB, Y.Per.I.38, Fremdenblatt, 16.5.–2.10.1867.
226 StAB, Y.Per.I.39, Fremdenblatt, 18.5.–6.10.1868.
227 StAB, Y.Per.I.42, Fremdenblatt, 18.5.–15.10.1871.
228 StAB, Y.Per.I.45, Fremdenblatt, 30.4.–18.10.1874.
229 StAB, Y.Per.I.46, Fremdenblatt, 8.5.–24.10.1875.
230 StAB, Y.Per.I.51, Fremdenblatt, 2.5.–17.10.1880.
231 StAB, Y.Per.I.58, Fremdenblatt, 24.4.–16.10.1887.
232 StAB, Y.Per.I.59, Fremdenblatt, 2.5.–28.10.1888. Die Theaterproduktionen wurden vor allem im seit 1881 bestehenden Theatergebäude im Kurpark, aber auch im Stadttheater auf dem heutigen Theaterplatz aufgeführt.
233 StAB, Y.Per.I.73, 20.4.1902.
234 StAB, Y.Per.I.62, Fremdenblatt, 12.4.–31.10.1891.
235 Mittler, Möller, 547.
236 StAB, Y.Per.I.73, Fremdenblatt, 30.3.–14.12.1902.
237 StAB, Y.Per.I.74, Fremdenblatt, 2.2.–1.11.1903.
238 StAB, Y.Per.I.78, Fremdenblatt, 18.8.1907.
239 StAB, Y.Per.I.80, Fremdenblatt, 8.5.1909.
240 StAB, Y.Per.I.87, Fremdenblatt, 20.2.–30.10.1914. In der Ausgabe vom 4.8.1914 nimmt das Verzeichnis der Badegäste 2,5 Seiten ein – eine Woche später noch eine Seite.
241 StAB, Y.Per.I.94, Fremdenblatt, 15.5.–2.10.1921.
242 StAB, Y.Per.I.103, Fremdenblatt, 18.5.–29.9.1930.
243 StAB, Y.Per.I.105, Fremdenblatt, 5.6.–30.10.1932. Zitat: 26.6.1932.
244 StAB, Y.Per.I.110, Fremdenblatt, 28.3.–30.10.1937.
245 StAB, Y.Per.I.114, Fremdenblatt, 4.5.1941.
246 StAB, Y.Per.I.122, Fremdenblatt, 16.4.–5.11.1949.
247 StAB, Y.Per.I.132, Fremdenblatt, 4.4.–31.10.1959, Porträt zu Manazza 25.7.1959.
248 Loepfe, Walzern, 43.
249 StAB, Y.Per.I.93, Fremdenblatt, 27.6.1920.
250 Müller, Grand Hotel, 196f. Ab 1936 auch in StAB, V.14.3.2.
251 StAB, Y.Per.I.93, Fremdenblatt, 10.10.1920.
252 Müller, Grand Hotel, 196f.; StAB, V.14.3.2, Statistik Logiernächte verzeichnet 1941 161 236 Logiernächte in Badehotels und ein Total von 196 236 Logiernächten. Die Differenz ergibt sich daraus, dass im Total auch die Logiernächte in den Passantenhotels ausserhalb des Bäderquartiers mit eingerechnet wurden.
253 Dauer nach Müller, Grand Hotel, 196f.; zur Dauer im Vergleich vgl. StAB, Y.Per.I.101, Fremdenblatt, 13.5.1928: Baden sei, was die Anzahl der Kurtage anbetrifft, «an der Spitze» der Badekurorte.
254 StAB, Y.Per.I.93, Fremdenblatt, 1.8.1920.
255 StAB, Y.Per.I.93, 101, 103, 112, 118, Fremdenblatt, Stichproben 1920 bis 1951, 10.10.1920 (Männerchor, Gemischter Chor), 13.5.1928 (Stadtmusik), 20.5.1928 (Trachten, Tonkünstler), 8.7.1928 (Tonkünstler), 18.5.1930 (Strassenbaufachmänner), 4.9.1939 (Badenia), 20.6.1937 (Kostümball), 29.7.1945 (Männerchor), 30.7.1950 (Männerchor), Silvesterball: NZZ, 10.12.1930, 12.12.1930, 31.12.1930. Zum geselligen Austausch: StAB, N.84.66, Stammtischtagebuch aus dem Kursaal, 1917–1931 mit Lücken. Überblick zur Kundschaft: Ventura, Stadt Teil 2, 80f.
256 StAB, Y.Per.I.103, Fremdenblatt, 18.5.1930. Überblick frühe Kinogeschichte mit Literaturangaben: Wiederkehr, Lebenswelten, 231.
257 Furter/Schoeck, Architekturführer, 70, 74.
258 StAB, Y.Per.I.110, Fremdenblatt, 27.6.1937.
259 StAB, Y.Per.I.101, Fremdenblatt, 1.7.1928.
260 StAB, Y.Per.I.101, Fremdenblatt, 8.7.1928.
261 Ebd.
262 Mäusli, Jazz, 112–126.
263 Modestin, Jazz; eine anschauliche Einführung gibt Mumenthaler, Hot!, 17–39, Zitat 25; zur Aufnahme von Musical und Jazz durch Hausorchester vgl. Engeler, Unterhaltungsmusik, 65f.

264 StAB, Y.Per.I.103, Fremdenblatt, z. B. 27.7.1930.
265 StAB, Y.Per.I.110, Fremdenblatt, 27.6.1937; Father Lach's Boys' Symphonic Band. In: Music Educators Journal 23(5), 83.
266 StAB, V.14.4.13, 50 Jahre; heute Verband Heilbäder und Kurhäuser Schweiz (HKS), online www.kuren.ch/de/; zum 100-Jahr-Jubiläum 2024: www.thermenschweiz.ch/zeitreise/verbandsgeschichte-1924-2024/ (25.6.2024). Der Verband sah sich als Nachfolger der Bäder-Kommission der Schweizerischen Verkehrszentrale (heute Schweiz Tourismus). Überblick dazu auch in StAB, V.14.4.78, Bäderreport 1976 mit Ausführungen zum 50-Jahr-Jubiläum von 1974. Die Geschäftsstelle des Verbands befand sich über längere Zeit in Baden, 1976 führte Kurdirektor Ludwig Thiede den Verband, auch in den 1990er-Jahren war das Sekretariat in Baden, persönliche Auskunft von Blandina Werren, 5.4.2024.
267 «Schweizer Badekurorte und ihre Heilquellen» und «Das kleine Bäderbuch» (in 5 Auflagen), erschienen 1929 und ab 1951. Dazwischen und danach wurden zahlreiche weitere Druckschriften herausgegeben. Die konkrete Wirkung ist nicht untersucht.
268 StAB, V.14.4.51, Zürcher, 25 Jahre, 4; Sammlung: V.14.4.18, Zeitungsartikel der 1920er-Jahre. Vgl. auch Anm. 175.
269 StAB, Y.Per.I.101, Fremdenblatt, 8.7.1928.
270 StAB, Y.Per.I.110, Fremdenblatt, 30.5.1937, 27.6.1937.
271 Schumacher, Freizeit, 133–141.
272 StAB, Y.Per.I.113, 101, 110, 111, 118, 123, Fremdenblatt, Zitat: 21.7.1940; zu Anlässen vgl. 20.5.1928, 3.7.1937, 25.6.1938, 4.8.1945, 5.8.1950. Sommernachtsfeste teilweise auch im Terrassenschwimmbad, so am 2.7.1938.
273 StAB, V.14.4.110, enthält eine Sammlung Karten für die Gästeabende der 1940er- bis 1950er-Jahre.
274 StAB, Y.Per.I.128, Fremdenblatt, 30.4.1955.
275 StAB, V.14.3.2, Logiernächte 1936–1984. Die referierten Zahlen beziehen sich nur auf die Badehotels, für das Total an Logiernächten wurden auch die Passantenhotels und die Übernachtungen im «Freihof» gezählt (bei Letzterem lagen sie zwischen 1950 und 1971 fast stabil bei rund 70 000 bis 75 000 Übernachtungen).
276 StAB, V.14.4.71, Konzept für Thermalkurort und Tagungszentrum 1967, V.14.4.107, Kongress- und Tagungsort 1960er-Jahre.
277 StAB, Y.Per.I.133, Fremdenblatt, 30.4.1960 (u.a. Lärm), 11.6.1960, div. Ausgaben 1955 und 1960 zu den Morgenkonzerten. Zum Problem Verkehr und Lärm auch Schweizer Fernsehen, DRS aktuell, 28.8.1985, zum Bäderfest 1985.
278 StAB, Y.Per.I.128, Fremdenblatt, 2.7.1955.
279 StAB, Y.Per.I.133, Fremdenblatt, 11.6.1960.
280 StAB, E.22.30.3.1, Stadtrat und Stadtkanzlei, Kursaal, Kommentar von Hans Finster (Kursaaldirektor 1968–1976) und Rudolf Merker (Redaktor und Stammgast) zum Kontrollbericht für das Geschäftsjahr 1970, 25.3.1971, 4f.
281 Zantop, Zyklus, 190f.; Landa, 25 Jahre, 58–64; Gespräch mit Hugo Doppler, 23.2.2024.
282 Badener Tagblatt, 6.4.1970; Aargauer Volksblatt, 5.4.1971; Badener Tagblatt, 10.4.1974; Badener Tagblatt, 8.6.2016. Gespräch mit Roman Huber, 27.5.2024; besten Dank an Rahel Wulf-Jud, Müllheim, für die Informationen. StAB, V.14.4.130, Wochenprogramm, Ausgabe 29 (28.7.–3.8.) schildert die Vergnügungsmöglichkeiten: Restaurant Français, gedeckte Gartenterrasse, Bar, Dancing, Jeu de la Boule, Night Club mit Attraktionen jeweils am Freitag und Samstag.
283 Privatarchiv Hans Jörg und Regula Schweizer, persönliche Mitteilung, 26.5.2024. Am 19.1.1963 wurde anlässlich des Kantonsschülerballs Pirandellos «Der Krug» aufgeführt, auch anlässlich des Einweihungsfests wurde im Kurtheater und im Kursaal gefeiert, Dürrenmatts «Ein Engel kommt nach Babylon» kam am 26.6.1964 im Kursaal zur Aufführung.
284 Privatarchiv Anita Müller, Zeitungsberichte, Werbeunterlagen für die Tanzschule aus den 1940er- und 1950er-Jahren, Gespräch mit Anita Müller, 5.7.2024.
285 StAB, Y.Per.I.128, Fremdenblatt, 30.4.1955.
286 Privatarchiv Anita Müller, Zeitungsberichte, Werbeunterlagen für die Tanzschule aus den 1940er- und 1950er-Jahren, Gespräch mit Anita Müller, 5.7.2024.
287 Schweizer Meisterschaften im Standardtanz am 15.5.1989, organisiert durch das 1984 gegründete Tanzcentrum Baden, Kombi-Meisterschaften am 4.5.1996, organisiert durch den Tanzclub Rot-Weiss Baden-Dietikon; Zeitschrift Tanz des Schweizer Amateur-Tanzsport-Verbands (SATV) 1989(1), 2f., sowie 1996(2), 12f. Zum City-Ball: SATV Jahrheft 1973(2/3), 13, 1975(3), 10f., 1976(3/4), 4. Neben dem Kursaal Baden waren bzw. sind seit den 1970er-Jahren der Martinsberg und die Anlage Tägerhard Wettingen wichtige Tanzveranstaltungsorte in der Region Baden. Privatarchiv Daniela Berger, Film 25 Jahre RWB 1991 (VHS).
288 Gespräch mit Thomi Bräm, 22.5.2024, und verschiedene schriftliche Mitteilungen von Thomi Bräm, 27.10.2023 und 7.2.2024; Gespräch mit Roman Huber, 27.5.2024.
289 Keller-Borner, Stadttheater, 25.
290 Schweizer, 50 Jahre, 4–12; Mayer, Institution, 32.
291 StSG, StA 162, Jahresbericht 1925/26, 13.
292 Keller-Borner, Stadttheater, 18.
293 StSG, StA 161, Typoskript Jahresbericht 1963/64, 4. Zur Intensität: StSG, StA 103, Spielpläne 1958–1966, 1968, 1969, sowie StSG, StA 105, Probenbuch 1969–1971.
294 StSG, StA 161, Jahresbericht 1975/76, Jahresbericht 1976/77.
295 StAB, E.36.3.7.15, Reglement Trinkhalle 1969 (und Revision 1975); StAB, E.63.15, Korrespondenz mit Künstlerinnen und Künstlern für die Trinkhalle-Galerie.
296 StAB, Y.Per.I.1933, Fremdenblatt, 30.7.1960, Konzerte in der Kuranlage; StAB, V.14.4.130, Wochenprogramm, Stichproben 1968, 1976, 1980 (ab 1981 Faltprospekte), 1985. SRF, Blickpunkte, 23.10.1980.
297 S. n., Texte, 9–17; StAB, V.14.4.35, Presse-Berichterstattung, E.61.68, Ausstellung 100 Jahre Kursaal; Orchestergesellschaft Baden, 150 Jahre, 44–55.
298 Vgl. SRF, DRS aktuell, Wenger zum Bäderfest, 28.8.1985.
299 StAB, V.14.4.17, V.14.4.41, Bäderfest 1985.
300 Badener Tagblatt, 17.11.1989.
301 StAB, V.14.4.42, Medienmitteilung 6.3.1990; Badener Tagblatt, 19.6.1996. Gespräch mit Blandina Werren, 5.4.2024.
302 StAB, E.35.4.31.1, Bauakten zur Trinkhalle.
303 StAB, E.22.32.6.1, Broschüre zur Eröffnung 1988. Vgl. auch Kurorte-Sammlung ETH Zürich, Bro 38a Baden; im Historischen Museum Baden gibt es ein Modell dieser Trinkhalle (Inv. 11761).
304 Huber, Gastgeber, 53, ab 1991 als Joy Management AG.
305 StAB, E.22.32.6.1, Protokolle Thema Kulturförderung und Vergünstigungsgenehmigungen 1988–1993.
306 Gespräch mit Blandina Werren, 5.4.2024.
307 StAB, V.14.4.130, Wochenprogramm, 1.–14.7.1995; Sandmeier-Walt/Wiederkehr, Kunst, 505; Zeitgeschichte Aargau, Gespräch mit Peter Sterk, 15.11.2029, Min. 0:44–0:47, online www.youtube.com/watch?v=_dDIUJCpRss (18.7.2024).
308 Ulrich, Hüüsergruppe, 48–51.
309 Altorfer, Politik, 239; Kulturchronik mit Rückblick auf 2001.
310 Bis 2011 wurde der Stadtsaal im Trafo durch das Stadtcasino betrieben. Im Jahr 2011 entstand die Trafo Betriebs AG, an der die Trafo Hotel AG und die Stadtcasino Baden AG beteiligt sind, und damit ein separater, neuer Betrieb. Nach der Eröffnung der grossen Trafohalle im Obergeschoss 2002 wurde der Umbau der Hallen 36 und 37 erst in den 2010er-Jahren vollzogen; es entstanden das Hotel und zwei weitere Event-Hallen.
311 ASCB, Jahresbericht 2002, Interview mit dem VR, 11–15.
312 Nöthiger, Grundsatzfragen, 198.
313 Die Joy Management AG wurde per 1.1.2010 von der Stadtcasino Baden AG übernommen, vgl. Archiv Stadtcasino Baden AG, Jahresbericht 2009. Es existierte eine Website mit der Domain pokermekka.ch, heute umgeleitet auf grandcasinobaden.ch. 2011 wurde «10 Jahre Pokermekka»

314 Gespräche mit Roberto Scheuer, 12.7.2024, und Ernesto Sommer, 25.7.2024.
315 ASCB, Jahresberichte 2003–2009; «Vorläufiger Verzicht» im Jahresbericht 2010, 8.
316 ASCB, Magazin Full House 5 (November 2015), 28f.
317 Blöchlinger, Kursaal, 56.
318 Sich wiederholendes Zitat aus den Jahresberichten, z. B. ASCB, Jahresbericht 2016, 23.
319 ASCB, Magazin Full House 2013–2021 (jeweils 2 Ausgaben jährlich).
320 ASCB, Jahresbericht 2018, 20 (890 Events), Full House 2015–2021. Die Herausgabe des Magazins Full House endete 2021; die Kommunikation setzte im Anschluss u.a. auf andere Kommunikationskanäle, so auf Social Media, u.a. mit dem Podcast Parlez-vous Plü.
321 StAB, B.03.34, Rechnung über Einnahmen und Ausgaben des Kurvereins in Baden, 1865–1868.
322 StAB, B.03.15, Vertrag über Subventionszahlungen der Badwirte, 165f.; Ventura, Stadt Teil 1, 56.
323 Beeler, Kursaal Teil 1.
324 Beeler, Kursaal Teil 2.
325 Ebd.
326 Beeler, Kursaal Teil 3.
327 Furter et al., Stadtgeschichte, 147.
328 StAB, B.01.9, Ortsbürgergemeinde, Protokoll 15.1.1878 und 28.1.1878. Fricker, Geschichte, 484. Fricker nennt den 30.1.1878 als Geltstag, Beeler den 20.3.1879 (im Aargauer Volksblatt) bzw. den 20.8.1879 (in den Badener Neujahrsblättern). Da Fricker Zeitzeuge war, habe ich sein Datum übernommen.
329 Ventura, Stadt Teil 1, 52ff.
330 Ventura, Stadt Teil 1, 40–43.
331 Ebd., 53.
332 Ebd., 52.
333 Ebd., 40–43 und 48ff.
334 Ebd., 52f.
335 Ebd., 55.
336 StAB, B.01.14, Ortsbürgergemeinde, Protokoll 30.8.1929 und 20.12.1929, 6.2.1931 und 18.9.1931.
337 StAB, B.01.14, Ortsbürgergemeinde, Protokoll 22.12.1932; Ventura, Berg-und-Tal-Fahrt, 164ff.
338 Ventura, Stadt Teil 2, 76 und 79.
339 Ebd., 86f.
340 StAB, D.01.1, Ortsbürgergemeinde, Protokoll 27.12.1939, 14.6.1940, 29.12.1941, 11.6.1943, 28.5.1946.
341 Ventura, Stadt Teil 2, 91 und 94.
342 StAB, E.37.1.13, Ortsbürgergemeinde, Rechnungen 1932–1984.
343 Schweizer Freie Presse, 29.10.1909 und 2.11.1909. Badener Tagblatt, 2.11.1909.
344 StAB, B.03.19, Rechnungsablage der Casinogesellschaft, Aus der Localpresse i. J. 1909.
345 Ventura, BBC, 37ff.
346 Ventura, Stadt Teil 1, 48f.
347 Brian Scherer, Jäger.
348 Ventura, Stadt Teil 1, 49.
349 StAB, E.22.30.3.1, Stadtrat und Stadtkanzlei, Kursaal, Kommentar von Hans Finster und Rudolf Merker zum Kontrollbericht für das Geschäftsjahr 1970, 25.3.1971, 4f.
350 Ventura, Stadt Teil 2, 80f. und 86ff.
351 Ventura, Stadt Teil 1, 48f.
352 Ventura, Stadt Teil 2, 80f.
353 Ebd., 88; StAB, E.33.183, Kursaal Baden (1974).
354 Ventura, Stadt Teil 2, 89; StAB, E.33.223 Neukonzeption Kursaal-Casino (1982).
355 Ventura, Stadt Teil 2, 91 und 94.
356 Ebd., 91.
357 StAB, E.33.652, Brief der Aktionsgemeinschaft Pro Stadtcasino Baden an die Bevölkerung; StAB, D.01.1, Ortsbürgergemeinde, Versammlung, Protokoll vom 24.6.1985.
358 StAB, E.33.653, Brief der Aktionsgemeinschaft Pro Stadtcasino Baden an das Bankenkonsortium.
359 StAB, E.33.655, Stadtcasino Baden AG, Gründungsdokumente; Blöchlinger, Kursaal, 82.
360 StAB, E.33.665, Stadtcasino Baden AG, Protokoll der 1. ordentlichen Generalversammlung (GV), 27.6.1986; Blöchlinger, Kursaal, 74.
361 StAB, E.22.32.6.1, Stadtrat, Protokoll vom 22.12.1986, 30.11.1987, 27.6.1988.
362 StAB, E.22.32.6.1, Stadtcasino Baden AG, Brief an die Aktionäre, 17.11.1987. Einladung zur a.o. GV vom 25.1.1988. Protokoll der 3. ordentlichen GV vom 17.6.1988.
363 StAB, E.22.32.6.1, Stadtcasino, Einladung zur 4. ordentlichen GV der Aktionäre, 21.6.1989.
364 StAB, E.22.32.6.1, Stadtrat, Protokoll vom 25.6.1990; Müller-Howald, Chronik, Eintrag zum 10.8.1987; Friz, Chronik, Einträge zum 29.2. und 1.3.1988.
365 StAB, E.33.679, Aktionärsbindungsvertrag zwischen der Stadtcasino Betriebs AG und Martin Candrian; StAB, E.33.678, Statuten der Stadtcasino Betriebs AG.
366 StAB, E.22.32.6.1, Einladung zur a.o. GV der Aktionäre auf 24.9.1990; Stadtrat, Protokoll vom 24.9.1990 und vom 14.1.1991; Einladung zur ordentlichen GV der Aktionäre auf 27.6.1991; Stadtrat, Protokoll vom 16.9.1991; Stadtrat, Protokoll vom 24.5.1988.
367 StAB, E.22.5.27.1, Stadtrat, Protokoll vom 21.10.1991.
368 StAB, E.22.32.6.1, Stadtcasino Baden AG, Brief an die Aktionäre vom 24.10.1991; Aargauer Volksblatt vom 6.11.1991, AV-Regional.
369 StAB, E.22.32.6.1, Stadtcasino Baden AG; Beitrag an den Betrieb des Grossen Saals; Kreditvorlage, Entwurf vom 18.11.1991.
370 StAB, E.22.32.6.1, Stadtrat, Protokoll vom 16.12.1991.
371 StAB, E.22.32.6.1, Protokoll der ordentlichen GV der Stadtcasino Baden AG vom 19.3.1992.
372 StAB, E.22.32.6.1, Stadtcasino Baden AG, Jahresbericht 1993.
373 StAB, E.23.32.03.227811, Stadtcasino Baden AG, Jahresbericht 1996 und Brief an die Aktionäre im Dezember 1997.
374 StAB, E.23.32.03.227811, Stadtcasino Baden AG, Brief an die Aktionäre im Dezember 1997. Medienkonferenz betreffend Ideen-Wettbewerb Neubau Stadtsaal, 3.3.1999. Infobrief an die Organisatorinnen von Veranstaltungen in den Räumen des Stadtcasinos Baden, 13.3.2000.
375 StAB, E.23.32.03.227811, Stadtcasino Baden AG, Neubau Stadtsaal, Auszug aus dem Programm des Ideenwettbewerbs, März 1999, und Bericht des Preisgerichts, 1.7.1999. Stadtcasino Baden AG, Brief an die Aktionärinnen, November 2000; Blöchlinger, Kursaal, 72.
376 Gespräch mit Roberto Scheuer vom 12.7.2024.
377 Blöchlinger, Kursaal, 64 und 72ff.; ASCB, Geschäftsberichte 2011–2023; Gespräch mit Roberto Scheuer vom 12.7.2024.
378 Ventura, Stadt Teil 1, 37; StAB, B.03.42, Kurhausverwaltung, Rechnungen 1887 und 1888; B.03.50, Kasinogesellschaft, Betriebsrechnung 1897; Böschenstein, 100 Jahre, 37.
379 Depaulis, kleine Pferde. BR-Zitat nach Böschenstein, 100 Jahre, 41; Ventura, Stadt Teil 1, 41.
380 Ventura, Stadt Teil 1, 37; Böschenstein, 100 Jahre, 36f.
381 Ventura, Stadt Teil 1, 37; Bolliger, Abstimmung vom 21.3.1920; Bolliger, Abstimmung vom 2.12.1928.
382 Böschenstein, 100 Jahre, 37; StAB, B.03.42, Rechnung der Kurhausverwaltung pro 1892.
383 Ventura, Stadt Teil 1, 37.
384 Eidgenössische Spielbankenkommission ESBK, online www.esbk.admin.ch/esbk/de/home/spielbankenaufsicht/spielbankenabgabe.html (17.7.2024).
385 Blöchlinger, Kursaal, 35ff., 52; Vasella, Flipper, 151; StAB, E.23.32.03.227811, Stadtcasino Baden AG, Geschäftsbericht 1996; Interview mit Ernesto Sommer am 25.7.2024.
386 Blöchlinger, Kursaal, 38–48, 52–55.
387 Ebd., 55f.
388 ASCB, Geschäftsbericht 2009, 11, und 2010, 9.
389 ASCB, Geschäftsbericht 2011, 8f., und 2012, 8f.
390 ASCB, Geschäftsbericht 2016, 8ff.; 2017, 8ff.; 2018, 6ff.; 2019, 6ff.

391 ASCB, Geschäftsbericht 2020, 7–11, und 2021, 7–11.
392 ASCB, Finanzberichte 2018–2022; Geschäftsbericht 2021, 7–11; 2022, 4–8; 2023, Vorwort des Präsidenten, Finanzkennzahlen.
393 ASCB, Geschäftsberichte 2002–2011, Berichte des VR zu den Geschäftsjahren.
394 ASCB, Geschäftsberichte 2012–2017, Berichte des VR zu den Geschäftsjahren.
395 ASCB, Geschäftsberichte 2018–2021, Vorworte des VR-Präsidenten.
396 ASCB, Geschäftsberichte 2022 und 2023, Vorworte des VR-Präsidenten.
397 Kopp, Glücksspiele; Eidgenössische Spielbankenkommission ESBK, online www.esbk.admin.ch/esbk/de/home/rechtsgrundlagen/geschichtliches.html (19.8.2024).
398 Art. No. 44, «Lotterien und Glücksspiele, Verbot», Gesetz vom 8.5.1838. In: Gesetzes-Sammlung für den eidgenössischen Kanton Aargau […], neue, revidierte Ausgabe, I–IV. Band, Brugg 1882.
399 Bolliger, Abstimmung vom 14.1.1866.
400 Bundesverfassung der Schweizerischen Eidgenossenschaft vom 29.5.1874.
401 Bolliger, Abstimmung vom 21.3.1920.
402 Bolliger, Abstimmung vom 2.12.1928.
403 Bolliger, Abstimmung vom 7.12.1958.
404 Blöchlinger, Kursaal, 35.
405 Bolliger, Abstimmung vom 7.3.1993.
406 Blöchlinger, Kursaal, 36.
407 Bundesgesetz über Glücksspiele und Spielbanken (Spielbankengesetz) vom 18.12.1998, online www.esbk.admin.ch/esbk/de/home/archiv/gesetzgebung.html (19.8.2024).
408 Bundesverfassung der Schweizerischen Eidgenossenschaft vom 18.4.1999.
409 Gesetz über den Betrieb von Geschicklichkeitsspielautomaten und die Kursaalabgabe des Kantons Aargau (Spielbetriebsgesetz) vom 20.6.2000, online gesetzessammlungen.ag.ch/app/de/texts_of_law/958.100 (19.8.2024).
410 Bernhard, Abstimmung vom 11.3.2012.
411 Burger, Abstimmung vom 10.6.2018.
412 Geldspielgesetz des Kantons Aargau vom 30.6.2020, online gesetzessammlungen.ag.ch/app/de/texts_of_law/959.300 (19.8.2024).

Bibliografie

Interviews
Bräm, Thomi (*1964), Baden, Inhaber PR-Agentur und Verlag, Vereinigte Fasnachtsgruppen Baden, Gespräch mit Ruth Wiederkehr, 22.5.2024.
Doppler, Hugo (*1942), Baden, Buchhändler, Numismatiker, ehemaliger Leiter Historisches Museum Baden, Gespräch mit Ruth Wiederkehr, 23.2.2024.
Huber, Roman (*1955), Untersiggenthal, Journalist, Gespräch mit Ruth Wiederkehr, 27.5.2024.
Kindt, Maximilian (*1982), Landschaftsarchitekt, Gartendenkmalpfleger, Gespräch mit Patrick Schoeck und Fabian Furter, 4.6.2024 und 16.8.2024.
Müller, Anita (*1961), Baden, Kulturschaffende, Tochter von Alois Müller, Gespräch mit Ruth Wiederkehr, 5.7.2024.
Pinazza, Franco (*1957), Baden, Architekt, Gespräch mit Fabian Furter, 8.7.2024.
Rohr, Hans (*1945), Dättwil, Architekt, Gespräch mit Fabian Furter, 15.7.2024.
Scheuer, Roberto (*1958), Oberhasli, Geschäftsführer im Stadtcasino ab 1994, Gastro-Verantwortlicher für den Stadtsaal im Trafo ab 2003, 2011 Wechsel zur Trafo Betriebs AG als Geschäftsführer bis Ende 2017, Gespräch mit Andrea Ventura, 12.7.2024.
Sommer, Ernesto (*1956), Urdorf, Geschäftsführer Automatencasino ab 1995, später Chief Operating Officer (Chef Spielbetrieb) im Grand Casino Baden bis 2020, Gespräch mit Andrea Ventura, 25.7.2024.
Wanner, Hans (*1941), Baden, ehemaliger Stadtplaner, Gespräch mit Fabian Furter, 15.7.2024.
Werren, Blandina (*1960), Baden, Kommunikationsfachfrau, Kurdirektorin Baden 1993–2000, Gespräch mit Ruth Wiederkehr, 5.4.2024.

Archive
Archiv Abteilung Bau Stadt Baden (ABB)
Archiv Abteilung Tiefbau und öffentlicher Raum Stadt Baden (ATB)
Archiv Archäologisch-historische Landesdokumentation, Archäologie Schweiz (AS)
Archiv Rainer Zulauf (auch: Archiv Zulauf Kindt; Projektarchiv Parkarchitektur, übergeben an Max Kindt, Landschaftsarchitekt, Turgi)
Archiv für Schweizer Landschaftsarchitektur, OST Rapperswil (ASLA)
Archiv Stadtcasino Baden AG (ASCB)
Baden-Württembergische Spielbanken GmbH & Co. KG (BWS)
BKV – Bäder- und Kurverwaltung Baden-Württemberg (BKV BW)
Collection du Musée d'Yverdon et région (MYR)
ETH-Bibliothek Zürich, Bildarchiv (ETH-Bildarchiv)
Fricktaler Museum Rheinfelden, Sammlung (FMR)
gta Archiv der ETH Zürich (gta)
Historisches Museum Baden, Sammlung (HMB)
Kantonsarchäologie Aargau (KAA), Brugg
Kantonsbibliothek Vadiana, St. Gallen (KBV SG)
Privatarchiv Daniela Berger/Tanzcentrum Baden, Baden
Privatarchiv Thomi Bräm, Baden
Privatarchiv Hugo Doppler, Baden
Privatarchiv Roman Huber, Untersiggenthal
Privatarchiv Chris Leemann, Rheinfelden
Privatarchiv Anita Müller, Baden
Privatarchiv Isabelle Wanner, Baden
Privatarchiv Christine Zenz, Baden
Staatsarchiv Aargau (StAAG)
Stadtarchiv Baden (StAB)
Stadtarchiv Baden-Baden (SA BB)
Stadtarchiv St. Gallen (StSG)
Universitätsbibliothek, Medizin Careum, Kurorte-Sammlung (UB UZH)

Literatur

Affolter, Claudio: Architekturführer der Stadt Baden. Baden 1994.

Affolter, Claudio: 50 Jahre Kurtheater Baden. In: Badener Neujahrsblätter 77 (2002), 191–194.

Albert Zulauf und Partner, Landschaftsarchitekten: Kurpark Baden: Bericht zum Idealplan. Baden 1990.

Altorfer, Sabine: Robert Dorer. In: SIKART Lexikon zur Kunst in der Schweiz, 2016, online recherche.sik-isea.ch/sik:person-4023493/in/sikart.

Altorfer, Sabine: Zwischen Politik, Strategien und Ereignissen. In: Badener Neujahrsblätter 77 (2002), 235–239.

Auderset, Patrick: Yverdon-les-Bains, vom Frühmittelalter bis ins 21. Jahrhundert. In: Historisches Lexikon der Schweiz (HLS), Version vom 3.4.2019, übersetzt aus dem Französischen, online hls-dhs-dss.ch/de/articles/002659/2019-04-03/#HVomFrFChmittelalterbisins21.Jahrhundert (23.8.2024).

Badilatti, Marco: Kurtheater Baden, Baden AG. In: Theaterlexikon der Schweiz, online tls.theaterwissenschaft.ch/wiki/Kurtheater_Baden,_Baden_AG (4.9.2024).

Bärtschi, Hans-Peter; Dubler, Anne-Marie: Eisenbahnen. In: Historisches Lexikon der Schweiz (HLS), Version vom 11.2.2015, übersetzt aus dem Französischen, online hls-dhs-dss.ch/de/articles/007961/2015-02-11/ (19.7.2024).

Bauerkämper, Arnd; Bödeker, Hans Erich; Struck, Bernhard (Hg.): Die Welt erfahren: Reisen als kulturelle Begegnung von 1780 bis heute. Frankfurt 2004.

Beeler, Werner: Wie der Badener Kursaal entstand, Teile 1–3. In: Aargauer Volksblatt, Region Baden-Wettingen, 27. und 31.12.1973, 5.1.1974.

Beeler, Werner: Die Geburtswehen des Kursaals Baden vor 100 Jahren. In: Badener Neujahrsblätter 51 (1976), 39–44.

Berger Burger, Heidi; Zulauf, Rainer; Schaer, Andrea; Villiger, Jörg: Die Umgestaltung des Kurparks Baden – vom Idealplan 2003 bis zur ersten Sanierungsetappe. In: Badener Neujahrsblätter 86 (2011), 60–68.

Bernhard, Laurent: Abstimmung vom 11.3.2012 «Bundesbeschluss über die Regelung der Geldspiele zugunsten gemeinnütziger Zwecke». Swissvotes – die Datenbank der eidgenössischen Volksabstimmungen, online swissvotes.ch/vote/558.00 (1.8.2024).

Blöchlinger, Peter: Vom Kursaal zum Grand Casino Baden. Herausgegeben vom Grand Casino Baden. Baden 2014.

Böschenstein, Hermann: 100 Jahre Kursaal Interlaken. Interlaken 1959.

Bolliger, Christian: Abstimmung vom 14.1.1866 «Der Bund muss die Finger vom Glücksspiel lassen». In: Linder, Wolf; Bolliger, Christian; Rielle, Yvan (Hg.): Handbuch der eidgenössischen Volksabstimmungen 1848–2007. Bern 2010, 30f., online swissvotes.ch/vote/10.00 (1.8.2024).

Bolliger, Christian: Abstimmung vom 21.3.1920 «Das vorläufige Aus für die Kursaal-Casinos». In: Linder et al., Handbuch, 129f., online swissvotes.ch/vote/82.10 (1.8.2024).

Bolliger, Christian: Abstimmung vom 2.12.1928 «In den Kursälen der Tourismuszentren rollt die Kugel wieder». In: Linder et al., Handbuch, 158f., online swissvotes.ch/vote/106.00 (1.8.2024).

Bolliger, Christian: Abstimmung vom 7.12.1958 «Beim Glücksspiel darf nun der Fünfliber rollen». In: Linder et al., Handbuch, 266f., online swissvotes.ch/vote/189.00 (1.8.2024).

Bolliger, Christian: Abstimmung vom 7.3.1993 «Faites vos jeux! Ja zur Liberalisierung des Geldspiels». In: Linder et al., Handbuch, 502f., online swissvotes.ch/vote/390.00 (1.8.2024).

Brian Scherer, Sarah: Jäger, Josef. In: Historisches Lexikon der Schweiz (HLS), Version vom 10.12.2019, online hls-dhs-dss.ch/de/articles/003769/2019-12-10/ (1.8.2024).

Bucher, Annemarie: Vom Landschaftsgarten zur Gartenlandschaft. Schweizerische Gartengestaltung auf dem Weg in die Gegenwart. In: Archiv für Schweizer Landschaftsarchitektur und Landschaftsplanung (Hg.): Vom Landschaftsgarten zur Gartenlandschaft. Gartenkunst zwischen 1880 und 1980 im Archiv für Gartenarchitektur und Landschaftsplanung. Zürich 1996, 35–87.

Bundesamt für Kultur: ISOS – Inventar schützenswerter Ortsbilder der Schweiz, Inventareintrag Baden, PDF online api.isos.bak.admin.ch/ob/19/doc/ISOS_0019.pdf.

Burger, Rudolf: Abstimmung vom 10.6.2018 «Geldspielgesetzgebung wird auf Online-Anbieter ausgeweitet». Swissvotes – die Datenbank der eidgenössischen Volksabstimmungen, online swissvotes.ch/vote/619.00 (1.8.2024).

Busset, Thomas; Marcacci, Marco: Sport. In: Historisches Lexikon der Schweiz (HLS), Version vom 23.1.2018, übersetzt aus dem Französischen, online hls-dhs-dss.ch/de/articles/016332/2018-01-23/ (21.6.2024).

Casino Kursaal Interlaken AG (Hg): 150 Jahre Kursaal Interlaken. Interlaken 2010.

Casutt, Marcus: Die Anfänge des Architekturwettbewerbs in der Schweiz. In: Schweizer Ingenieur und Architekt, 23 (1999), 500–504.

Coenen, Ulrich: Kurbäder und Kurarchitektur im 19. Jahrhundert. In: Hubert, Hans W. und Grebe, Anja: Das Bad als Musseraum. Tübingen 2020.

Coenen, Ulrich: Die Kurhäuser in Baden-Baden und Wiesbaden. In: Jahrbuch des Historischen Vereins für Mittelbaden, Band 101. Offenburg/Baden 2021, 231–260.

Curjel, Hans: Karl Moser. In: Biografisches Lexikon der Schweiz. Aarau 1958, 549–554.

De Capitani, François: Schweizerisches Nationalmuseum (SNM). In: Historisches Lexikon der Schweiz (HLS), Version vom 17.3.2022, online hls-dhs-dss.ch/de/articles/010350/2022-03-17/ (24.6.2024).

Depaulis, Thierry: Die «kleinen Pferde», ein Casinospiel der Belle Epoque. In: Schädler, Ulrich (Hg.): Spiele der Menschheit. Darmstadt 2007, 173–179.

Doppler, Hugo W.: Zum Jubiläum der Orchestergesellschaft Baden. In: Badener Neujahrsblätter 51 (1976), 35–38.

Doppler, Hugo W.: Der römische Vicus Aquae Helveticae Baden (Archäologische Führer der Schweiz 8). Basel 1976.

Drack, Walter: Die römischen Töpfereifunde von Baden-Aquae Helveticae (Schriften des Institutes für Ur- und Frühgeschichte der Schweiz 6). Basel 1949.

Eidloth, Volkmar: Kleine historische Geographie europäischer Kurstädte und Badeorte im 19. Jahrhundert. Volkmar Eidloth (Hg.): Europäische Kurstädte und Modebäder des 19. Jahrhunderts. Stuttgart 2012, 15–39.

Engeler, Margaret: Gehobene Unterhaltungsmusik. Vom Radio-Unterhaltungsorchester Cedric Dumonts bis heute. Musikethnologische und sozialgeschichtliche Aspekte der leichten Musik am Schweizer Radio. Basel 1993.

Frei, Jean: Bestand der Bäume und bemerkenswertesten Sträucher des Kasinoparkes Baden. In: Badener Neujahrsblätter 2 (1926), 8–27.

Fricker, Bartholomäus: Geschichte der Stadt und Bäder zu Baden, mit einer Ansicht der Stadt und Bäder aus dem vorigen Jahrhundert. Aarau 1880.

Friz, Heini G.: Chronik. In: Badener Neujahrsblätter 64 (1989), 147–161.

Fuchs, Karin: Baden und Trinken in den Bergen. Heilquellen in Graubünden 16. bis 19. Jahrhundert. Baden 2019.

Fuhs, Burkhard: Mondäne Orte einer vornehmen Gesellschaft. Kultur und Geschichte der Kurstädte 1700–1900. Hildesheim 1992.

Furter, Fabian: Das Kurtheater Baden und seine Architektin Lisbeth Sachs. Lizentiatsarbeit Universität Zürich 2007.

Furter, Fabian; Meier, Bruno; Schaer, Andrea; Wiederkehr, Ruth: Stadtgeschichte Baden. Baden 2015.

Furter, Fabian; Schoeck, Patrick: Architekturführer Baden. Zürich 2023.

Gessler, Myriam: Die Bäder von Baden: Rechtliche Freiräume (1415–1714). In: Gilomen, Hans-Jörg; Schumacher, Beatrice; Tissot, Laurent (Hg.): Freizeit und Vergnügen. Vom 14. bis zum 20. Jahrhundert. Zürich 2005, 69–85.

Gilomen, Hans-Jörg; Schumacher, Beatrice; Tissot, Laurent (Hg.): Freizeit und Vergnügen. Vom 14. bis zum 20. Jahrhundert. Zürich 2005.

Gojan, Simone: Spielstätten der Schweiz. Scènes de Suisse. Luoghi teatrali in Svizzera. Zürich 1998.

Gottschall, Ute G.: Gästebücher – von Büchern für Gäste und Büchern von Gästen. In: Rheinfelder Neujahrsblätter 64 (2008), 47–51.

Graf, Felix; Wolff, Eberhard: Zauber Berge. Die Schweiz als Kraftraum und Sanatorium. Ausstellungskatalog des Schweizerischen Nationalmuseums. Baden 2010.

Gredig, Mathias; Schmidt, Matthias; Seger, Cordula (Hg.): Salonorchester in den Alpen. Zürich 2024.

Hartmann Schweizer, Rahel: Lisbeth Sachs. Architektin, Forscherin, Publizistin. Zürich 2020.

Herzig, Christoph: Zurzach. 2. Vom Frühmittelalter bis zum 21. Jahrhundert. In: Historisches Lexikon der Schweiz (HLS), Version vom 29.11.2022, online hls-dhs-dss.ch/de/articles/001851/2022-11-29/#HVomFrFChmittelalterbiszum21.Jahrhundert (29.8.2024).

Hess, David: Die Badenfahrt. Erstveröffentlichung 1818, Neuauflage Baden 2017.

Heyer, Hans-Rudolf: Historische Gärten der Schweiz. Bern 1980.

Hildebrand, Sonja: Gottfried Semper. Architekt und Revolutionär. Darmstadt 2020.

Hintermann, Dorothea (Hg.): Vindonissa-Museum Brugg. Ein Ausstellungsführer. Brugg 2012.

Hoegger, Peter: Die Kunstdenkmäler der Schweiz, Bd. VI, Der Bezirk Baden I – Baden, Ennetbaden und die oberen Reusstalgemeinden. Basel 1976.

Hohmeister, Esther und Rolf: Der Mensch im Mittelpunkt. In: Stiftung Schweizerische Triennale der Skulptur (Hg): Bad Ragaz: Kunstorte. Mels 2024.

Hostettler, Elisabeth; Burger, Hermann: Kleine Welt in bunten Bildern. Naive Malerei von Elisabeth Hostettler und Texte von Hermann Burger. Aarau 1982.

Huber, Roman: Badener Gastgeber von gestern und von heute. In: Badener Neujahrsblätter 95 (2020), 52–60.

Hunziker, Edith: Caspar Joseph Jeuch. In: Historisches Lexikon der Schweiz (HLS), Version vom 30.1.2008, online hls-dhs-dss.ch/de/articles/019882/2008-01-30/ (4.9.2024).

Hunziker Edith; Hoegger, Peter: Die Kunstdenkmäler des Kantons Aargau, Bd. IX, Der Bezirk Rheinfelden. Bern 2011.

Jaeger, Ludwig: 25 Jahre Fremdenblatt-Redaktor. In: Badener Neujahrsblätter 25 (1950), 23–28.

Jung, Joseph: Das Laboratorium des Fortschritts. Die Schweiz im 19. Jahrhundert. Zürich 2019.

Just, Marcel: Wo die Wasser sprudeln: Aspekte zur Architektur Schweizerischer Heilbäder 1850–1950. In: Kunst und Architektur in der Schweiz 49 (1998), 20–29.

Keller-Borner, Rosmarie: 50 Jahre St. Galler Stadttheater in Baden. In: Badener Neujahrsblätter 51 (1976), 18–26.

Kicherer, Dagmar: Kleine Geschichte der Stadt Baden-Baden. 2. Auflage. Karlsruhe 2012.

Knoll, Gabriele M.: Kulturgeschichte des Reisens. Von der Pilgerfahrt zum Badeurlaub. Darmstadt 2006.

Kopp, Peter F.: Glücksspiele. In: Historisches Lexikon der Schweiz, Version vom 28.5.2015, online hls-dhs-dss.ch/de/articles/016562/2015-05-28/ (9.7.2024).

Landa, Sascha: 25 Jahre Konzertfonds Baden. In: Badener Neujahrsblätter 45 (1970), 58–64.

Leemann, Chris: Rheinfelden-les-bains. Die Bäderstadt. Eine Dokumentation. Magden 2023.

Loepfe, Gregor: Von den Walzern Waldteufels bis zu Beethovens Violinkonzert: das Kurorchester Baden. In: Badener Neujahrsblätter 91 (2016), 36–43.

Luchsinger, Christoph; Rentsch, Verena: Hans Hofmann (1897–1957). Vom Neuen Bauen zur Neuen Baukunst. Dokumente zur modernen Schweizer Architektur. Zürich 1985.

Luger, Kurt: Tourismus – Über das Reisen und Urlauben in unserer Zeit. Wiesbaden 2022.

Mäusli, Theo: Jazz und Geistige Landesverteidigung. Zürich 1995.

Mahling, Christoph-Hellmut: «Residenzen des Glücks». Konzert – Theater – Unterhaltung in Kurorten des 19. und frühen 20. Jahrhunderts. In: Michael Matheus (Hg.): Badeorte und Bäderreisen in Antike, Mittelalter und Neuzeit. Stuttgart 2001, 81–100.

Mallgrave, Harry Francis: Gottfried Semper. Ein Architekt des 19. Jahrhunderts. Zürich 2001.

Matter, Albert: Das Historische Museum von Baden. In: Badener Neujahrsblätter 17 (1941–1942), 3–35.

Mayer, Marcel: Eine Institution im Wandel. Aktientheater, Stadttheater, Konzert und Theater St. Gallen. In: Genossenschaft Konzert und Theater St. Gallen (Hg.): 200 Jahre Theater St. Gallen. St. Gallen 2005, 14–33.

Mittler, Otto: Badens Theater- und Musikleben im 19. Jahrhundert. In: Badener Neujahrsblätter 32 (1957), 39–55.

Mittler, Otto: Arthur Möller (595). In: Biographisches Lexikon des Kantons Aargau. Aarau 1958, 547.

Modestin, Georg: Jazz. Historisches Lexikon der Schweiz (HLS), Version vom 29.1.2008, online hls-dhs-dss.ch/de/articles/024567/2008-01-29/ (24.6.2024).

Müller, Felix (Brugg): Schinznach-Bad. In: Historisches Lexikon der Schweiz (HLS), Version vom 5.10.2020, online hls-dhs-dss.ch/de/articles/001706/2020-10-05/ (29.8.2024).

Müller, Florian: Das vergessene Grand Hotel, Leben und Sterben des grössten Badener Hotels 1876–1944. Baden 2016.

Müller-Howald, Hanni: Chronik: grosse und kleine Ereignisse aus der Region vom 1. Oktober 1986 bis 30. September 1987. In: Badener Neujahrsblätter 63 (1988), 193–202.

Münzel, Uli: Die ehemaligen Theatergebäude in Baden. In: Badener Neujahrsblätter 28 (1953), 28–34.

Münzel, Uli: Moser, Robert. In: Biografisches Lexikon des Kantons Aargau 1803–1957. Aarau 1958, 554.

Münzel, Uli: Baden im Spiegel seiner Gäste. In: Badener Neujahrsblätter 40 (1965), 15–19.

Münzel, Uli: 100 Jahre Historisches Museum der Stadt Baden im Landvogteischloss. In: Badener Neujahrsblätter 51 (1976), 45–67.

Münzel, Uli: 150 Jahre Badener Kurblatt. In: Badener Neujahrsblätter 55 (1980), 51–55.

Münzel, Uli: Die Entdeckung der Landschaft um Baden. Ausflugsziele der Badener Kurgäste im 19. Jahrhundert. In: Badener Neujahrsblätter 74 (1999), 72–81.

Mumenthaler, Samuel: Hot! Jazz als frühe Popkultur. Basel 2024.

Mylius, Jonas; Wagner, Heinrich: Baulichkeiten für Cur- und Badeorte. In: Durm, Josef et al. (Hg.): Handbuch der Architektur. Vierter Theil: Entwerfen, Anlage und Einrichtung der Gebäude. 4. Halb-Band: Gebäude für Erholungs-, Beherbergungs- und Vereinszwecke. 2. Heft. Darmstadt 1894, 1–40.

Nerdinger, Winfried; Oechslin, Werner (Hg.): Gottfried Semper 1803–1879. Zürich 2003.

Nöthiger, Patrick: Grundsatzfragen, Highlights und Projekte. In: Badener Neujahrsblätter 79 (2004), 195–199.

Planungskommission der Stadt Baden: Bericht zum Kursaal Baden. Baden 1974.

Rageth, Jürg: St. Moritz. 1. Vorrömische Zeit. In: Historisches Lexikon der Schweiz (HLS), Version vom 21.11.2011, online hls-dhs-dss.ch/de/articles/001543/2011-01-21/ (20.7.2024).

Reinle, Adolf: Architektur. In: Historisches Lexikon der Schweiz, Version vom 10.4.2014, online hls-dhs-dss.ch/de/articles/010997/2014-04-10/ (31.10.2024).

Reis, Ursula: «Bade, trinke, atme!» In: Kunst und Architektur in der Schweiz 72 (2021), 26–34.

Roth, G.: Zum Hinschied von Gartenarchitekt Oskar Mertens. In: Anthos 1 (1977), 39.

Rucki, Isabelle; Huber, Verena (Hg.): Architektenlexikon der Schweiz 19./20. Jahrhundert. Basel 1998.

Ruoff, Eeva: Von den Anfängen des Promenadenwesens in Zürich. Rudolf Blattner als Stadtgärtner. In: Schmidt, Erika; Hansmann, Wilfried; Gamer, Jörg (Hg.): Garten Kunst Geschichte: Festschrift für Dieter Hennebo zum 70. Geburtstag. Worms 1994, 135–142.

s. n.: Texte zur Eröffnung des Musiläums. In: Badener Neujahrsblätter 51 (1976), 9–17.

Sandmeier-Walt, Annina; Wiederkehr, Ruth: Kunst und Kultur. In: Historische Gesellschaft Aargau (Hg.): Zeitgeschichte Aargau 1950–2000. Zürich 2021, 481–553.

Saxer, Matthias: Auch im Kurpark sterben viele Bäume einen stillen Tod. In: Badener Tagblatt vom 15.10.1983, 30.

Schaer, Andrea: Die Bäder. In: Stadtgeschichte Baden. Baden 2015, 8–91.

Schaer, Andrea: Willkommen im Garten Eden. Die Bäder von Baden. Zürich 2022.

Schaer, Andrea: Ubi aqua, ibi bene. Die Bäder von Baden im Aargau im Licht der archäologischen Untersuchungen 2009–2022. Band 1: Grundlagen, Forschungs- und Überlieferungsgeschichte von den Anfängen bis 2022 (Veröffentlichungen der Gesellschaft Pro Vindonissa 29). Basel 2024.

Schubert, Bernd: Albert Zulauf zum 90. In: Anthos 1 (2014), 59.

Schüle, Christian: Le tourisme thermal à Yverdon-les-Bains au XVIIIe siècle. In: Revue historique vaudoise 114 (2006), 99–112.

Schumacher, Beatrice: Freizeit, Vergnügen und Räume. Einleitung. In: Gilomen, Hans-Jörg; Schumacher, Beatrice; Tissot, Laurent (Hg.): Freizeit und Vergnügen. Vom 14. bis zum 20. Jahrhundert. Zürich 2005, 133–141.

Schweizer, Regula: 50 Jahre Kurtheater Baden 1952–2002. Baden 2002.

Seegers, Lu; Frese, Matthias; Thiessen, Malte: Kurorte als soziale Kaleidoskope – eine Einführung. In: Dies. (Hg.): Kurorte in der Region: Gesellschaftliche Praxis, kulturelle Repräsentationen und Gesundheitskonzepte vom 18. bis zum 21. Jahrhundert. Göttingen 2024.

Senft, Fritz: Kleines Bekenntnis zu Baden. In: Badener Neujahrsblätter 61 (1986), 5–9.

Sigl, Brigitt; Frei-Heitz, Brigitte: Kenntnis und Fürsorge: Motivation für die Beschäftigung mit alten Gärten. In: Topiaria Helvetica 2024, 39–52.

Stoffler, Johannes: Gustav Ammann. Landschaft der Moderne in der Schweiz. Zürich 2008.

Streif, Franz: Zum Zweck des Blühens des hiesigen Kurorts: Vom Kurverein zu «Info Baden». In: Badener Neujahrsblätter 96 (2021), 69–76.

Stückelberger, Johannes: Die künstlerische Ausstattung des Bundeshauses in Bern. In: Zeitschrift für schweizerische Archäologie und Kunstgeschichte, 3 (1985), 185–234.

Tissot, Laurent: Tourismus, Historisches Lexikon der Schweiz (HLS), Version vom 8.3.2022, online hls-dhs-dss.ch/de/articles/014070/2022-03-08/ (30.7.2024).

Ulrich, Stefan: Von der «Hüüsergruppe» zum Löschwasserbecken. Jugendbewegungen in Baden seit 1980. In: Badener Neujahrsblätter 78 (2003), 48f.

Vasella, Ivo: Flipper und einarmige Banditen. Eine Kulturgeschichte der Zürcher Spielsalons. Zürich 2024.

Ventura, Andrea: Finanzielle und emotionale Berg-und-Tal-Fahrt in den 1930er-Jahren. In: Badener Neujahrsblätter 92 (2017), 164–173.

Ventura, Andrea: «Wenn BBC niest, dann hat Baden einen Schnupfen». In: Argovia 133 (2021), 9–41.

Ventura, Andrea: Die Stadt Baden und der Kursaal, Teil 1. In: Argovia 135 (2023), 33–58.

Ventura, Andrea: Die Stadt Baden und der Kursaal, Teil 2. In: Argovia 136 (2024), 73–98.

Wanner, Hans: Vom Kursaal zum Stadtcasino. In: Badener Neujahrsblätter 65 (1990), 119–124.

Wenger, Walter: Ein Bäderfest für Jung und Alt. In: Badener Neujahrsblätter 61 (1986), 10–19.

Wiederkehr, Ruth: Badener Lebenswelten zwischen Kur, Kultur und Konfession. In: Furter, Fabian et al.: Stadtgeschichte Baden. Baden 2015, 188–243.

Wyss, Christoph: Kursaal Interlaken: Von der Kurhausgesellschaft zur Casino Kursaal AG, 1925–2009. Interlaken 2010.

Zantop, Stefan: 64. und letzter Zyklus des Konzertfonds Baden. In: Badener Neujahrsblätter 85 (2010), 190f.

Zubler, Kurt: Ausgegraben. Sammler, Sammlung und Sammlungsgeschichten. Zum Jubiläum der Gründung des Historischen Museums Baden. In: Badener Neujahrsblätter 75 (2000), 92–113.

Zulauf, Rainer: Kurpark Baden. In: Anthos 2 (1995), 39ff.

Bildnachweise

Umschlagbild vorne: © Julien Gründisch.
Umschlagbild hinten: HMB, Fotohaus Zipser, Q.12.1.2088.
S. 6/7: HMB, Fotohaus Zipser, Q.12.1.158.
S. 8/9: HMB, Foto Werner Nefflen, Q.01.18188.
S. 10/11, S. 27, oben: HMB, Fotohaus Zipser, Q.12.1.519.
S. 12/13: HMB, Fotohaus Zipser, Q.12.1.201.
S. 16, oben: HMB, Grafiksammlung, Q.02.8241.
S. 16, unten: StAB, V.14.4.119.13.
S. 19: StAB, V.14.4.105.6.
S. 22, links und rechts: UB UZH, Kurorte-Sammlung, Bro38a Bad Ragaz.
S. 23: HMB, Fotohaus Zipser, Q.12.1.571.
S. 24: HMB, Fotohaus Zipser, Q.12.1.1683.
S. 25: StAB, Y.Per.I.75.1, 20.3.1904.
S. 26, links: UB UZH, Kurorte-Sammlung, Bro 38a Bad Ragaz.
S. 26, Mitte: Museum für Gestaltung Zürich, Plakatsammlung, ZHdK.
S. 26, rechts, S. 31, rechts, S. 32, links: Sammlung Chris Leemann, Rheinfelden.
S. 27, unten: MYR.
S. 28, links, S. 35, Mitte: BKV BW.
S. 28, rechts: Torben Beeg, BWS.
S. 29: Sammlung Chris Leemann / FMR FoN.00458.
S. 30, links: SA BB, Digitalarchiv, Zeitungen, Badeblatt, 1.8.1860.
S. 30, rechts: StAB, Y.Per.I.40, 16.5.1869.
S. 31, links: KBV SG, VTH 88.2, 20.7.1894.
S. 32, rechts: UB UZH, Kurorte-Sammlung, Bro 38a Rheinfelden.
S. 33: UB UZH, Kurorte-Sammlung, Bro 38a Bad Ragaz.
S. 34: HMB, Foto Werner Nefflen, Q.01.9391a.
S. 35, oben: FMR Fo.03510.
S. 35, unten links: HMB, Broschürensammlung I KB 119.
S. 35, unten rechts: UB UZH, Kurorte-Sammlung, Bro38a St. Moritz.
S. 36, oben: FMR Fo.01157.
S. 36, unten: Sammlung Chris Leemann, Rheinfelden, Fotograf Ernst Zimmermann.
S. 37: StAB, Q.99.6.
S. 39, S. 53, oben, S. 56, S. 57, S. 61, links, S. 80, S. 81, S. 82, rechts und links, S. 102, oben: Archiv Zulauf Kindt.
S. 42: gta Archiv 20_0182_12.
S. 43: gta Archiv 20_0182_7.
S. 44: gta Archiv 20_0182_11.
S. 45: gta Archiv 20_0182_14.
S. 46, oben: gta 25_02_F_1_4.
S. 46, unten: Wiki Commons.
S. 47, links: StAB N.11.3.1.8.
S. 47, rechts: StAB N 11.3.1.6.
S. 48, links: StAB, P.01.3.58.
S. 48, rechts: StAB, N.11.3.1.3.
S. 49, S. 50: StAB, P.01.3.54.
S. 51, links: gta Archiv 25-02-F-3.
S. 51, oben und unten: StAB, B.03.17.
S. 52, oben: HMB, Fotohaus Zipser, Q.12.1.49.
S. 52, unten: gta Archiv 25-02-F-1-4.
S. 53, unten: gta Archiv 25_02_21.
S. 54: HMB, Fotohaus Zipser, Q.12.1.570.
S. 55, oben: StAB, Q.99.99.27.174009.
S. 55, unten: StAB, N.07.302.
S. 59, links oben: gta Archiv 25.F.P.1.
S. 59, links Mitte: gta Archiv 25-DOK-4.
S. 59, links unten: gta Archiv 25_020_F_1.
S. 59, rechts oben: gta Archiv 25_09_F_1.
S. 59, rechts unten: gta Archiv 25_019_F_1.
S. 60: HMB, Fotohaus Zipser, Q.12.1.1680.
S. 61, rechts: StAB, E.35.1.1.
S. 62, links: StAB, N.07.250.
S. 62, rechts: HMB, Foto Werner Nefflen, Q.01.6553B.
S. 63: StAB, P.01.3.60.
S. 64, links, S. 65, oben, S. 66, oben: gta Archiv 33-1919-13-54F.
S. 64, rechts, S. 65, unten, S. 66, unten: StAB, P.01.3.55.

S. 67: StAB, P.01.3.56.
S. 68, oben: StAB, P.01.3.59.
S. 68, Mitte: StAB, N.07.302.
S. 68, links unten: HMB, Foto Werner Nefflen, Q.01.30395.
S. 68, rechts unten: StAB, Q.01.4706a.
S. 69, oben: StAB, N.07.302.
S. 69, unten: StAB, E.35.1.1.
S. 70: HMB, Foto Werner Nefflen, Q.01.6742a.
S. 71, S. 72, S. 73, S. 74, links: Heinrich Helfenstein, Archiv erp Architekten.
S. 74, rechts, S. 140, links, S. 140, rechts, S. 192: ASCB.
S. 75: pool Architekten, Zürich.
S. 76: HMB, Fotohaus Zipser, Q.12.1.2088.
S. 77: HMB, Fotohaus Zipser, Q.12.1.1910.
S. 78: HMB, Fotohaus Zipser, Q.12.1.1906.
S. 79: ETH-Bibliothek Zürich, Bildarchiv, Com_FC01-5400-033.
S. 84-93, S. 198-205: © Claude Bühler.
S. 95, S. 130, oben, S. 130, links unten, S. 130, rechts unten, S. 131, unten, S. 132, S. 135, S. 173: Privatarchiv Anita Müller, Baden.
S. 98: StAB, Y.Per.I.33, 4.7.1862.
S. 99: StAB, Y.Per. I.36, 14.7.1865.
S. 101: HMB, Fotohaus Zipser, Q.12.1.580.
S. 102, unten: Archiv AS; Kanton AG; Dossier: Baden. Nr. 46.
S. 103, oben: StAB, E.61.108.
S. 103, unten: HMB.
S. 104: StAB, V.14.6.42.
S. 105, links: HMB, Fotohaus Zipser, Q.12.1.573.
S. 105, rechts: StAB, Y.Per.I.46, 15.5.1875.
S. 106: Privatarchiv Hugo Doppler.
S. 107, links: StAB, Y.Per.I.76, Fremdenblatt, 8.5.1905.
S. 107, rechts: StAB, Y.Per.I.81, 27.3.1910.
S. 108, links: HMB, Fotohaus Zipser, Q.12.1.4109.
S. 108, rechts: HMB, Fotohaus Zipser, Q.12.1.182.
S. 109, links: HMB, Fotohaus Zipser, Q.12.1.957.
S. 109, rechts: HMB, Fotohaus Zipser, Q.12.1.958.
S. 110: StAB, V.14.4.103.4.35v.
S. 111, links: StAB, V.14.6.22.03.
S. 111, rechts: StAB, 14.6.22.10.
S. 112, links: StAB, V.14.6.22.4.
S. 112, rechts: StAB, V.14.6.22.5.
S. 113, links: StAB, V.14.6.22.6.
S. 113, rechts: StAB, V.14.6.22.11.
S. 115: StAB, Y.Per.I.46, 71, 93, 118, 133 sowie V.14.4.130.
S. 118: StAB, Y.Per.I.62, 30.8.1891.
S. 119: StAB, Y.Per.I.122, 12.6.1949.
S. 120: StAB, Y.Per.I.133, 4.6.1960.
S. 122: StAB, Y.Per.I.110, Fremdenblatt, 30.5.1937.
S. 123, links: Museum für Gestaltung Zürich, Plakatsammlung ZHdK.
S. 123, rechts: HMB, N.07.250.
S. 124, links: StAB, Y.Per.I.103, Fremdenblatt, 25.5.1930.
S. 124, rechts: HMB, Fotohaus Zipser, Q.12.1.2213.
S. 125: StAB, Y.Per.I.110, Fremdenblatt, 28.3.1937.
S. 126: Music Educators Journal 23(5), 83.
S. 127: HMB, Fotohaus Zipser, Q.12.1.2089.
S. 128, oben: HMB, Foto Werner Nefflen, Q.01.6625.
S. 128, links unten: HMB, Foto Werner Nefflen, Q.01.9537b.
S. 128, rechts unten: ETH-Bibliothek, Bildarchiv, Com_M040026-00017.
S. 129, oben: HMB, Foto Werner Nefflen, Q.01.31136.
S. 129, unten: HMB, Foto Werner Nefflen, Q.01.13958a.
S. 131, oben: Privatarchiv Daniela Berger, Baden.
S. 134: Hostettler/Burger, Welt, 25.
S. 136: StAB, 14.7.10_b.
S. 137, links, S. 137, rechts: V.14.6.25.
S. 138, links, S. 138, Mitte: StAB, V.14.6.36.
S. 138, rechts: StAB, V.14.6.39.
S. 139: © Christine Zenz, Baden.
S. 141: © Nicole Bühler.
S. 142, oben, S. 143, links, S. 143, rechts oben, S. 143, rechts unten: Privatarchiv Thomi Bräm, Baden.
S. 142, unten: Privatarchiv Isabelle Wanner, Baden.
S. 146-153: © Julien Gründisch.

S. 155: HMB, Fotohaus Zipser, Q.12.1.339.
S. 159: StAB, V.14.4.119.15.
S. 160: StAB, B.03.21.
S. 161: StAB, Y.Per.I.49, 18.5.1878.
S. 163, oben: HMB, Fotohaus Zipser, Q.12.1.3316.
S. 163, unten: HMB, Fotohaus Zipser, Q.12.1.4041.
S. 164: HMB, Fotohaus Zipser, Q.12.1.2576.
S. 165: HMB, Fotohaus Zipser, Q.12.1.2619.
S. 166: HMB, Fotohaus Zipser, Q.12.1.3856.
S. 167: StAB, Y.Per.I.103, 18.5.1930.
S. 171: StAB, Y.Per.II.1, 12. und 14.7.1909.
S. 172: HMB, Foto Werner Nefflen, Q.01.4707.
S. 174: StAB, V.14.6.25.
S. 175: UB UZH, Kurorte-Sammlung, Bro 38a Baden.
S. 176: StAB, E.33.183.
S. 177, links: StAB, E.33.223.
S. 177, rechts: StAB, D.32.3 Teil I.
S. 178: StAB, E.33.652.
S. 180: StAB, Y.Per.II.2, 21.10.1991.
S. 181: StAB, Y.Per.II.2, 6.11.1991.
S. 183: StAB, Foto Stephan Rossi, Q.06.3.1.1.84.
S. 185: HMB, Fotohaus Zipser, Q.12.1.572.
S. 186, links, S. 186, rechts, S. 187: Schweizer Spielmuseum,
    La Tour-de-Peilz.
S. 188: StAB, Nachlass Ulrich Münzel, N.07.302.
S. 189: StAB, V.14.6.25.
S. 193: ASCB, Schweiz Tourismus, Christian Meixner.

Autorinnen und Autoren, Fotografin, Illustrator

Claude Bühler (1991) lebt und arbeitet als Künstlerin, Fotografin und Musikerin im Toggenburg. Von 2023 bis 2024 hat sie als Badener Stadtfotografin die Entwicklung der Stadt mit einem Fokus auf gesellschaftspolitische Themen fotografisch dokumentiert.

Jonas Ehrler (1992) hat die Neue Kurkapelle Baden initiiert und ist deren künstlerischer Leiter. Er hat Orchesterleitung studiert und ist freischaffend als Dirigent tätig.

Fabian Furter (1976) ist Historiker und Kunsthistoriker und arbeitet freiberuflich als Ausstellungsmacher und Autor. Er lebt in Baden.

Julien Gründisch (1969) ist Illustrator und Grafiker mit Büro in Baden. Er lebt in Wettingen.

Bruno Meier (1962) ist Historiker und Verleger. Er lebt in Baden.

Carol Nater Cartier (1978) leitete von 2013 bis 2023 das Historische Museum Baden. Sie ist promovierte Historikerin und arbeitet als Vermittlerin, Texterin und Beraterin im Kulturbereich. Sie lebt in Zürich.

Patrick Schoeck (1978) ist Kunsthistoriker und arbeitet als Geschäftsführer des Bundes Schweizer Landschaftsarchitekten BSLA. Er lebt in Zürich.

Andrea Ventura (1956) forscht und schreibt zur Wirtschaftsgeschichte der Stadt Baden. Sie hat Geschichtswissenschaft, Unternehmensführung und Informatik/Mathematik studiert. Baden ist ihr Wohn-, Heimat- und Geburtsort.

Ruth Wiederkehr (1983) ist Germanistin und Historikerin und arbeitet als Autorin, Redaktorin und Dozentin. Sie lebt in Ennetbaden.

Impressum

Der Verlag Hier und Jetzt wird vom Bundesamt für Kultur mit einem Strukturbeitrag für die Jahre 2021–2025 unterstützt.

Mit weiteren Beiträgen haben das Projekt 150 Jahre Kursaal Baden unterstützt:

SWISSLOS
Kanton Aargau

Stadt Baden
Ortsbürgergemeinde Baden
Gemeinde Ennetbaden
Josef und Margrit Killer-Schmidli Stiftung
Stiftung Lebensraum Aargau
Marlis und Hans Peter Wüthrich-Mäder-Stiftung
Kulturstiftung der Credit Suisse Aargau
Stadtcasino Baden AG

Partner
Historisches Museum Baden
Neue Kurkapelle Baden
Grand Casino Baden
Kurtheater Baden
ThiK Theater im Kornhaus
Bad zum Raben
Sehstoff GmbH
TourismusRegion Baden AG
Baden aktuell

Gönnerinnen und Gönner
Doppler Susanne
Eglin Werner und Susanna
Funk-Juillard Hans Peter und Catherine
Merker Fritz und Anita
Wanner Hans

Donatorinnen und Donatoren
Attiger Franziska und Stephan
Barben Werner, Astrid, Adrian und Florian
Bauer Mobil AG
Berger Daniela
Bräm Stefan und Andrea
Brandestini Robin
Breunig Bernhard
Breunig Rita
Broggi Mario und Marie-Louise
Brönnimann Christian
Bürge Josef
Burkart Thierry
Conrad Peter und Pia
Courvoisier Peter
Dell'Anno Regula
Demuth Oscar und Hanni
Diebold Barbara und Markus

Doka Philipp
Doppler Hugo
Flückiger Bösch Marianne
Füllemann Verena und Mark
Funk Olivier
Gläser Willi
Häfeli Christian
Hagmann Jürg
Herrmann Heinz
Hufschmid Dominik
Jeuch Sophie
Kappeler Lukas
Kappeler Urs und Esther
Lang Peter
Lang Rolf
Lang-Kohler Christa
Langenbach Martin
Lütolf Thomas
Meier Doka Nicole
Meier Rolf und Kamphues Myriam
Moser Guido und Susanne
Müller Alice
Nater Hans und Anne-Lise
Neuhaus Hanspeter und Christine
Obrist Felix und Anna
Obrist Thomas und Bea
Obrist Mirjam
Rudow Andreas
Rutishauser Pia Maria
Scherer Markus
Schmid-Obrist Helene
Schneider Markus
Schicker Michele
Schweizer Regula
Steigmeier Andreas und Sabine
Stemmer Obrist Gabriele und Obrist Erich
Sterk Peter und Hannah
Sültmann Peter und Bettina
Villiger Christian und Fazan
Villiger Chantal
von Rotz Reto
Vontobel Peter und Edith
Voser Jost und Wei Voser Jin
Voser Peter
Wanner Isabelle
Wehmann Rainer
Wehrli-Zünd Irene und Mäni
Wiederkehr Kurt und Waltraud
Wiezel Urs
Winkler Marcel

Dieses Buch ist nach den aktuellen Rechtschreibregeln verfasst. Quellenzitate werden jedoch in originaler Schreibweise wiedergegeben. Hinzufügungen sind in [eckigen Klammern] eingeschlossen, Auslassungen mit […] gekennzeichnet.

Lektorat
Rachel Camina, Hier und Jetzt

Gestaltung und Satz
Naima Schalcher, Zürich

Bildbearbeitung
Thomas Humm, Matzingen

Druck und Bindung
Druckhaus Sportflieger, Berlin

Auslieferung EU
Brockhaus/Commission
Kreidlerstrasse 9
70806 Kornwestheim b. Stuttgart
Deutschland
hierundjetzt@brocom.de

© 2025 Hier und Jetzt, Verlag für Kultur und Geschichte GmbH, Breitingerstrasse 23, 8002 Zürich, Schweiz, admin@hierundjetzt.ch
www.hierundjetzt.ch

ISBN 978-3-03919-636-4